北京市教育委员会科技创新基地（平台）
“北京青少年教育与发展研究”建设项目

中国青年研究的回顾与前瞻：三代学者的视点

北京青少年研究所　主编

人民出版社

责任编辑:贺　畅

图书在版编目(CIP)数据

中国青年研究的回顾与前瞻:三代学者的视点/北京青少年研究所 主编.
-北京:人民出版社,2012.9
ISBN 978-7-01-010884-1

Ⅰ.①中…　Ⅱ.①北…　Ⅲ.①青年工作-研究-中国　Ⅳ.①D432.6

中国版本图书馆 CIP 数据核字(2012)第 084000 号

中国青年研究的回顾与前瞻
ZHONGGUO QINGNIAN YANJIU DE HUIGU YU QIANZHAN
——三代学者的视点

北京青少年研究所　主编

人民出版社 出版发行
(100706　北京朝阳门内大街 166 号)

北京市文林印务有限公司印刷　新华书店经销

2012 年 9 月第 1 版　2012 年 9 月北京第 1 次印刷
开本:700 毫米×1000 毫米 1/16　印张:19.75
字数:280 千字

ISBN 978-7-01-010884-1　定价:49.00 元

邮购地址 100706　北京朝阳门内大街 166 号
人民东方图书销售中心　电话 (010)65250042　65289539

研讨会会场

与会专家合影

目录

CONTENTS

梁绿琦院长在“青少年研究队伍的代际更替与青少年研究的发展”暨全国青少年研究所所长学术研讨会上的

致　辞

（代　序）

各位来宾：

上午好！

五月的北京，绿意盎然。在这美好的季节里，全国各地青少年研究领域的专家学者汇聚在这里，共同探讨青少年研究现状及理论，交流青少年研究的经验与心得。这是我们青少年研究领域的一次盛会，也是青少年研究事业进程中的一件大事。我代表北京青年政治学院对各位嘉宾的莅临表示欢迎，对大家给予我们工作的支持表示感谢。

青少年工作和青少年教育事业的发展，离不开青少年研究工作的支持；青少年工作和青少年教育事业要充满活力，离不开青少年研究工作的智力保障。北京青年政治学院历来高度重视青少年研究工作。2008年北京青年政治学院启动北京市高职示范校建设工作，标志着我院进入了一个新的历史发展阶段。在这一新的历史发展时期，学院的科研工作将按照科学发展观的要求，坚持“突出优势、打造精品、服务社会、推动教育教学改革工作”的原则，进一步构建好学院科研平台，加大对科研支持的力度，力争在北京青少年研究、中国传统文化研究、社区建设研究、高等职业教育理论与实践研究等方面重点展开，组建高水平的学术团队，锻造有较高社会影响的学术精品，奠定北京青年政治学院的科研发展基础，培养一批具有较高水平的学术人才。

近20年来,北京青少年研究所走过了不平凡的创业和发展道路,已经形成了两个方面的工作特色,确定了两个领域的研究优势。

两个工作特色:一是追求理论创新,紧紧追随时代脉搏,开展前瞻性研究和有深度的学理性研究,将严谨的理性思考和科学研究进行到底。北京青少所在青少年教育与发展研究中,坚持以科学发展观为指导,坚持解放思想、与时俱进,坚持把青少年理论创新作为全部研究工作的重中之重,不断在涉及青少年教育与发展研究的实践性、时代性、科学性的统一上进行认真探索,自觉借鉴各国在现代化进程中开展青少年教育与发展研究等方面的积极成果,注意研究的厚度和深度,增强科研成果的应用性,扩大科研成果对社会的影响力,致力于为首都青少年教育实际工作提供理论支撑和智力支持,取得了较高的学术成效。

二是强化服务意识,理论联系实际,积极为首都青少年教育与发展实际工作服务。北京青少所一直注重和坚持严谨、求实、理性的科学研究作风,自觉地把科学研究工作与首都经济、政治、文化、社会发展实际的需求结合起来,与首都"人文北京、科技北京、绿色北京"发展战略相结合,特别是与首都共青团工作和青少年教育事业相结合,坚持为首都精神文明建设服务、为首都青少年教育事业服务的方针,为政府制定青少年相关政策提供决策咨询服务,奠定了青少年研究工作的坚实基础。

经过20年的不懈努力,北京青少年研究所的科学研究工作逐步确立了两个研究优势:

一是青年志愿服务领域的研究优势。青年志愿服务已经成为一项推动我国社会发展的全民性公益事业。近年来,北京青少所科研团队把研究视角投向蔚然成风的首都青年志愿服务,专门成立了"青年志愿者行动与理论研究室",先后申报并主持了"北京青年志愿者行动与志愿精神"、"中国青年志愿者实践与理论研究"、"和谐社会中的社区志愿服务"、"志愿服务与公民意识培养"、"转型期中国志愿者组织与政府的合作关系"等多项北京市社会科学规划重点课题,取得了《志愿中国:中国青年志愿服务研究》、《志愿社区:中国社区志愿服务研究》等一批具有指导实践、服务决策的高水平学术成果，逐步形成了以青年志愿服务为特色的品牌项目和科研优势。

二是青少年思想道德教育领域的研究优势。为了探讨首都青少年的思想道德的现状、特点及趋势，多年来，北京青少所围绕青少年思想道德、人生观、价值观的特点和发展趋势，开展了一系列的课题研究，其中与首都精神文明建设委员会办公室合作开展的“首都未成年人思想道德状况”大型调研，了解和掌握了当今首都青少年思想道德状况，提出相应的教育对策，出版了相关专著，产生了良好的社会反响。

各位来宾，“成就个人，强大团队，和谐合作，服务社会”成为北京青少年研究所的建设理念。北京青少年研究所将始终如一，站在青少年研究的前沿，密切关注我国青少年发展中的重大理论与现实课题，紧扣时代发展的主题，加大投入，组织高水平的科研公关团队，进行有关青少年现状和发展的课题研究，为我国青少年研究事业作出更大的贡献。

本次研讨会主题是“青少年研究队伍的代际更替与青少年研究的发展”暨全国青少年研究所所长学术研讨会，由北京青少年研究所举办。我相信，在各位专家、学者的热情参与和大力支持下，本次会议一定能圆满成功，并取得丰硕学术成果，推动我国青少年研究事业的发展。

谢谢大家！

研究青年和青年工作的56年历程

黄志坚

“共青团工作需要有理论思维”，“共青团工作是一门团结教育青年的学问”，“共青团工作不能没有研究青年和青年工作的软科学”，半个多世纪以来，我是本着这样的信念，长途跋涉于研究青年和青年工作的道路上。

跋涉途中，不时能听到这样的议论：“青年不过是人生一个年龄段的人群，有什么学问可研究？”“青年工作不过是蹦蹦跳跳，搞搞活动，只有方法，哪来学问？”每当听到这种轻蔑之声，我心中总有一番愤愤不平。“世事洞明皆学问”，世间的万事万物，都有自己发生发展的客观规律，一经深入研究，无不有其专门的学问。研究天象的有天文学，研究地域的有地理学，研究动物的有动物学……连研究虫子的都有昆虫学。做青年人的工作，怎么就没有学问？人们都承认人为万物之灵，而青年是人中思维最活跃、能量最大、创新潜力最强的一个人群，可谓灵中之灵，做青年人的工作理当更重要、更复杂，包含的学问也更深更多。正是这样的理念，激励着我在研究青年和青年工作学问的道路上，从1955年至今历经56个春秋。回顾56年的历程，我对这门学问的探究，大致经历了四个阶段。

一、起步打基础阶段

这是迈入研究青年和青年工作学问之门的起步阶段，时间大致在

1955年到1966年。这个阶段的研究主要集中在四个领域：

(一)青年运动历史研究

20世纪50年代，团中央书记胡耀邦就已经提出研究青年和青年工作理论的任务。当时他还兼任中央团校校长，在他的关心和指导下，中央团校把学习研究青年和青年工作列为培训团干部的一门课程，并在1955年建立团课教研室(1956年改名为青年团工作教研室，后又改名为青年工作教研室)。教研室初建时，我的任务是研究青年运动历史，并从编写"五四以来中国青年运动历史"的讲义开始。当时我编写第三编，新民主主义青年团时期的青年运动(1945年9月至1956年)(《中国现代青年运动简史讲义(草稿)》下册)。当时教研室分配给我讲授青运史的任务，至今仍保存有1957年为团的组织工作讲习班讲授《"五四"以来中国革命青年运动发展概况》的手稿和1957年4月印发给学员的油印讲义。1963年，我和王玲合作撰写的《中国新民主主义革命时期青年运动历史简况》，1万多字，刊登于《历史教学》1964年第5期。这是我公开发表的第一篇关于青运史研究的文章。

关于青运史的这些研究，可以说是我为研究青年和青年工作奠立的第一块基石。

(二)团的建设和工作研究

从青运史研究开始，继而向团的建设和团的工作研究扩展。那时我讲授的课程有：青年团的组织建设，青年团工作的形势、任务和方法，保证党对团的领导，青年运动的方向，列宁《青年团的任务》学习辅导。这几个专题教学与研究的成果体现为1959年的《青年团的组织建设》的手写讲稿和打印讲义以及《列宁〈青年团的任务〉》学习辅导的手写讲稿，1960年的《保证党对团的领导》的手写讲稿以及《青年运动的共产主义方向》手写讲稿。

反映上述教学与研究的成果的，还有：我同吴木、苗枫林合著，由我统稿的《青年团组织原则》(中国青年出版社1959年4月出版)；我参与团中央宣传部合著的《农村团员怎样起模范作用》(中国青年出版社

1962年12月版)；我在团校主持工作副校长李纯指导下合著并统稿的《农村团支部工作讲话》(中国青年出版社1963年2月版)。此外，在中央团校《教学通讯》1956年第4期发表的文章《勇敢领导青年向社会主义前进》，在《中学生杂志》1957年第5期发表的文章《共青团员——年轻的共产主义战士》，在中央团校《教学通讯》1960年第5期发表的文章《遵循毛主席指引的青年运动的方向》和第7期发表的文章《团的组织建设要以思想建设为前提》，也都反映了当时我的研究水平和内容。

(三)马克思主义青年和青年工作思想研究

从1959年开始，我们在完成教学任务的同时，对马克思主义关于青年和青年工作的论述进行收集、整理和研究。当时教研室的全体人员，分工对马恩全集、列宁全集、斯大林全集逐集、逐篇地查阅，凡有关青年和青年工作的论点都摘抄下来，编出《马克思、恩格斯论青年》、《列宁论青年》、《斯大林论青年》，打印装订成册。对党中央和毛泽东等老一辈革命家关于青年工作的指示，也作了收集、整理，编印成册，并报送团中央领导和有关部门。

这项研究，为我们研究青年和青年工作学问打下了马克思主义理论的根基，使我们从中领悟到如何运用辩证唯物主义和历史唯物主义的世界观和方法论来分析与研究青年和青年工作。教研室集体编辑的《马克斯 恩格斯 列宁 斯大林论青年》(中国青年出版社1980年版)和由我主编的《革命领袖论青年和青年工作》(中国青年出版社1984年版)，为日后关于马克思主义青年观的研究，奠定了扎实的基础。

(四)学习引进相关学科理论知识

在深化青年和青年工作的研究过程中，我们逐渐认识到，只从共青团研究青年和青年工作，只从共青团的历史经验总结上升，已嫌不够，还需要引进与青年和青年工作相关的学科知识，在“博取众长”的多视角综合研究中，增强科学性。当时关注到的是四门学科：心理学、教育学、社会学、伦理学。当教研室开始注意这四门学科知识的学习和引进时，就把我们送到北京师范大学、中国人民大学、北京大学这几所名校去旁听进修这几门课程。记得我们1956年在中国人民大学旁听伦理学课时，授课的还是外聘的苏联专家，今天我国伦理学界的名家那时也还在学习深造。

这几门课的进修，使我们深化青年和青年工作的研究受益不浅。由此我自感理论视野开阔了不少，理论知识也厚实了许多，并由此开始懂得运用多学科知识、多角度研究青年和青年工作的必要和重要。这些都为日后研究的拓展和深化以及共青团工作理论和青年学的内容体系的构建，打下了初步的理论基础。

二、探索与开拓阶段

第二个阶段，时间是从1973年至1982年。这里需要作点说明，前面讲的第一个阶段是1955年到1966年夏，中间的1966年秋至1972年这一段时间，因“文革”的爆发被迫中断了。粉碎“四人帮”以后，尤其是1978年党的十一届三中全会以后，解放思想，实事求是，拨乱反正，我们研究青年和青年工作学问的天地拓展开了。曾经被批判的一些学科，如心理学、教育学、伦理学、社会学，都可以引入研究了，引入的学科知识还扩展到生理学、人口学、人类学、管理学、人才学和行为科学等多种学科，研究条件越来越好。对国外的了解也逐渐多了起来，国外的一些研究内容、研究方法，我们也在吸收。这个阶段研究学问的环境大大地改善了，眼界逐渐地开阔了。在这个时期，我的研究主要集中在以下四个方面：

一是关于青年特点的研究。青年特点最早是毛泽东同志提出来的。毛泽东同志在1953年新民主主义青年团第二次全国代表大会期间有个重要讲话，题目是《青年团的工作要照顾青年的特点》，这篇讲话收进了《毛泽东选集》。毛泽东指出：“青年团要照顾青年的特点，要有自己的系统的工作，同时又要受各级党委的领导。这并不是什么新发明，老早就有了的，马克思主义历来就是这么讲的。这是从实际出发，青年就是青年，不然，何必要搞青年团呢？青年和成年人不同，女青年和男青年也不同，不照顾这些特点，就会脱离群众。”（《毛泽东 邓小平 江泽民论青少年和青少年工作》(中国青年出版社、中国文献出版社2003年版,第99页)然而,什么是青年特点?青年人和成年人都有哪些不同的特点?青年团的工作怎样才能更好地照顾青年特点?这里就有不少的学问,都需要通过研究作出科学的回答。我在青年特点的研究中,一是注意到青年中去做实际的调查,二是重视引进生理学、心理学、社会学、伦理学、人口学、行为学以及经济学等相关学科的理论知识和研究方法。"文革"结束以后,我在中央团校和一些高校开设的"青年和青年特点"课、"青年特点和青年工作"课,对青年特点从生理、心理、社会、利益需求四大方面做了较为全面、系统的分析和论述。这一研究成果,集中体现在我的讲义中。从1981年开始,我汇集已有的这些研究成果,撰写成专著《青年特点与共青团工作》。该著述完稿于1982年,中国青年出版社1983年出版发行。这时的学术氛围好多了,已经可以署作者个人的名了。这是我的第一本公开出版的专著,可以说是我研究青年和青年工作学问登上的一个新台阶。

二是关于青年观的研究。怎样认识青年?怎样对待青年?历代名人、学者均有论及,但都散见于各种著作和历史文献之中,既无综合,也不系统。在我的研究和教学中,逐渐感到科学地认识和对待青年,很有必要把个别分散的关于青年的论述,运用辩证唯物主义和历史唯物主义的观点和方法进行综合和分析,将其上升到青年观的科学层面。"文革"以前,我们青年工作教研室已经收集整理了马克思、恩格斯、列宁、斯大林关于青年和青年工作的论述,毛泽东、刘少奇、周恩来、朱德、邓小平等老一辈革命家关于青年和青年工作的论述,以及克鲁普斯卡娅(列宁夫人)、高尔基、鲁迅等一些名家关于青年的论述。正在作深一层的研究,"文革"浩劫发生了。"文革"结束以后,我在以往研究的基础上开始了关于青年观的探索。最初的研究成果是刊载于《青年工作研究与参考》的论文《马克思主义关于青年和青年工作的基本思想》,进而在我1982年撰写的专著《青年特点与共青团工作》中,专列一节将其升华为马克思主义青年观。再进而将青年观的研究扩展到生理学、心理学、教育学、社会学、伦理学、人才学、行为科学等诸多相邻学科,吸收各相邻学科分析青年的理论和观点,不断深化对青年观的研究。这就为1986年开始撰写、1988年出版、由我主编的《青年学》教材专设一节青年观(第一章第三节),确立了理论的基础和体系。

三是关于青年时代特征的研究。党的十一届三中全会以后,我在共青团与时俱进的工作实践中以及团干部培训的教学中,逐渐生出一个新的感悟:青年特点的研究和教学,还须深入体察青年的时代特征。这是由于,青年这个年龄群体同其他年龄段的人群相比,对新事物新观念的敏感度更高,接受新事物新观念的能力更强,有更鲜明的喜新、求新和创新的特性,因而对青年特点的认识和掌握不应当是静止的,必须随着时代的发展跟踪青年前进的步伐,深入了解各个时代青年的时代特征。"文革"结束以后,对经历"文革"的这一代青年(20世纪70年代末80年代初)怎样认识和评估,可谓众说纷纭、莫衷一是。有寄予希望的,有悲观哀叹的,甚至有"受害的一代"、"被荒废的一代"、"难担责任的一代"、"垮掉的一代"等悲观之说。

究竟应当怎样看待这一代青年,当时我们教研室的许多同志深感有必要在调查研究的基础上对这一代青年作出客观、公正的评价。1979年末至1980年初,我和教研室的两位年轻同志樊新民、郑利华一同以"当代青年的时代特征"为题,到北京以及安徽、福建等地进行调查。这个调查研究,首次引进民意测验的形式和量化研究的方法(有人将此方法称之为实证研究)。考虑到当时的舆情,对西方沿用的民意测验形式恐难接受,因此我们当时就把这种形式称之为问卷调查。我们按政治信念、理想取向、对共青团组织的认识、道德观念和文化生活、恋爱婚姻五大问题设计问卷,共提出33个题目。进而由我们三人亲身(不经中间环节)到皖、闽二省四市二县的五个工厂、一个商店、三个中学、两个大学、三个生产大队和两个街道的1001名青年中进行问卷调查。经过对亲手回收的问卷的统计,在取得大量第一手数据的基础上,作定量与定性相结合的分析,写出调查报告《当代青年的时代特征》。这个调查报告受到团中央的重视,很快在团中央研究室编发的《青年研究》1980年第25期全文刊发，还在团中央的《团内情况》1980年第36期专题介绍我们的调查方法，刊登特约我们写的文章《我们是怎样进行书面调查的》。继而，《新华社对外新闻稿》1980年2月第3912期，以《共青团就对中国现代化建设的看法在青年中进行民意测验》为题，报道了这个调查报告。《人民日报》1981年2月24日全文刊载这个调查报告，题目改为《究竟应当怎样认识现在这一代青年》。随之，《新华文摘》1981年6月5日全文转载，《中国日报》(英文版)1981年8月5日作长篇摘登，《中国青年报》、《光明日报》以及地方的一些大报也都作了摘要转载。社会影响之广大，可是大大出乎我们的意料。这篇调查报告，由于新华社发了对外新闻稿，《人民日报》和《中国日报》(英文版)作了刊登，引起了不少西方媒体的关注。

对这个调查研究成果的评价，当时负责编发这篇调研报告的人民日报社国外政治生活部副主任穆阳说："我们《人民日报》能用近一个版面来全文刊登这篇6000多字的调查报告，主要出于两个考虑：一是当时社会各界对经历十年'文革'的这一代青年众说纷纭，歧义甚多，不利于对一代青年的正确引导；而这个调查报告能够用来自青年的第一手资料对当代青年作出比较全面的实事求是的评价，对社会可以起到一个导向的作用。二是这个调查报告运用的民意测验的方法，把以往的定性研究发展到与量化研究相结合，是对我国传统调查研究方法的一个突破，我们也有意借此肯定和推进这一研究方法的运用。"

当时，每天的《人民日报》可不像现在有十几个版面，一天只有4个版面啊！能够用4个版中的近一个版刊登关于青年研究的报告，以前没有过，从那以来到现在也没有看到过。对于青年研究来说还有一个意义，就是让我们看到跟踪青年发展的步伐研究各个不同时代青年时代特征的社会意义和理论价值。正是这次关于青年时代特征的调查研究，激励着我们并启发许多研究者，不间断地对各个时代的青年作追踪研究。动态地研究青年的时代特征，如今已成为青年研究的一个常项。

四是关于青年修养的研究。改革开放以后，我在研究培养人的学问中，逐渐认识到，不能只限于研究共青团等组织对青年的教育，还有必要研究青年人的自我修养。如果说前者是把青年作为客体，自外而内地引导青年树立正确的世界观、人生观和价值观，后者则是出自青年的主体意识，激发青年内在的修身立德的自觉。教育与修养，两者互为补充，才能达到教育的完整性，缺乏任何一个方面，培养人的效果都难于达到最佳，培养人的学问也难于达到科学完整。正是出于这样的观念，我们对青年修养的研究在1983年以后的教学和研究中逐渐强化了。中央团校的团干部培训以及后来开设的大专班，我们都在共青团工作理论单元加入了青年修养的课程，开设学习、成才、友谊和婚恋四个讲座。我在学校、企业、机关等单位直接面对青年的讲座中，先后讲过“同青年朋友谈修养”、“学会自处”、“祝你成才”、“友谊之路在你脚下”、“明荣知耻品自高”、“当爱情从你心中萌发”等专题，并应报刊之约撰写发表了修身立德的一些小文。后来，我在1999年和2005年先后主编出版的《当代青年最关心的100个问题》、《聚焦——当代青年热门话题100例》，其基础都有赖于这一阶段关于青年修养的研究和积累。

三、推进“两化”阶段

第三阶段，是推进青年工作科学化和青年研究学科化的阶段。青年工作科学化，就是把青年工作的实践经验，综合归纳，上升到理性，探求它的发展规律，提高青年工作的科学性。青年研究学科化，就是把青年研究推向系统化，形成理论体系，发展成为一门学科。这个阶段的时间是从1983年到1994年。

为推进“两化”，我主要做了七件事情：

(一)编写出版《共青团工作理论》

头一件事是在团内首先是在中央团校的教学中，极力倡导“共青团工作需要有理论思维”，“共青团工作是一门科学”，编写出版团干部培训教材《共青团工作理论》。

1983年，我的教学和研究工作进入了一个新的阶段。1982年底召开的共青团十一大选出以王兆国、胡锦涛为主要领导的新一届团中央书记处，都很重视共青团的理论研究。再加上当时中央团校教学进入一个新的发展阶段，即从团干部短期轮训向国民教育延伸，开办具有学历的大专班。大专班设置的共青团工作理论课，需要有规范的适用于高等教育的教材。因此，我们在以往研究的基础上，以马克思主义理论为指导，广泛吸收相关学科知识，进一步探索共青团工作的特有规律，形成共青团工作这门科学的理论体系。1985年1月中国青年出版社出版发行的《共青团工作理论》，就是这样问世的。

下列为这本教材的理论体系：

共青团工作理论

- 青年运动和共青团：
  - 青年运动的地位、作用及其核心组织
  - 共青团的性质和任务
- 共青团工作的对象——青年：
  - 马克思主义青年观
  - 青年的年龄特点
  - 青年的政治思想特点
  - 按照青年特点进行工作的原则
- 共青团团结教育青年的工作：
  - 团的思想政治教育：
    - 思想政治工作的意义和任务
    - 无产阶级政治教育
    - 共产主义道德品质教育
    - 共产主义人生观和理想教育
    - 思想政治教育工作的方针、原则和方法、方式
  - 团在经济建设中的活动
  - 团的文化、娱乐、体育活动
- 共青团的自身建设：
  - 共青团的建设
  - 共青团干部的品质作风、知识结构与智能
  - 共青团干部的领导艺术和工作方法
  - 共青团同其他青少年组织
  - 共青团必须保证党的领导

着手编写这本教材的时间是1983年秋，青年工作教研室的教师全体投入这本教材的编写，并邀请上海、四川、湖北、河南、黑龙江五省、市团校的教师共同参加。经过近一年的研讨、调查、撰写，写出初稿以后，于1984年召开全国共青团工作理论研讨会，专题讨论和核定《共青团工作理论》的书稿。这次研讨会受到团中央书记处空前的重视，书记处第一书记王兆国和书记胡锦涛、李源潮到会接见全体与会人员。王兆国发表了热情的讲话，勉励大家认真总结共青团工作经验，探索共青团工作基本规律，为发展共青团工作这门科学作出贡献。胡锦涛在同大家合影时，也勉励大家潜心研究，尽早推出高质量的教材。书记处书记宋德福到会指导，作了题为《共青团工作与理论》的长篇讲话。一次理论研讨会，4位书记到会指导，这在共青团的历史上是首例，可见书记处对编写这本教材是何等的重视！这对我们这些研究者，是很大的鼓励，更坚定了我们探究共青团学问的决心和信心。

这本教材出版以后，成了中央团校以及地方各级团校的规范教材，各级团委在培训团干部时广泛使用。全国总工会干校、全国妇联干校也派人来访问编写专业课教材的经验。一些高等院校的思政专业，开设共青团工作理论课也以此为教材。这样的青年工作科学化的成果，后来在各省、市、区团校相继又推出不少。我也继续追随时代的变迁和共青团的新发展，在20世纪90年代推出《共青团工作概论》(专著)和《共青团工作新走向》(主编)。

(二)青年研究学科建设

第三阶段的第二件事抓的就是青年研究的学科建设。对青年这个年龄群体的研究，在我国20世纪80年代以前，社会的关注度不是很高，也没有独立的学术地位。改革开放以后，社会各界对青年的关注度越来越高，对青年的研究逐渐趋热，进入80年代已是广泛兴起。共青团在研究青年，教育界、社科界也在研究青年，教育学、心理学、生理学、伦理学、人口学、人才学等许多学科，都加大了对青年的研究力度，青年研究出现一派繁荣景象。然而，在青年研究不断深化的过程中，人们发现有个局限，即各个学科都是运用本学科的理论、从本学科的角度研究青年。这种单学科的研究，往往只能认识青年的某一个侧面却难于覆盖青年的整体，而且这样的青年研究只能分散地附属于各个不同学科却难以形成独立的学术地位。因此，青年研究的深化就出现了一个从以往的单学科研究向多学科和跨学科研究发展的趋势，青年研究的学科建设由此提到了我们的面前。青年研究学科建设的任务，就是综合运用多学科知识对青年作整体的研究，形成一门能够自立于科学之林的青年学。

最早提出发展青年学的，是波兰的社会学教授阿达姆斯基，时间是1971年。最早出版青年学著作的是罗马尼亚青年研究中心高级研究员马勒(有翻译为马赫列尔)，时间是1983年。我们大约是在1984年前后获知这一学术信息的。尽管此时我们也已认识到从青年研究向青年学发展的必要，但深感这不是一件轻而易举的事。青年和青年工作研究当时虽然已有近30年的积累，但要发展成为一门学科，那时我的预计是至少还要有5年的努力。后来，一个新的需要，加大了我们从青年研究向青年学深化的力度，也加速了我们研究青年学的进度。

这个新的需要，就是1985年在中央团校的基础上建立进入国民教育序列的中国青年政治学院。建院之初，下设青年工作系和少年工作系，我从中央团校青年工作教研室主任转任青年工作系主任。按照本科教育规划，第三学年开专业科。青年工作系开什么专业课？专业课用什么教材？当时校内以及社会上对中青院的专业课期望很高，我作为系主任压力是很大的，不能只有《共青团工作理论》一门专业课啊！这就促进我思考青年工作理论学科群的建立，要开青年学课、青年思想教育学课、青年组织学课、中外青年比较课。开这些专业课，教材建设刻不容缓！在这种紧迫需要的形势下，我们首先是抓青年学的教材编写。1985年开始，集中精力研究青年学的学科建设，还吸收上海、四川、河北等地的几位学者共同参与，于1986年编写出《青年学大纲》。紧接着，我们在杭州召开全国首届青年学研讨会，邀请我国青年研究领域一些知名的专家学者，对我们提出的《青年学大纲》进行审核研讨。参加这次研讨的有共青团系统的学者，还有中国社科院、上海社科院、四川社科院、浙江大学、复旦大学、上海师大等单位的学者，人数不多(20 余人)，但都是这一领域学术造诣较高的专家。会议开得既热烈又激烈，有鼓励，有建议，更有不少批判与碰撞，有的意见还很尖锐，但是我觉得那次会议，收益很大。说实在的，那时我们搞青年学，视野还不够宽，有很多问题想得也不周全。通过那次会议，思想开阔多了，人家提出反面的意见，就逼着我们再钻研再深化，学术上要能够自圆其说，要能够说服人！我们又经过半年多的努力，修正、充实、完善，于 1988 年 1 月由中国青年出版社出版发行。下列是这本《青年学》教材的理论体系结构：

青年学
- 青年及青年的本质
- 青年的身心发展：
  - 青年的生理发展
  - 青年的心理发展
- 青年与社会的互动：
  - 青年的社会地位和作用
  - 青年的社会化
  - 青年的价值观
  - 青年的社会群体
- 青年特殊需求的发生与引导：
  - 青年的智力发展与成才
  - 青年的劳动就业
  - 青年的生活方式
  - 青年的恋爱婚姻
  - 青年的异常行为

这本教材一出版，立刻得到国家教委思想政治教育司的肯定。国家教委思想政治教育司当年就把青年学列为全国高校思想政治教育专业的必修课，并指定这本教材。当年，在国家新闻出版署举办的第二届政治理论读物评选中，《青年学》荣获优秀政治理论读物二等奖。

完成《青年学》教材的编写任务以后，我们立即投入青年思想教育学、青年组织学和中外青年比较这几门专业课的教材编写。经过几年的努力，安国启（时任系副主任）主编的《青年思想教育学》于1989年出版，我主编、穆宪（时任系共青团理论教研室主任）副主编的《青年组织学》于1990年出版，我主编的《中外青年比较》于1993年出版。出版前，我们还在青岛举办了中外青年比较研讨会。这是我主持教材编写不能缺少的一个环节，已经成为惯例。每编写一本教材，都要召开相应的课题研讨会，请有关界别的专家学者集思广益，审核书稿，广泛听取各种不同的意见和建议，以保证教材的质量。

青年研究学科化，不但有助于提升青年研究的学术水平，为《青年学》等青字号学科跻身科学之林开辟了立足之基，而且对中国青年政治学院青年工作系的专业课建设是一件奠基工程。

（三）承担国家和部级科研课题

这个阶段做的第三件事是做课题研究。属于国家和部级的课题，主要有：

1. 国家课题《中国21世纪议程——青少年参与持续发展》。该课题是国务院为贯彻联合国1992年里约热内卢会议通过的《关于环境与发展的里约热内卢宣言》和《21世纪议程》，而交由国家科委组织中央各有关部委共同完成的国家级课题《中国21世纪议程》的内容的一部分。这项课题的第35领域《中国21世纪议程——青少年参与持续发展》，由团中央承担，团中央书记处将此工作交中心承担，由我主持。课题组人员有赵清治、邵涡阳和魏兆鹏。从1992年9月开始研究，撰写研究报告，交团中央审核，常务书记张宝顺最后定稿，完成于1993年2月。我们的这一报告收入国家科委汇总的《中国21世纪议程》，送达国务院。《中国青年报》1993年2月20日对此研究作长篇报道，题为《青年：下个世纪地球劳您照管——〈中国21世纪议程——青少年参与持续发展〉出台》。《中国青年》杂志1993年第3期报道这个课题的研究成果，题为《确保青年享有可靠的未来——〈中国21世纪议程——青少年参与持续发展〉方案述要》。

2. 国家哲学社会科学中华基金重点课题《中国社会主义现代化过

程中的青年社会问题》。由我申报并主持的该课题,经国家哲学社会科学规划办公室 1992 年 7 月立项后,得到中国青少年研究中心潘岳主任和李晨副主任的大力支持,同中国青少年发展基金会合作,并联合北京、上海、广州、山东、辽宁和黑龙江六省、市青少年研究所以及广西壮族自治区团校、团海南省委研究室,在 11 个省、市进行大规模调查(收回 23580 份调查问卷,举行 120 余次座谈会)的基础上作定量与定性相结合的研究。

当时参与研究报告撰写的有李晨、刘书林、戴裕民、吴鲁平、曹英华。这份研究报告于 1994 年 1 月由中国青少年研究中心和中国青少年发展基金会结集,中国和平出版社 1994 年出版,书名《跨世纪中国青年的问题与导向》,主编是我和潘岳、徐永光、李晨、郗杰英。该书于 1995 年获第五届全国优秀青年读物二等奖。这一课题的调研成果,还被《人民日报》、《光明日报》、《中国青年报》等 20 多家报纸报道,中央电视台和中央教育电视台多次播出专题报道。

在向国家哲学社会科学规划办公室送交研究报告结项后,又作深度开发,由我和潘岳、李晨主编出版《走向新世纪的中国青年》丛书。由中国和平出版社 1996 年出版的这套丛书共四册:《当代青年的生活方式》(黄志坚)、《青年劳动就业的现状与走向》(戴裕民)、《社会转型中的青年心态》(吴鲁平)、《改革进程中青年的思想轨迹》(刘书林)。该套丛书于 1997 年获团中央精神文明建设“五个一工程”优秀图书奖。

3. 解放军总政治部课题《当代青年的国防意识和国防教育》。该课题为中国青少年研究中心同总政治部宣传部合作,于 1993 年 4 月立项。中心交由我主持,参与这一课题研究的人员有王小东、权自然、方奕、任三平、张庆。经过对 7 个省、市、自治区 2800 余名青年的问卷调查和访谈,以及对这些省、市、自治区的军区、军分区的走访,形成了《当代青年国防意识和国防教育的调查报告》。该报告在《解放军报》、《国防教育报》、《中国青年报》、《中国青年研究》等多家报刊报道,并收入《跨世纪中国青年的问题与导向》一书,中国和平出版社 1994 年出版。

4. 团中央课题《共青团工作文库》。团中央书记处决定组织编写、由刘奇葆书记主编的这套文库,分配给我的任务是承担文库之一《共青团工作概论》。我的这一著作是刘奇葆书记作的序,中国青年出版社1992年4月出版。

5. 团中央全国团校教材编委会课题编写团干部培训教材。分配给我的任务是承担三部教材的主编和著述:一为共青团干部一级岗位培训教材《青年概论》(黄志坚著),团中央书记处书记刘奇葆作序,海洋出版社1992年出版。二为《中外青年比较》(黄志坚主编),参与作者有吴鲁平、曹英华以及中央团校和上海、山东、福建、辽宁等省市团校的教师。著名社会学家、人大副委员长雷洁琼为该书题词:"开拓中外青年比较研究的新领域。"中国青年出版社1993年出版。团中央国际联络部部长李刚为该书撰文评价——《将视角引向世界》,载《中国青年报》1993年3月16日。中国青少年研究中心主任潘岳为该书撰文《〈中外青年比较〉评介》,《人民日报》1993年4月26日刊出。该书于1996年获全国团校优秀教材二等奖。三为《共青团工作新走向》(黄志坚主编),书记处书记赵实作序,外文出版社1993年出版。

6. 同中国社会科学院合作汇编出版《青年塑造未来(论文文摘)》(中英文对照)。我和中国青少年研究中心权自然、詹冬丽联合中国社会科学院文献信息中心王义盛、钟婉懿、孙文兰、张静、夏富进共同组成编辑部,我和王义盛担任主编。1992年、1993年、1994年、1995年每年出版一册。

(四)搭建青年和青年工作研究的学术平台

第四件事是搭建研讨平台。随着"两化"研究在全国的日益广泛和深入,共青团系统以及教育界、社科界的研究者和实际工作者,都有加强交流与合作的愿望,希望搭建一个学术研讨的平台,定期举行全国性的学术研讨会。

从1984年开始,中央团校举办的全国青年工作理论研讨会,恰是适应了这个社会需求。当时我是中央团校青年工作教研室主任,在中央团校的领导下,责无旁贷地负起了搭建这一平台的策划和组织工作。

全国青年工作理论研讨会,基本上是两年举行一次。每届的研讨会都根据社会的发展与"两化"研究的深入情况,确定研讨的主题。会上有团中央领导和知名学者的专题报告,有分组的研讨和大会的交流,有提交论文的评优活动,评出的优秀论文会后结集公开出版。到现在为止,研讨会已连续举行了11届。团中央书记处常务书记赵勇在第10届青年工作理论研讨会上,对这一学术活动作出很高的评价。他说:全国青年工作理论研讨会从1984年至今历经20年,已经成为青年工作理论研究的品牌,非常宝贵。他为青年工作理论研讨会20年的长盛不衰总结了四条经验:1. 坚持以马克思主义思想为指导,始终沿着正确的方向发展;2. 坚持理论与实际结合,与时俱进;3. 注意培养、发现新的理论骨干;4. 有一套相对稳定的工作机制。

回顾青年工作理论研讨会20余年的历程,可以清晰地看到,这一学术研讨平台,团聚全国热心青年和青年工作研究的专家学者和实际工作者,创建了展示科研成果和加深学术交流的论坛,促进了青年工作科学化和青年研究学科化,推出了一批又一批学术带头人,打造了知名的学术品牌,成为社会瞩目的"两化"研究基地。这11届研讨会,我有幸参与策划和组织了前6届,后5届也一直是积极的参与者。

(五)开启同国外青年研究的学术交流

第五件事,是参与国际的学术活动,开启同海外的学术交流。20世纪80年代以前,我们的研究基本是封闭的,同国外甚至同香港都没有什么交往和交流,80年代中期才打开这扇交流的大门。

《青年学》出版以后,我们在中青院举办了青年学讲习班,请了日本青年研究所所长千石保、罗马尼亚青年研究中心彼得和康斯坦丁两位研究员、香港大学陈丽云博士,共作了8场学术报告。在此前后,我们还多次邀请美、英、瑞典、德、苏联、韩等国家的学者到北京进行交流,我们也多次到苏联、东欧、西欧、美、日等国家和地区作访问讲学,参加国际学术活动,开始了青年研究的国际交流和合作。

我们同国际社会学会青年社会学专业委员会(RC34)的交流与合作就是在这个阶段建立起来的。中国青年政治学院和中国青少年研究中心同国际社会学会青年社会学专业委员会(RC34)就在此时建立起了经常性的联系。我在参加国际社会学会青年社会学专业委员的多次学术活动中,结识了许多国家的同行学者,获得了许多新信息,同时也宣传了我国青年研究的成果。

(六)创办青年研究的学术期刊

第六件事,是策划和创办青年研究的学术期刊《中国青年研究》。直到20世纪80年代的中期,我国还没有一份全国性的、在海内外公开发行的研究青年的学术期刊。虽然有一份《青年研究》,但它还是内刊,不能公开发行。广州市的《青年探索》是创办最早的一家公开发行期刊,但属地方性的。随着我国青年研究事业的深入发展,我和不少同仁都深感创办一份全国性的在海内外公开发行的研究青年的学术期刊十分必要,这可以为研究青年、研究共青团的学问提供一个发表和向社会展示研究成果的载体,国内外同行间进行广泛交流的平台。创办这个刊物,当时得到中国青年政治学院的主要领导赵喜明、张修学的大力支持。在团中央书记处也得到了刘延东、宋德福书记的支持。那时候,创办一份带中国字头的刊物,是很艰难的。新闻出版署管理很严。向国务院新闻出版署申报的时候要注明是哪个单位主办,期刊是多长时间一期,谁是主编,何处是办公地点,有多少编辑人员,这些都是必要的。没有这些,是不能申报的,报了也得不到批准。因此在申报过程中,经过上下多方的沟通、反复的工作,并经过许多道程序,这其中的艰辛可想而知。最后,终于在1989年得到批准。这份期刊的创刊号,是1989年5月。

这份期刊的创办,对于我国青年工作科学化和青年研究学科化的"两化",对于我们整个青年研究事业的发展,起到了推动和导向的作用。当时申报的是月刊,办起来以后,我们考虑当时办月刊经验还不足,而且人手也少,困难太多,所以,开始办的时候是双月刊。在我之后的历任主编,一任比一任做得好,如今已经是每期篇幅厚达120页的月刊,质量和社会影响都比初创时好多了，并已列入“全国中文核心期刊”、“中国人文社会科学核心期刊”、“中文社会科学引文索引来源期刊(cssci)”。

(七)参与创建中国青年研究会

第七件事，就是参与创建中国青年研究会。我国青年问题研究越来越重要，参与研究者不仅是共青团系统，还有教育系统、社科系统，研究青年的热情越来越高，人员越来越多，成果越来越多。因此，需要有一个全国性的学术组织协调整合这些力量，改变各自为战的研究方式。从20世纪80年代末开始，全国各地各界研究青年的人员中这样的呼声愈来愈高，要求愈来愈迫切。我也是早有此念。建立这样一个全国性的学术团体是很复杂的一项工作，也是很严肃的。首先是在中青院取得赞同，在团中央书记处得到支持，然后才能往民政部去申报。

1988年底，我在中青院担任青少年研究所所长的时候，在中青院主要领导赵喜明、张修学的支持下，行文报到团中央书记处。1993年团的十三大以后，建立中国青年研究会的报告，得到团中央书记处批准同意，向民政部的申报也很快在年底批复同意。获批以后，对于成立大会什么时候开、怎么开，理事和理事会的组成等问题，团中央书记处专门作了讨论。召开中国青年研究会成立大会的通知是团中央发的红头文件，名称是共青团中央办公厅(通知)中青办通发1994年1号《关于召开中国青年研究会成立大会暨“社会变革与跨世纪青年”研讨会的通知》。

经过一番筹备，1994年4月召开首届理事会，宣告了中国青年研究会的成立。成立大会在人民大会堂常委会议厅召开，人大常委副委员长雷洁琼、中顾委常委王首道、中央组织部常务副部长夏宗鼐到会并讲话，许多团省委书记到了，教育口、宣传口、社科界人士到了。国家教委司政司司长、学生司司长，空军政治部组织部副部长，中宣部理论局副局长，社会各界的人物都来了。团中央书记处第一书记李克强、常务书记刘鹏、书记赵实作了报告。会后，团中央办公厅以红头文件转发了三位领导的讲话。中国青年研究会成立以后，每年一次的年会，都有一个研讨的主题，为团聚全国青年研究的学者和实际工作者，促进“两化”，发挥了重要的组织和引领的作用。

四、持续研究阶段

中国青年研究会成立以后，作为副会长，我分工管研究会办公室的工作至1997年。退休后就不再参与青年研究学术活动的策划和组织工作，但我的学术研究一直没有停顿，其因也许有三条：一是我对这项事业太热爱了，多年的积累，多年的习惯，情难以舍；二是这项事业也没有舍弃我，团中央、中心、中青院、北京以及许多省、自治区、直辖市团委、团校和青年学院、一些社科单位和高等院校，经常给我一些任务，邀我讲学、撰写文章、参加研讨活动；三是我身体尚好，还有继续研究的体力和精力。

退休以后到现在，我的研究没有中断，但作为不大，所以只能叫做持续研究阶段。这个阶段由于自由度比较大，更便于集中精力在自己有积累有兴趣的学术园地继续耕耘，如今算起来都有14年了。

这14年，我继续坚持"紧跟时代，贴近青年"，不断到青年和青年工作实践中，调查研究，参与一些课题的研究。如1997年"青年思想道德建设调查"、1998年"'十五'规划与青年发展"研究、2000年"温州模式青年工作经验"研究、2006年"树立社会主义荣辱观"研究、2008年"改革开放30年共青团工作的发展与启示"研究、2009年"新中国60年青年研究事业的发展"研究、2010年"新时期共青团思想引领的职能、路径与方法"研究等。

这14年，我继续奔走宣传共青团的学问，为一些高等院校授课、开讲座，到一些基层单位讲课、作报告。足迹踏及北京、上海、江西、福建、浙江、江苏、广东、河北、四川、贵州、辽宁、吉林、山东、山西、新疆、内蒙古、湖南、云南等19个省、自治区、直辖市和香港、澳门地区。同时，学术交流到了美国的锡拉丘兹大学、加拿大的蒙特利尔大学和维多利亚大学。在国际社会学会青年社会学专业委员会(RC34)会刊和瑞典《青年研究》等海外刊物发表论文4篇。

这14年，我在继续研究共青团学问，推进"两化"的过程中，为报刊撰写并发表文章140余篇，平均每年10篇。出版的专著有《世纪之交论青年》(1997年)和《青年学新论》(2004年)，主编的著作有《雷锋精神在中国》丛书、《当代青年最关心的100个问题》、《聚焦：当代青年热门话题100例》。

这14年，我热情支持研究共青团学问和推进"两化"的新生力量，为几十位年轻朋友的39部著述作序、写评论，尽力为"后来居上"者鼓与呼。

56年，在历史的长河中，不过是弹指一挥间。然而，我研究共青团学问的经历能够与共青团事业的发展相随，个人的追求能够融入建团90周年流光溢彩的年轮，我怎能不为自己在党团结教育青年的事业贡献了一份力量而自豪！

在1992年国务院授予我"发展社会科学事业"突出贡献奖享受政府特殊津贴的颁发证书会上，我曾用"老牛自知黄昏短，不用扬鞭有奋蹄"的诗句，表达我对共青团理论的执著之情。如今，我已进入耄耋之年，更多的是寄希望于研究青年和共青团学问的后来者，但愿在有生之年，能尽自己的余力为"后来居上"者多做一点鼓励和扶持的事情。共青团理论事业后继有人，兴旺繁荣，将是我最大的心愿与祈求！

（作者　中国青少年研究中心 教授）

我国青少年研究事业可持续发展的挑战与路径选择

张　华

伴随改革开放起步的我国青少年研究已经走过30多个春秋，两代拓荒者以铁肩担道义、春泥护蓓蕾的炽热情怀辛勤耕耘青春的原野，为改善我国青少年生存状况，优化青少年成长的社会环境，提升青少年的身心健康和思想道德水平，促进青少年与社会的良性互动作出了不可磨灭的贡献，为推动青少年研究由潜科学向显科学的质变奠定了经验研究的良好基础。但是，30多年对于打造一支高水平的专业团队、造就一个成熟的学科还是远远不够的，我国新生代青少年研究工作者还需要漫长的跋涉。

一、我国青少年研究的历史积淀

我国最早从事青少年研究的第一代研究工作者已经进入耄耋之年，20世纪80年代陆续进入青少年研究领域的第二代研究工作者也进入退休高峰。盘点30年岁月，两代人努力，我国青年研究事业的历史积淀可以用“五个一”来概括。

（一）形成了一个优良传统：关注社会、关注青少年、关注现实问题

科学始于问题。青少年研究在中国从来就不是少数人“高雅的兴趣”和“精神享受”，也不是象牙塔里的纯学术问题。“文革”后百废待兴

的时代,青少年问题成为最紧迫的社会问题的特殊背景,催生了我国青少年研究。1978 年 12 月由团中央研究室创办、1981 年转中国社会科学院青少年研究所主办的《青年研究》,作为我国第一份青年研究学术期刊,首开"问题导向"青少年研究之先河。1984 年 4 月,由中央团校发起召开的、以讨论黄志坚先生主编的团校教材《共青团工作理论》为主旨的全国共青团工作理论研讨会(后被排列为全国第一届青年工作理论研讨会)上,在所有参会论文中,《从书面调查看我国青年的思想发展及其现状》(中央团校樊新民)、《论青年的小群体》(上海市团校金国华)、《论青年期的需要与引导》(山东省团校张华)、《试析当代青年的政治信念》(辽宁省团校郭淑琴)、《试析青年对社会的不满情绪》(天津市团校吴卫民)、《广州市青年工人闲暇生活初探》(广州市团校李丹戎)、《青年期的划分》(湖南省团校杜凌飞)等对青年现状和问题的研究均受到了与会者更多的关注。30 多年过去了,全国性青少年研究学术会议、国际性专题青年研究学术会议已经举办了 30 多场次,会议主题不断变化,青年研究学术期刊数量不断增加,栏目不断调整,但关注社会、关注青年、关注现实问题作为我国青年研究的优良传统始终一脉相承。

(二)建立了一个开放的体制:专兼职结合的研究队伍初步形成

我国青年研究的发起者是新中国成立以来始终承担青少年工作的共青团组织。最早的青年研究者大都来自团属院校、共青团系统。20 世纪 80 年代中后期以来,伴随共青团工作系统、团属院校系统、社科研究系统青年研究专门机构的发展,青年研究专职队伍逐渐形成。为了更好地整合社会资源,拓展青年研究领域,2005 年,中国青少年研究会创新学术年会方式,以中国青少年发展论坛为号召,吸纳社会各界研究力量,共同关注青年研究事业,取得了令人鼓舞的效果。连续六届中国青少年发展论坛,参会人数都在 200—400 人之间,大批高校教师、学工干部、资深专家陆续加入青少年研究队伍,不仅优化了青少年研究队伍的学科、学历结构,也为研究方法的规范化注入了新的活力。目前国内主要的青少年研究学术期刊,投稿者都以高校教师为主体便是证明。开放的体制、专兼职结合的研究队伍初步形成，预示着我国青少年研究发展的生机与希望。

(三)孕育了一种应用科学发展的合理机制:学术研究、人才培养、社会服务三位一体

与许多成熟的显学科常常被打上“学院派”的深深烙印，成为“专家之学”不同，青少年研究相对边缘的地位，与现实生活、青少年成长和青少年工作千丝万缕的联系先天地赋予了它一种特别的“优势”:学术研究服务于青少年工作者的教育培养、服务于青少年健康成长、服务于青少年政策法规制定的“社会功能”更容易得到社会认可。以山东省青少年研究所为例，在建成“三个中心”，搞好“三项服务”的办所宗旨引领下，20年来始终坚持用自己的理论研究成果为党和政府制定青少年政策法规服务，为青少年工作服务，为青少年健康成长服务，自身价值得到了充分的社会肯定。不仅在省委书记、省长召开的专题座谈会上，在地方人代会上，在共青团主题工作推进会上，在社科联的讲坛上，都可以听到青少年研究机构的声音;而且通过承担青少年工作者教育培训课程，实现了党的路线方针政策、青年工作的中心任务、共青团工作的新鲜经验、青少年研究的最新成果“四个第一时间进课堂”，将研究成果直接转化为青年工作的推动力;以青少年研究会、大学生心理健康教育专业委员会等作为延伸手臂，通过坚持不懈地进行社会科学普及活动，先后推出了现代家庭成功教育进校园、进社区，青少年心理健康教育进校园，青少年心理咨询热线进家庭等科普活动品牌，使研究机构成为服务青少年健康成长的重要社会支持力量。实践证明，学术研究、人才培养、社会服务三位一体的工作机制，已经成为我国青少年研究机构的独特优势。

(四)推出了一批有价值的成果:本体研究、工作研究、方法研究各有千秋

我国青少年研究按内容划分，可以分为本体研究、工作研究、方法研究。经过30年岁月积淀、两代人不倦努力，在上述三个领域均取得了一批有价值的成果。

在青年本体研究领域，以中国社会科学院单光鼐先生领衔的《中国青年发展报告》(辽宁人民出版社 1994 年版)和中国青少年研究中心启动的中国青年发展状况蓝皮书系列《新状态：城市青年发展报告》《新跨越：农村青年发展报告》、《新白领：新兴产业青年发展报告》、《新学子：当代大学生发展报告》等为标志，关于青年发展的经验研究进入了一个新的阶段(1998—2010)。用“调查表明青年如何”，代替了“我们认为青年如何”，在我国青年研究领域无疑具有里程碑意义。许多依据大样本调查形成的研究报告不仅引起了广泛的社会关注，也得到了社会科学研究领域的学术认可。

在青年工作研究领域，以各级各类团校干部教育需求和青年工作科学化要求为导向，青工理论教材建设取得了长足进步。不仅团中央连续推出多批次统编教材，表彰了一批优秀教材，各地教材建设也出现了百花齐放的局面，青工理论教材建设进入了空前的繁荣期，为推动大规模、高质量青少年工作者教育培训起到了积极作用，成为青年工作理论研究服务青年工作的重要载体。

在研究方法的研究领域，除了大量的回顾与反思的研究文章之外，最具建设性的成果当推《当代中国青年发展状况指标体系研究》和《中国青年发展社会监测系统研究》(郗杰英、刘俊彦、张华，文心出版社 2004 年版)，在多家地方青少年研究机构的配合下，经过专家团队的戮力合作，我国青年研究终于有了第一个指标体系作为参照坐标，不仅给规范研究的操作化定义提供了参照，也使国内青年研究成果的纵横向比较成为可能。近年来各地陆续启动的青年发展蓝皮书项目，大多借鉴了该指标体系。2004 年以来，中国青年发展社会监测系统被团中央用作“全青调查系统”，承接了多次大样本调查任务，均取得良好效果。虽然，作为一种指标体系这一成果还比较粗糙，但是，从填补我国青年研究领域技术空白层面，其价值应当予以肯定。

(五)占有了社科研究的一席之地：青年研究学术带头人在各地崭露头角

20 世纪 70 年代末 80 年代初，青年研究在我国刚刚起步时，很少有人承认它的科学价值。因为当时的青年问题在世人眼中是社会问题、政治问题，而不是“学术问题”。于是，老一代研究工作者不得不经常据理力争：研究花鸟鱼虫都可以成为学问，为什么研究占总人口 1/3 的、而且是代表未来的青年不是学问？30 多年过去了，这样的争论已经不复存在。数以百计的专著、教材，数以万计的研究报告、学术论文，为青年研究在社会科学研究领域赢得了一席之地。中国青少年研究会、中国社会学会青年社会学专业委员会、中国心理卫生协会大学生心理健康教育专业委员会、各地的青少年研究学术团体，不仅凝聚了大批专兼职青少年研究工作者，也通过有影响的学术活动和高水平的研究成果，使一批青年研究学术带头人崭露头角。原来没有社科课题申报和评奖渠道的青年研究，越来越多地获准社科立项和社科奖励；教育科学课题、软科学课题也向青少年研究敞开了大门；在各省的社会科学评奖委员会中，近年来陆续增加了青年研究专家作为评审专家。原来只在青年研究“圈内”有影响的专家，开始得到社科领域的关注和认可；有些青年研究专家甚至通过大众传媒，得到公众普遍认可，这无疑是一个令人鼓舞的变化。

二、我国青年研究队伍发展面临三大挑战

改革开放开启了一个全新的时代。伴随经济社会发展，青年生存环境持续改善，青年问题在社会问题中的严重性不断淡化，青少年研究从问题导向研究逐步发展到常态的学科化研究阶段。如果说，20 世纪 70—80 年代的第一代研究者成功地回答了当时中国社会主要的青年问题是什么，以及如何解决的叩问，并且为改善青年生存状况发挥了直接的资政功能，并且得到社会充分认可的话，80 年代中后期开始的青少年研究学科化进程则由于先天不足、后天失调而步履蹒跚。当前我国青少年研究队伍本身的可持续发展则面临三大挑战。

（一）专职研究队伍总量萎缩，梯队断档

我国青少年研究的主阵地曾经是团属院校。在其发展的鼎盛时期，全国 65 所团校除后勤服务人员外，包括学校领导在内，团校教师大部分

从事党建团建和青年工作理论研究。在教育结构调整的过程中，团属院校为解决生存发展问题大都实现了办学结构转型，从事青少年研究的核心团队明显萎缩；90年代初陆续建立的青少年研究专门机构，则分属共青团组织、社科研究机构、团属院校，在机构改革、学科结构调整的过程中，作为独立建制被保留下来的研究机构也大大减少，社科系统的青少年研究所除上海外，大都降格为社会学所下属的研究室，或者在人员变动后被撤销编制；隶属共青团组织的青少年研究机构则面临队伍流动频繁，工作和研究任务交叉，职责不明晰等困境；挂靠团属院校的研究机构虽然队伍相对稳定，但学院发展过程中更为紧迫的任务也导致了青少年研究机构的边缘化。总之，进入新千年以来，我国青少年研究专业团队总量萎缩，人才断档问题日益突出，从1984年第一届全国青工理论研讨会一路走来的研究者经过90年代的“胜利大逃亡”和自然更替已经所剩不多。目前多数省级青少年研究机构面临非常现实的接班人选困境。

（二）青年研究学科化发展进程迟缓，路径狭窄

我国青年研究学科化进程始于20世纪80年代。1986年9月，社会科学文献出版社出版了罗马尼亚青年研究中心研究员马赫列尔（Fred Mahler）的《青年问题与青年学》（陆象淦译），这很可能是我国大陆最早见到的海外青年研究专著。1988年1月，光明日报出版社出版了美国人类学家玛格丽特·米德的《代沟》（曾胡译）。马赫列尔对青年本质的研究引发了国内研究者对青年本体研究的浓厚兴趣，而米德的代际视角则给研究者提供了前所未有的心灵震撼。建设中国特色的青年学科，曾经是两代研究者的志向与追求。以国内第一部《青年学》出版为标志，我国青年研究开始了把青年作为独立的研究对象的学科化进程的尝试。如果说，借鉴西方发达国家经验研究的方法，对青年存在的问题进行探索、描述和解释，对于满腔热情并拥有丰富资源的国内研究者并不是特别困难的任务的话，构建青年研究的学科体系对于当时的国内青年研究者显然是一个过于艰难的使命。对于被各种“需求”推动的、从勃兴到沉寂总共不过七八年时光的青年研究学科化“小高潮”，笔者曾经用“圈地运动”给予形象直观的描述。1987—1995 年，仅《青年学》专著，国内先后就出版了谷迎春、杨张乔的《青年学导论》(黑龙江人民出版社 1987 年版)，黄志坚的《青年学》(中国青年出版社 1988 年版)，邱伟光、罗洪铁的《青年学》(西南师范大学出版社 1988 年版)，金国华的《现代青年学》、《简明青年学》(中国青年出版社 1989 年版、中国青年出版社 1992 年版)，邹学荣的《青年学概论》(高等教育出版社 1992 年版)，吴焕荣、刘向英的《青年学与青年工作》(冶金工业出版社 1993 年版)，熊建生的《青年学通论》(武汉大学出版社 1995 年版)等 8 个版本。其他如青年社会学、青年心理学、青年伦理学、青年美学、青年文化学、青年文化人类学、青年组织学、青年思想教育学等则不胜枚举，几乎所有的社会科学门类都在几年之内实现了与青年研究的联姻。由于理论准备不足和缺少坚实的经验研究基础，短暂的繁华过后，大部分学科建设成果已经烟消云散，大部分著书立说的人也陆续离开了青年研究领域。从不同学科角度关注青年问题的研究者，由于很难跳出原有显学的局限，难以形成综合的研究力量。要么主张无所不包的青年学，要么主张二级学科之下作为研究方向的青年社会学，这种研究路径的狭窄已经限制了青年研究的发展空间。

(三)新生代研究人员的学术局限与价值困惑

进入新千年以来，随着高校扩招后的毕业生大量进入就业市场，团属院校和青少年研究机构招聘人才难度明显降低。2003 年有些省级团校招聘硕士研究生进入教师队伍，还需要提供住房补贴作为吸引人才的特殊政策，2008 年以后，招聘博士生已经不需要特别待遇。有着良好教育背景的高学历青年，正在构成我国新生代青年研究的核心团队。从近年来各相关机构引进青年人才的岗位适应情况看，两个问题具有普遍意义。

一是相关的显学背景对于他们从事青少年研究既是非常有利的条件，也构成了专业局限。比如，心理学、教育学多注重实验研究与环境控制，当研究的问题属于自己熟悉的领域时，可以驾轻就熟，当研究超出专业范围时,则感到准备不足,力不从心。社会学、政治学、法学等背景的研究者同样存在学科背景与青少年研究对接与磨合问题。

二是对青少年研究本身的价值判断和研究动机方面的困惑。与上两代有青少年工作背景并把青少年研究作为终身事业来追求的研究者不同,新生代研究者并非完全出于事业心和职业兴趣从事青少年研究。他们首先需要解决的问题是“我为什么要从事青少年研究?”“如果有更好的职业选择,我是否仍然愿意从事青少年研究?”以及“我是否真的适合搞青少年研究?”在明确地回答这些基本问题之前,他们会有一个游移、彷徨和价值选择的过程,并直接影响其岗位适应的效率。

三、青年研究事业可持续发展的路径选择

长期以来,关于青年研究的学科归属问题一直困扰着许多热衷于“学术标签”的研究者。事实上,青年与社会并不关心研究者是哪一个领域的专家学者。真正有意义的问题是:谁对青年研究有更多原创性观点?谁的研究方法更具信度和效度?谁的研究成果对改善青年与社会互动产生了真正的效果?否则,关于青年研究属于几级学科的讨论没有任何意义。学科化进程应建立在经验研究积累的基础上,而不是建立在研究者美好愿望的基础上。

(一)青年研究的发展定位:遵循从分析到综合的研究路径,综合运用多学科知识与方法研究青少年问题,为青年研究成为显学奠定基础

毋庸讳言,青年研究在世界范围内仍然处在潜科学阶段。如果说只有理论上可以高度被证伪,但实际上没有被证伪的知识才属于科学的范畴,迄今为止的青年研究积累还不足以支撑一座独立的理论大厦。首先,青年作为一个年龄概念,国际国内均没有统一的划分标准,不同的研究可以随意给出操作性定义,对象的不确定性是科学研究之大忌。其次,关于青年研究使用的基本概念、范畴、方法尚未形成经过实践检验的基本的知识框架,学科化缺少建筑材料。第三,参照群体研究缺失。比如,当青年研究者主张某一特征属于青年时,大多举不出该特征不属于

少年或成年的研究例证。因此,认定青年研究目前整体上处于潜科学阶段是明智的判断。

基于这样一个基本的判断,笔者主张现阶段的青年研究多搞点实实在在的经验研究,严格遵循从分析到综合的研究路径,综合运用多学科的知识和研究方法,从不同的视角分门别类地研究青年发展的各个方面,以格物致知的态度探索、描述、解释一个个的青年现象,朝着揭示青年发展规律,揭示青年与社会互动规律的方向稳步推进。

(二)青年研究的队伍建设:吸纳多学科人才的力量整合路径

现有的人文社会科学学科,几乎都可以找到和青年研究的结合点。青年研究专家包括构建青年研究理论体系的学者,同时也包括青少年教育专家、青少年社会问题专家、青少年犯罪研究专家、青少年心理问题专家、青少年社会福利问题专家、青少年组织研究专家、青少年社会管理专家、青年婚姻家庭问题专家等等。吸纳多学科人才,整合研究力量,不是让所有学科的人才都成为青年研究学科建设的行家里手,而是要充分利用各学科不可替代的长处,丰富青少年研究的内容,扩大研究青少年、服务青少年的领域。在研究机构内部,给缺少实际工作经验的年轻研究者提供驻点调研、挂职锻炼的机会,形成对青少年需求、青少年工作理论需求的感性认识,已经被许多研究机构的实践证明行之有效。提倡不同学科的研究人员之间互相学习借鉴,则是扩展研究视野,实现整体大于部分之和理想目标的有效手段。

(三)青年研究的职业伦理:基本研究规范的建设路径

迄今为止的青年研究均具有明显的社会功利或研究者个人功利色彩。这或许是无可避免的,但需要用严格的职业伦理予以规范。尽管许多研究者基于不同的学科背景,在研究过程中注意到诸如资料保密问题,对研究对象的尊重等,但由于我国青年研究起步较晚,且缺少必要的学术支撑,对研究伦理的研究几乎还是空白。建设基本的研究规范,应当从引导研究者尊重研究对象知情同意、自愿参与的权利,坚持无害化原则,承诺匿名和保密,尊重个人隐私权,必要时证明隐藏研究目的的合理性、必要性，保证研究结果的真实性等基本的伦理规范入手，使之逐步形成行业自律准则；要逐步建立研究过程的技术报告、研究结果的信度报告制度，作为对研究者是否遵守职业伦理的有效监督手段；要完善青年研究课题管理、成果评价、奖励公示制度，减少重复立项和资源浪费，对学术不端行为实行一票否决。

参考文献

张华：《关于青年研究的思考与前瞻》，《青年研究》1997 年第 2 期。

艾尔・巴比：《社会学研究方法》，邱择奇译，华夏出版社 2009 年版。

（作者　山东省青少年研究所所长 教授）

青年研究的发展历程和学术视野

江　洪

在中国社会转型和全面实现小康社会的进程中，我国青年和共青团组织的发展正在经历着一次整体性和全面性的变化。这其中交织着历史与现实、传统与现代、宏观与微观、社会分化与社会整合，以及如何更好协调党、青年、共青团组织之间关系等种种复杂因素。进入新世纪，为了适应和指导青年成长，以及青年工作更好地发展，青年研究领域应该更加重视青年研究的学科建设。新中国成立60年，特别是改革开放以来，青年研究在我国得到迅速发展，大量资料和一些重要的理论成果的创新积累，为青年研究学科体系建设创造了基础条件。在党和政府及社会各界的高度重视扶持下，青年研究领域与时代共进，与国际接轨，不断由经验概括向学科化迈进，逐渐形成了具有中国特色的发展路径。

一、青年研究的学术历史积淀

青年作为一个学术领域的出现，可追溯到20世纪40年代。当时美国克拉克大学的校长，心理学家新坦利·霍尔写成了《青年期》一书，被认为是青年研究开始的标志。1971年，波兰社会学家弗拉迪斯拉夫·阿达姆斯基在波兰《社会学研究》杂志上发表的《青年社会学》一文中，首次提出了青年学这一概念。他认为青年学应该"既包括首先是把青年当作教育对象的教育社会学，又包括特别赋予青年一代以社会发展过程主体作用的社会学研究的最新倾向"。接着，保加利亚学者K.高斯波迪诺夫和波兰的B. 内米尔库又相继发表了题为《青年学或青年社会学》和《研究青年的整体科学——青年学提纲》的论文，高斯波迪诺夫认为青年学是人类学与社会学的结合，而内米尔库则认为青年学是“研究青年人如何实现成熟期前的准备任务的科学”。

20世纪70年代以来，最为活跃的青年学研究者是罗马尼亚青年问题研究中心的研究员F. 马赫列尔，他在1983年出版了《青年问题和青年学》一书。美国人类文化学专家玛格丽特·米德(M. Mead)在考察、比较了原始部落社会和现代社会青年的生活状况后认为，青年的特征取决于社会的复杂程度，取决于社会在不同年龄组之间所确定的差异以及从一个年龄组向另一个年龄组过渡的方式。从这样的观点出发，青年不再被看做是一个生理—心理变化过程，而是一个社会文化发展过程。

美国社会学家伯格兄弟(Beger)在分析了西方代沟问题的演变过程后指出，现代青年的基本社会特征根源于工业社会的内在结构，从而使我们对青年的认识视角由其内部心理状态转变到他生活于中的现实社会环境之中。社会心理学家艾里克森针对现代青年期不断延长的趋势，提出了著名的“社会心理延期补偿”理论，认为在当代社会中，为了适应高水平的劳动分工和技术进步，出现了对青年的培养和教育期延长的社会经济需要。这一方面使青年受社会保护的期限延长了，同时又造成青年的某些社会要求和利益不能及时得到满足，从而限制了青年的自立发展，推迟了他们发挥独立作用的时间。

青年定义的“过渡期”理论。国际劳工组织认为，青年是成年生涯开始之前生命周期的阶段。“过渡期”的青少年概念是一个融合了生理年龄、社会心理年龄和历史年龄的弹性定义。首先，从儿童到成人有着生理上的过渡，“青少年”时期是生理发育的第二高峰，性器官的发育与第二性征的突现，都让青少年表现出不同于儿童、也不同于成人的特殊性。其次，从社会心理而言，自我意识从客观化时期转入主观化时期，对自我身份的探究与认同成为该时期的主要心理发展课题；“青少年”在社会中的角色开始了转变，毕业、工作、结婚、参与选举投票等等新的社会生活事件接踵而至，这些都成为“儿童”向“成人”过渡的标志性转折点。

自 20 世纪 60 年代以来，联合国教科文组织在推进青年事务发展方面制定出台了一系列的政策性文件。比如，《关于在青年中促进和平以及相互尊重和理解的宣言》(1965 年)，《国际经济、社会和文化权利盟约》(1979 年)，《关于进一步规划及推进青年领域工作的行动纲领》(1985 年)，《儿童权利公约》(1989 年)，《21 世纪世界青年行动纲领》(1995 年)，《亚太青年人力资源开发北京宣言》，《关于青年政策和行动的里斯本宣言》(1998 年)，《加强政府青年事务部职能，与非政府青年组织合作，制定 1999—2002 年青年政策和大纲》等。这些文献成果对全球化背景下，各国政府制定青年发展规划和政策，提供了统一参照的基本框架，对世界范围内青年研究学术交流与合作也具有深远的指导性意义。

国际社会学会青年社会学专业委员会(RC34)，作为专门从事青年社会学理论和青年社会问题学术研讨交流的世界性学术团体，多年来一直致力于青年社会学学科的传播与发展。它每年都要围绕青年社会学的理论建构、研究方法、技术手段、青年社会问题，以及国际间的研究课题协作等方面的内容，召开各种类型的研讨会。丰硕的研究成果，通过所属专业网络、会刊、出版学术著作等方式，向各个国家和地区广泛推介，对青年社会学学科的蓬勃发展，起到了推波助澜的积极作用。

二、青年研究在我国的发展

青年研究作为社会科学的一个领域，在中国开始于 20 世纪 80 年代。从诞生到发展大体上经历了三个阶段。第一阶段是 20 世纪 80 年代诞生与兴旺的辉煌期。这一时期受拨乱反正、思想解放的形势影响，青年问题突出并引起国家和社会层面的关注，以及青年工作空前活跃等因素，使青年研究的大环境形成气候。各级各类青年研究机构纷纷成立，各级各类青年研究刊物相继问世，以青年学学科建设为特色标志的各类著述丰富多彩，与此相呼应的各类学术交流活动也达到了前所未有的繁荣程度。第二阶段是20世纪90年代相对冷静与稳定的沉寂期。这一阶段青年研究范围日趋扩大、人员逐渐分化、机构走向衰微。在研究取向上更加注重客观、规范的学术取向,研究者站在更加宏观和中肯的立场上看待青年与主流社会之间的关系。同时随着高校相关学科对青年研究关注度的逐步增强,一批受过良好学术训练的专业研究人员开始进入青年研究领域。第三阶段是进入21世纪后的多元化和冷静上升时期。这个阶段信息化、全球化给中国社会、文化带来了巨大变迁,身处其中的青少年在面临更多选择和自由的同时,也面临着前所未有的文化逆境与生存压力,因此青年问题已经现实地构成了社会问题的一部分。青年研究在取向上更加注重学术规范,研究人员的学术基础和专业化程度不断提高,其研究范式也更加多元化和系统化。

20世纪80年代初期,是中国社会几千年来以政治为中心转变为与世界经济接轨的开始。这种转变为中国近现代志士仁人为之奋斗的民族复兴目标提供了实现的可能。比起社会自身经济文化发展的动因,这场变革更多的是由于自上而下贯彻的作用。社会的活力尚待启动,社会的问题积重难返,唯有知识界与青年成为最活跃的部分,兴起了思想解放运动。在青年中,青年社团、学生竞选、人生观大讨论等相继出现,从服饰、音乐开始的青年亚文化呈现街头,类似五四的初期。与此同时,青少年犯罪的性质与比例突然上升,知青回城使就业问题成为紧迫的青年问题。突然间,青年成为全社会关注的焦点,对青年的评价也成为整个社会舆论的热门话题。青年是时代的晴雨表,从这里又一次得到强有力的佐证。青年在转变伊始的这种异常表现,以及社会对此的强烈关注,要求学术界能够作出解释。恰逢由思想解放运动推动的中国社会科学的复兴,为青年研究从政策研究向学术研究转变提供了条件。青年研究的兴起成为大势所趋,专门的研究机构相继建立,学术刊物如雨后春笋,规模不等的学术讨论会接连召开,各种社会调查普遍展开,国外的青年研究成果大量引进,青年研究从此在我国跨入了一个崭新的阶段。

青年研究向学科化发展在20世纪80年代形成一股潮流。随着社会学在中国的恢复及其对青年研究的介入，青年社会学率先在中国得到迅速发展。1987 年以费穗宇和甘永祥为主要作者的两本《青年社会学》的问世为标志，一大批青年社会学论著相继出版。从社会学视角研究和探讨青年与社会的相互关系和相互作用，以及通过对青年社会化、青年需要、青年行为、青年交往、青年流动、青年家庭、青年组织、青年成就、青年问题等现象的整体分析，来探讨其发生、发展及转化的规律。紧接着1988 年，以谷迎春、杨张乔的《青年学导论》和黄志坚的《青年学》出版为标志，一大批青年学专著相继问世。这些著作对青年研究的概念、范畴、方法论等进行理论抽象和概括，逐步形成了涉及青年心理学、青年生理学、青年教育学、青年行为科学、青年经济学、青年人才学、青年美学、青年法学、青年政治学等多种学科齐头并进的独特发展体系。此后，为适应当时青年工作的发展和共青团组织系统培训的需要，1992 年由张宝顺主编的《马克思主义团学概论》和由张修学主编的《共青团学教程》两本著作应时而生，与其相关联的共青团组织学、共青团思想教育学、共青团思想领导学、青年工作学、青年运动史等方面论著和教材也大批量地得到出版，以共青团组织为主体的中国青年工作研究，进入了构建学科体系的重要阶段。

到了 20 世纪 90 年代，中国青年研究的走向，逐渐由热衷于学科建设，转为以现实问题分析和经验描述为主导的实证概括阶段。1994 年由单光鼐、陆建华主编的《中国青年发展报告》，以“吸纳和偏离”的理论假设为研究框架，全方位描述了改革开放以来，中国不同青年群体复杂多变的生存状态，总报告写道：“本报告展示的中国青年在近 10 余年间的发展充分说明，中国青年的发展得益于现代化进程的推进，得益于经济的发展，得益于中国社会吸纳力量的增强。”该报告认为，社会转型为新的进步的状态，意味着社会整合的重要性，包括价值整合、制度整合、群体整合。整合就是吸纳。但是由于体制、法制等重要原因，整合不可能顺利推进，也不会是平坦大道。对于其中的弊端，整合对象就会产生一定程度的偏离性，青年尤其如此。不可否认，20 世纪 90 年代仍然存在着青年对社会主体的偏离，但是我们没有看到象80年代那样作为一个群体登上社会舞台引起强烈关注的偏离现象。社会关注的焦点已集中到因为转型而暴露的体制本身的问题，如官僚腐败、贫富悬殊、职工下岗、通货膨胀、社会治安等等。青年或者被吸纳而奋进，或者被排挤而偏离。青年既受益于又受制于社会。青年的面貌也和社会一样更趋于多样化。时代的变迁使青年的存在方式发生了变化，也使对青年群体跟踪研究的科研成果空前丰硕。描述整个青年发展的报告、研究青年价值观变化的专著出版了，内容涉及独生子女、青春期教育、个性培养、社会交往、家庭代沟等等，以更严密的手段观察，更细微的题目而写出的报告也纷纷提交给了社会，为国家和政府制定青年政策提供了重要的参考依据。

这个阶段基于社会学的研究方法介入，以问卷调查和实证分析为特点的各类青年群体的专题研究报告，在各个地区、各个行业层出不穷，形成了与时俱进的良好态势。在承认广泛采用量化研究是重要的进步以后，要求同时重视并掌握定性研究，采用诸如人类学研究方法、集点团体座谈、深度跟进式访谈、情景测试等典型的定性研究方法。这个阶段中国青年研究的另一特色是学术论文的数量激增。自1990年开始，经联合国教科文组织的提议，由中国社会科学院文献信息中心、中国青少年研究中心与吉林省青年学学会联合推出的《青年塑造未来文献文摘》，每年编辑出版600至1000篇论文向国内外推介，可以认为这是一个跨世纪的青年研究的宏大工程。

2000年以来，中国青少年研究中心以“青年研究文库”的形式，陆续向社会发布了一批有参考价值的研究报告。其中包括：《跨越转折——当代大学生价值取向报告》、《青年人力资源开发研究报告》、《志愿行动在中国——中国青年志愿者行动研究》、《青少年事务与政策研究报告》、《当代大学生性现状与性教育研究》、《中国青少年流行文化现象报告》、《非公经济与青年发展研究报告》、《青年就业问题与对策研究报告》、《和谐社会与青少年思想道德建设研究报告》、《“十一五”与青少年发展研究报告》、《和谐社会建设与青少年发展研究报告》等课题成果。这些研究报告深入实际、贴近青年，具有很强的针对性和操作性，对相关部门的决策产生了积极的影响。同时，一批高等院校和社会科学系统从事青年研究的理论工作者，则从学术探讨的角度进行了多元化的尝试。例如，年轻的社会学研究者安继民和刘国建在所著《绿色世界的构思——青年学描述》一书中认为，主我—客我的分化是人生进入青年期的根本标志，也是所有青年现象的内在动力机制。因此，它是青年的人的本质的核心所在。把握住这个逻辑起点，是青年学研究的关键。浙江大学方巍等青年教师在《青年社会学——社会学视野中的青年与社会》一书中，将青年文化视为青年实现人生转折的手段，认为青年文化为他们提供了价值规范、态度和行为规范，为青年在变革过程中提供安全感，为处于被动境况的青年提供自尊。南京大学风笑天对 20 多年来国内有关青少年社会化问题的文献进行了系统的回顾，归纳出社会化理论和特征及作用机制、不同社会化因素的作用等五个研究领域及其研究成果，等等。

三、当代青年研究的学术范畴和研究视野

对青年研究学科化建设的评估。《青年研究》在 1983 年 10 月召开的作者座谈会的会议纪要中写道："新学科得以建立，大约先有一个经验描述的时期，这时还没有真正确立自己的对象和方法，只有自己的'领域'或'范围'，如青少年问题。在经验描述足以接触到本质的时候，才进入确立对象和方法的时期，才形成独立科学。当前的青年研究正处于这两个阶段之间。"如果以这个符合社会科学的发展规律的论述为标准，对目前国内青年研究现状进行判断，现阶段我们仍然处于一个前学科的探索期，无论是对基本概念和范畴的抽象概括，还是学术理论和分析框架的把握，以及对学科方法论的确立，都远没达到一种成熟学科的要求。从"经验型"研究范式转变到"专业化"研究范式，还有很长的一段路要走。

但是，绝不能因此就对 20 世纪 80 年代以来，以"青字号"为主体的

青年学学科建设的成就给以否定。如上所述，没有20多年三个阶段的持续发展，没有探索性的新学科创建和大量的学术积累，就不会有青年研究今天的良好态势。事实上正是由于那个初创年代青年学学科建设的空前繁荣，才有了党和政府及社会各界的高度关注，才有了青年研究的成果应用于青年工作实践所取得的巨大成效。纵观世界上青年研究近百年历程，至今还没有一部公认的权威性的青年学学科的著作问世，由此可见其学科建树的艰难程度。正确的选择应该是在现有学术成果的基础上，继续向青年研究的深度和广度拓展，倡导跨学科的多元化联合攻关，逐渐脱离以往那种哲学的、推理的方式，趋向于归纳性、经验性的探讨，从经验世界中收集资料来印证理论，使理论的建立与实际的社会现象发生得到相互印证。同时，要从国情和当代青年的现状出发，在马克思主义中国化的最新成果指导下，通过科学的程序，对收集整理的有关资料进行实证研究，对发现的转型社会青年现象给以合于逻辑的解释，通过新的提炼和新的概括，构建具有中国特色社会主义的青年学学科体系。

在我国社会科学学科分类中，青年研究归属于社会学一级学科中的青年社会学分支。与以往的青年学建构强调对青年本质及其发展规律的整体性、综合性、独立性研究不同，青年社会学更注重运用社会学的理论与方法来诠释青年现象，更强调学科本质的现实性、实践性和科学性。从研究对象上看，青年社会学呈现出以下三个特点：一是认识作为有机整体的青年。以青年为研究对象，注重考察其相关的社会背景和与社会互动的诸多要素，从宏观上把握青年群体的体系特征，分析“一代人”的时代特征。二是研究青年的社会属性。青年的社会属性是青年本质的集中体现，对引导青年的健康成长具有指向性意义。三是重视青年独自的个性。青年不仅是一个整体，具有共同性，而且作为青年的每个成员又具有自己的个性。对青年人进行个体的理论研究是青年社会学的学科特点。

其主要内容包括：关于青年社会学的学科性质、基本观点、研究对象、研究方法、与其他学科的关系的研究；关于青年与社会、青年的一般特点、社会地位、社会化以及青年与社会互动的研究；关于青年的生活方式和婚姻与家庭的研究；青年社会群体和青年社会组织与青年运动的研究；关于青年社会问题和青年成长影响因素的研究；关于青年工作和青年政策的研究；关于青年成长主题的研究；关于青年素质结构和成分的研究；关于青年学学科体系的建构及国外青年的研究。此外，还有青年的社会行为、青年人格的确立、青年亚文化、青年需要、青年的职业生活、青年流动、青年成就、社会变革与青年现代化研究等方面。青年研究在以社会科学学科为主体的前提下，还要广泛借鉴政治学、经济学、教育学、人类学、人才学、生理学、心理学、法学、美学等学科的知识，不断适应对青年群体复杂性和多样性研究的需要。在我国的社会主义体制下，还要特别研究执政党对青年成长和青年工作的指导方针，注重应用理论的构建，注重青年政策和法规的制定，从而更好地为培养社会主义合格建设者和可靠接班人提供服务。

社会科学理论一般分为基础研究和应用研究两大部分。基础研究是以揭示人类社会发展的基本规律，探索社会发展过程中社会物质和精神现象运动的本质、特征、结构、规律，建立和发展范畴体系的创造性理论研究活动。其目的是追求真理，加深对社会运行的内在矛盾的认识，提高和扩大人类的知识水平和综合认识能力。青年研究的基础理论要围绕"青年是什么"的逻辑起点，进行概念、范畴、规律及理论体系架构等基本问题进行探索。由青年自然个体与社会个体、青年生理心理与社会关系、青年面向现实与代表未来这些矛盾运动的对立统一等青年本质属性切入，借鉴国内外已有的研究成果进行综合的抽象和思辨，通过归纳、分析、扩展、假设、演绎等方法，对青年发生与发展的元理论作出科学的概括和解释，并以此形成独具学科特色的研究体系。

社会科学应用研究是以实际应用为目的，以社会发展过程中一个阶段急需解决的重要理论问题和实际问题为研究对象，其成果对当前或一个时期的社会各方面的发展能产生社会影响和作用的创造性地获取新知识的科研活动。应用研究在社会科学科研体系中有着重要作用，是理论到实践的中间环节和桥梁。青年研究的应用理论要对当代青年成长中遇到的实际问题，给予有针对性的解释，把抽象的理论概括转化为可以操作的行动指导。应用理论研究以服务现实为目的，提出或制定具有实施价值的规划、计划、对策、方法、体制、系统、程序等，在为党和政府制定青年政策提供依据的同时，也给广大青年和青年工作者正确地把握自己的发展提出了可供借鉴的参考。马克思主义哲学既是世界观，又是方法论，揭示了社会发展的客观规律和辩证关系，确立了实事求是的方法论原则，以及对各种社会问题的见解，这些都为正确认识青年，解决青年的社会问题提供了方法论上的指导。

具体到青年研究的操作方法可分为三个层面：在宏观上，由党和政府及相关部门针对青年事务和青年发展，制定总体课题研究规划，整合各方面的科研力量，围绕重点领域组织攻关。在中观上，以青年社会学的研究方法为依托，采用跟踪调查和实证分析的专业技术，对青年群体的社会行为和社会问题进行考察。同时吸纳多学科的研究成果和研究力量，借鉴各类中层理论的精华，营造兼收并蓄的开放氛围。在微观上，以个体青年研究学者的学术方向为选择，对不同个体目标对象，进行主观—客观、静态—动态、近期—长期的观察，借鉴人类学的田野调查方法，展开各类青年群体不同生存状态的描述与分析。由此一个个独立个案的突破，为青年研究的学术积累增加厚度，也使科研成果更加接近于真实。

中国青年正在发生显著的变化。变化速度之快，使科研人员感到收集的资料来不及加工完毕就显得有些过时。为了实现科学研究的目标，接收信息与加工信息这两种既有联系又有区别的方法，是同等重要，不可偏废的。青年研究尤其不能忽视新的情报与信息，因为在社会变化中，青年是最为敏感、变动最快的那一部分。而真正严肃的科学研究，必须从实际的事实出发。青年研究的最终目的，就是要把青年作为一种社会历史现象，认识它的发生、发展和变化的自身运动，及推动它发展的特殊矛盾。

过去的研究由于对整个青年在每段历史时期发生变化的第一手资料积累不够，也由于没有综合有关学科的研究成果，青年变化的客观规律并没有被完全揭示出来。这是在科研工作中还存在某些盲目性、缺乏创造性的根本原因。解决的办法与其在已有认识的基础上加工，不如重视对新情况的收集整理。因此有必要强调随时观察青年的新动向，沿着青年自身发展变化所提供的大量信息，从总体上研究青年，以此为目的而运用各学科的知识，这样也就找到了各科知识与青年研究的结合点。在这个结合点杂交各科知识，才能使青年研究真正具备理论与实际、分析与综合辩证统一的科学结构，成为新的边缘学科，不断地揭示青年自己运动的客观规律。从青年的发展需要出发，对各项政策、体制发出种种信号，促进现实社会关系各种矛盾的调节，实现青年与社会的共同发展，显示出青年研究的综合性、政策性、预测性与战略性。

要从国情和当代青年的现状出发，在马克思主义中国化的最新成果指导下，通过科学的程序，对收集整理的有关资料进行实证研究，对发现的转型社会青年现象给予合于逻辑的解释，通过新的提炼和新的概括，构建具有中国特色社会主义的青年学学科体系。在现有学术成果的基础上，继续向青年研究的深度和广度拓展，倡导跨学科的多元化联合攻关，逐渐脱离以往那种哲学的、推理的方式，趋向于归纳性、经验性的探讨，从经验世界中收集资料来印证理论，使理论的建立与实际的社会现象发生得到相互印证。与其相适应，青年研究领域的研究范式、研究工具和研究方法也必须与时俱进。要主动破除本领域研究范围的“樊篱”，创新研究范式，拓宽研究领域，开展复合研究、交叉研究、横断研究，在推进学科交叉融合的过程中寻找新的增长点。要克服本学科研究工具上的“路径依赖”，主动吸收借鉴经济学、社会学、心理学、人口学、管理学等其他学科科学化、计量化程度较高的研究工具，实现定性研究与定量研究的结合，增强研究成果的信度和效度。要促进高度分化与高度综合的协同发展，加快基础性研究成果向实际应用直接转化的频率，通过“小切入、大纵深”研究模式的创新运用，强化全局性研究与局部性研究的紧密结合。针对在现实生活和网络世界中出现的大量仅仅依据细微的共同点而形成的"小众化"群体，应广泛借鉴"全球化"、"长尾"、"众包"、"隐形链接"等新兴网络理论，形成与实际状况紧密相连的新型研究体系和研究模式。

在我国社会科学的分类中，青年研究属于社会学学科的范畴。青年社会学作为社会学学科的一个分支，尽管还处在刚刚起步的阶段，但已显示出蓬勃发展的生机与活力。青年是祖国的希望、民族的未来，深入探寻青年与社会的关系，以使青年社会化中自我完善和自我发展的规律，对于培养中国特色社会主义伟大事业的合格建设者和可靠接班人，具有重要现实意义和长远的战略意义。进入新世纪，为了适应和指导青年，以及青年工作更好地发展，青年研究领域应该更加重视青年研究的学科建设。我国青年研究大量资料和一些重要的理论成果的长期积累，为青年学科体系建设创造了基础条件。哲学、伦理、生理、心理、社会、经济、法律等专业的学者投身青年研究，也为加强学科建设创造了条件。更为重要的是党中央和社会各界对青年发展问题的高度重视，使青年研究由经验概括向学科化迈进有了保证。青年研究工作者要树立使命感和责任感，时刻保持清醒的头脑和理论探索的勇气，深入实际，调查研究，在继承的基础上发展，在变化的视角中创新，不断攀登青年研究领域的新高峰。

参考文献

黄志坚：《青年学新论》，中国青年出版社 2004 年版。

谢昌逵：《改革开放中的青年和青年研究》，上海人民出版社 2007 年版。

沈杰：《中国青年研究的发展走向》，《当代青年研究》2007 年第 3 期。

高中建：《当代青少年问题与对策研究》，中央编译出版社 2008 年版。

李维岳：《青年研究的范畴与视野》，吉林人民出版社 2009 年版。

（作者　辽宁青少年研究所所长 研究员）

青年研究的历史回顾以及启示

钱永祥

作为亲身经历、参加青年研究30多年的工作者，十分高兴接受北京青少年研究所的邀请参加本次研讨会，为推动青年研究谈一点不成熟的看法。

一、青年研究的历史回顾

中国青年研究从“文化大革命”结束至今有30多年的历史了，这一时期有多方面的学者和组织坚持对中国青年从基础理论、工作理论、学科建设等方面开展研究，召开多次研讨会，我参加了其中多次研讨会，现对不同方面组织的研讨会做一个回顾。

(一)社会科学院系统对中国青年的研究

1. 1981年出版的《中国青年研究论文资料选编》

1981年中国社会科学院成立了青少年研究所，一些省市的青少年研究机构和群众团体也陆续成立或正在筹建。该所收集整理了《青年研究》上的论文和其他报刊上的文章，有哲学、教育、经济、心理、伦理等学科方面的研究人员和团基层工作者共31位同志的论文，汇编了《中国青年研究论文资料选编》。当时青年理论研究涉及三个方面：一是关于当代青年的特点的探讨；二是关于新时期青年教育问题的研究；三是关于青年就业、婚姻、犯罪、自杀、宗教信仰等社会问题的社会调查和理论研究。

当时的青年理论研究者多数是社科院恢复青少年研究所的人员,如谢昌逵、张执一,和团的一些老同志,如钟沛璋、刘奇保、陈启懋、杨张乔,还有恢复团校后的老师吴木、黄志坚、邝海春等。

2. 1980 年至今,青年社会学学会召开的青年研究会议

中国社会学青年社会学学会先后组织了几次青年研究会议。20 世纪 90 年代,中国社会科学院青年社会学学会,在江西共青城召开以"青年社会学"为主要内容的专业讨论会议,分析当时青年社会学方面的青少年社会问题。1994 年中国社会科学院单光鼐等同志完成了国家"八五"哲学社会科学重点课题——中国青年发展报告,主编出版了《中国青年发展报告》,提出了偏离与吸纳的青年发展理论。

21 世纪初,中国社会科学院青年社会学学会,在浙江舟山海洋学院召开了"青年社会学"学科建设方面的专业讨论会议,计划出版一些著作。

进入 21 世纪后,上海社会科学院青少年研究所连续在上海、杭州、金华等地召开了三次青年社会学学科的基础理论研究会议,参加会议的主要有全国青少年研究方面的专家、高校社会系、社会工作专业方面的专家,每次会议确定一个主题,广泛深入地开展对话和讨论。

3. 亚洲地区青年问题国际研讨会

20 世纪 90 年代由上海市社会科学院青少年研究所发起组织,后来澳门、香港等青少年研究机构、大学参与组织了六届国际社会学青年社会学会亚洲地区青年问题理论研讨会。(国际社会学会第 34 青年社会学研究委员会(RC34)成立于 1975 年。是国际社会学会(ISA)的一个分支,专门开展国际性的跨国、跨地区青少年研究领域内的交流与合作。)

1993 年 3 月,上海市社会科学院青少年研究所、青年报等单位在上海举办"首届亚洲地区青年问题国际研讨会",会议的主题是"现代化与青年"。会议设立传统文化与现代意识的关系,青年社会性格、价值观念的走向,青年社会问题及其教育控制,青年现状、需求与对策,对亚洲和中国青年研究的评估与展望等 5 个专题。60 多名中外学者与会。

1994 年 11 月，由澳门政府暨青年教育司主办、上海市社会科学院青少年研究所协办的“第二届亚洲地区青年问题国际研讨会”在澳门召开，会议的主题是“现代化与青年参与”。会议讨论了青年参与的历史与现状、青年参与的社会环境分析与政策制定、教育与青年参与的素质培养等问题。

1997 年 7 月，由上海市社会科学院青少年研究所、上海市青年联合会等单位在上海举办“第三届亚洲地区青年问题国际研讨会”，会议的主题是“发展中国家的青年发展问题”，会议的专题是：市场经济下青年的职业选择与前途，社会变迁中青年心理压力与障碍，东方家庭教育出现的新问题，由贫穷向富裕的青年与生活方式，城市化、流动人口与青少年违法犯罪，青年成长的理论与时间等。来自 11 个国家和地区的 70 名学者。

1999 年 11 月，由澳门教育暨青年司主办、上海市社会科学院青少年研究所协办的“第四届亚洲地区青年问题国际研讨会”在澳门召开，会议的主题是“跨世纪的亚洲青年”。专题是：世纪之交亚洲青年现状及其发展；世纪之交地区青年及其比较；世纪之交的青年培训与培育；世纪之交青年问题及其预防。12 个国家与地区的学者近 70 人参加会议。

2000 年 12 月，由澳门教育暨青年司主办、上海市社会科学院青少年研究所协办的“第五届亚洲地区青年问题国际研讨会”在澳门召开，会议的主题是“新科技与 21 世纪的青年”。专题是：信息革命对亚洲青年的影响，网络发展与青年社会化，高新技术与青年文化，知识经济与青年就业、人才培养。16 个国家和地区的学者百人参加了会议。

2004 年 10 月 16 日—17 日，由中国青少年研究中心主办的以“经济全球化与青年就业”为主题的第六届亚洲地区青年问题国际研讨会”在北京召开。参加会议的有奥地利、瑞典、巴西、新加坡等国家，以及香港、澳门等地区的 20 余名专家学者和国内社科院、高等院校、青少年研究机构的专家学者 50 余人。

2007 年 5 月 12 日—13 日，中国青少年研究中心、香港中文大学社会工作系主办、国际社会学34委员会协办了以“信息时代新青年议题”为内容的内地、香港、澳门青年研究学者圆桌会议。

(二)团校系统召开的青年研究会议

1.1984年4月5日—25日在中央团校召开第一次青年理论研讨会。主题是讨论中央团校青年工作理论教研室黄志坚教授的《共青团工作概论》教材。参加会议者是全国团校青年理论教师和领导，规模100人左右。会议对《共青团工作概论》一章章进行了讨论和修改，最终由中央团校青年工作理论教研室黄志坚教授整理出版，该教材为恢复团校，开展团干部培训提供了一本好教材。当时的团中央领导十分重视青年理论研究，王兆国、胡锦涛、李源潮等团中央领导在会议期间看望参加理论研讨会的同志并且和大家合影。

2.1985年8月1日—5日，中央团校青工教研室、黑龙江省团校、哈尔滨团校联合在黑龙江省团校召开第二次青年理论研讨会。出席会议的有中央团校和各个省市团校的青作理论教师和领导136人。会议主题：传达党中央领导6月3日对团工作的指示，探讨如何在经济建设和改革中培养四有新人；交流共青团工作理论研究成果和教学经验；探讨共青团工作理论的发展。讨论会收到91篇文章，汇编成册。

3.1987年11月9日—14日，中央团校、广东省团校、广州市团校联合主办“全国第三届青年工作理论研讨会”，在广东省团校召开。会议就创建青年研究的系列学科开展了讨论，提出青年工作理论应分为主干学科和旁系学科，主干学科包括青年学、青年思想教育学、青年组织学、青年工作方法论、青年工作者素质与修养、中外青年比较等；旁系学科包括青年心理学、青年社会学、青年伦理学、青年美育、青年组织学、青年行为学等。来自全国各地的专家学者共122人参加了会议。会议收到论文96篇。会后全国各省市团校分别以合作或独立的方式开展了理论研究与探讨，编写了一批有一定学术基础和实践指导的共青团、青年工作、青年理论研究方面的书籍。

4.1989年12月1日—4日，由中央团校、四川省团校、重庆市团校联合主办的“全国第四届青年工作理论研讨会”在重庆的四川省团校召开。110名来自全国各地、各领域的专家学者聚集一堂，对新形势下如何加强青年思想教育进行了较为深入的研讨。与会者对“89政治风波”进行了反思，就跨世纪青年如何担当历史重任，在坚持四项基本原则、坚持改革开放中发挥创造才能开展了讨论，还就青年和青年教育中存在的问题进行了探讨。

会议认为第三届青年工作理论研讨会之后，青年学科群的建设初具规模。相继出版的《青年学》、《青年行为学》、《青年社会学》、《青年伦理学》、《共青团建设概论》、《共青团学》、《领导科学教程》(青年读本)、《青年组织学》、《青年思想教育学》以马克思主义思想为指导，吸收了许多新的研究成果，提出了一些新的思想和理论，使青年研究向学科化迈进了一步、团校的教材建设进入了一个扎实发展的阶段。

5.1991年8月2日—5日，由中国青年政治学院、中国青少年研究中心、吉林省团校、省社科联等单位联合举办的“全国第五届青年工作理论研讨会”在长春召开。来自全国的青年理论、实际工作者140余人出席了会议，收到论文120余篇。会议的主题是“青年研究的回顾、现状及展望，反对和平演变及青年教育问题，青年工作理论的研究”。会议认为，80年代“青”字号的学科群已具雏形，青年研究队伍、机构、刊物有了发展，学术会议为青年研究提供了阵地，对基础理论作了一定的探讨，面向实际的研究也显露出一定的社会效益。但是，青年研究的深度还不够，有理论价值的成果不多，希望加强对马克思主义团学的研究。会后全国团校系统开展了对马克思主义团学的研究。

6.1993年5月25日—28日在云南昆明举行“全国第六届青年工作理论研讨会”，研讨会由中国青少年研究中心、中国青年政治学院、云南省青工妇干校和云南省社会科学院联合举办。青年与青年工作理论研究的专家、学者及部分团工作者100多人参加会议，会议就“社会主义市场经济条件下共青团工作的走向”和“社会主义现代化进程中的青年社会问题”开展讨论，70余篇论文在会上进行了交流。会议认为青年工作理论研究必须坚持以中国特色社会主义理论为指导，坚持解放思想，实事求是和为实践服务的研究方向。要遵循学术研究规律与研究方法的多样化，要把传统研究与现代化研究手段结合起来，坚持理论研究本土化与国际化等。

7.1996年6月10日—12日由中央团校和河南省团校、平顶山市团委联合在河南平顶山市举行“全国第七届青年工作理论研讨会”。参加会议的有全国团校40多位代表，提交了30多篇论文。会议的主题是跨世纪青年文明工程与青年素质培养问题。团中央书记周强作了“认真学习邓小平青年和青年工作思想，进一步繁荣青年理论研究”的报告。

8.1998年11月17日—20日，由中央团校和湖南省团校联合在湖南长沙举行“全国第八届青年工作理论研讨会”。参加会议的全国团校、教育界的80多位代表，提交了50多篇论文。会议的主题是“青年中的社会问题和社会中的青年问题”。

9.2001年10月16日—18日，由中央团校和上海市团校联合在上海举行“全国第九届青年工作理论研讨会”。参加会议的有全国团校、社会科学、教育界60多人，提交了50多篇论文。会议的主题是“以‘三个代表’重要思想为指导，全面推进新世纪青年与青年工作研究”。团中央书记孙金龙作了《青年工作研究要体现与时俱进的理论品质和时代精神》的重要讲话，强调了青年理论研究要关注当代青年的新特点、研究青年工作的新情况。

10.2004年5月27日—31日，“第十届全国青年工作理论研讨会暨第一届中国青年发展论坛”在北京青年政治学院举行。会议由中国青年政治学院和北京青年政治学院主办。来自全国高校、青年工作院校和青少年研究机构的百余位专家学者出席了本次会议。会议主题为“全球化趋势下的青年文化”。会议期间，代表们就青年在发展先进文化中的作用、如何引导青年文化以及加强青年文化建设、青年文化的内涵及其与青年发展的关系、共青团工作与青年文化、青年文化建设与青年运动发展、加强文化建设与青年工作新理念、青年文化与加强未成年人思想道德建设、科学发展观与青年文化建设、青年文化与青少年网络教育、如何发挥文化育人的作用等问题进行了交流。

(三)团专业研究机构举办的青年研究会议

"中国青少年发展论坛"是在共青团中央书记处领导下,由中国青少年研究会、中国青少年研究中心、中国青年政治学院与承办会议的共青团省(自治区、直辖市)委共同主办,研讨青少年成长发展重大问题的全国性年度会议。自 1999 年以来,中国青少年研究中心、中国青少年研究会成功举办了"创新意识与能力培养"(1999 年,北京)、"社区发展与青少年工作"(2000 年,温州)、"青年人力资源开发"(2001 年,北海)、"青少年事务与政策"(2002 年,北京)、"非公经济与青年发展"(2003 年,珠海)、"青年就业问题与对策"(2004 年,成都)等年会暨大型专题研讨会,在 2005 年以后每年组织一次中国青少年发展论坛。

1.2005 年 9 月 25 日—27 日,首届中国青少年发展论坛在合肥召开。本次论坛由中国青少年研究中心、中国青少年研究会和共青团安徽省委联合主办。会议的主题是"和谐社会与青少年思想道德建设"。论坛设"和谐社会与未成年人思想道德建设"、"和谐社会与大学生思想道德建设"、"和谐社会和网络中的青少年思想道德建设"及"中学生成长"等 4 个分论坛,从不同侧面对新形势下青少年思想道德建设的理论和实践问题进行探讨。来自全国各地的 400 多位专家学者、青少年研究者、青少年工作者及合肥市的一些中学生家长等参加了会议,提交论文 200 篇。论坛认为,加强和改进青少年思想道德教育,应以服务和谐社会建设为重要目标,坚持以人为本理念,把解决思想问题与解决实际问题结合起来,把思想道德教育与心理健康教育相结合,为青少年全面和谐发展创造条件。共青团、少先队组织应立足自身优势,在青少年思想道德建设中有所创新和突破,努力建设成为广大青少年情感的家园、成长的依托。

2.2006 年 9 月 16 日—17 日,第二届中国青少年发展论坛在南京举行。由中国青少年研究中心、中国青年政治学院、中国青少年研究会和共青团江苏省委联合主办。论坛以"'十一五'与青少年发展"为主题，下设四个分论坛：(1)创新型国家及新农村建设与青年发展；(2)社会主义荣辱观与青年价值观的塑造；(3)大学生就业创业与青年人力资源开发；(4)儿童的名字是今天 ——"十一五"背景下的少年儿童成长。来自全国各地的200余位青少年和青少年工作的研究者，部分团省市委书记或分管书记，以及热心青少年发展事业的专家、学者、社会人士参加了本次论坛，另有600余位青少年和青少年工作者列席。论坛共收到论文320篇。论坛认为，青少年研究要着眼于现实，服务于现实。要加强对青少年成长环境的研究，加强对青年本体的研究。就青年研究如何更好地为青少年和青少年工作服务，推动青少年研究加强研究力量的整合进行探讨。

3.2007年11月24日—25日，第三届中国青少年发展论坛在广州召开。论坛由中国青少年研究会、中国青少年研究中心、中国青年政治学院、团广东省委、团广州市委联合主办。论坛下设"和谐社会建设与青年工作创新"、"和谐社会建设与青年社会参与"、"和谐社会建设与未成年人权益保护"分论坛，来自全国各地的300多名青少年工作者和理论研究专家参加了论坛。会议紧紧围绕学习贯彻党的十七大精神，坚持科学发展观的核心主题，研讨了新时期我国青少年与青少年工作的发展方向和规律。

4.2008年11月17日－18日，由中国青少年研究中心、中国青少年研究会、共青团中央青运史档案馆和共青团河南省委联合主办的"第四届中国青少年发展论坛"在河南郑州召开。会议表彰了30年来长期从事青少年研究事业并作出突出贡献的同志，鼓励更多的专家学者和实际工作者学习运用理论、深入实际、研究问题，推动青少年研究和青少年工作的创新与发展。中国青少年研究会向86位专家学者颁发了首批"中国青少年研究事业突出贡献(终身成就)奖"。

本届论坛以"改革开放三十年与青少年和青少年工作发展"为主题，会议有"改革开放三十年与青年和青年工作发展"、"改革开放三十年与少年儿童和少年儿童工作发展”、“改革开放三十年青少年工作历史回顾与启示”和“中部六省共青团组织合作论坛”分论坛。会议收到论文452篇，来自全国各地的300余位专家、学者、青少年研究者和青少年工作者参加了会议。

5.2009年12月3日—4日，第五届中国青少年发展论坛在北京大学开幕。论坛的主题是“科学发展观与青少年和青少年工作”，来自全国25个省、区、市及香港地区的青少年工作者和专家学者近300人与会，收到论文388篇。论坛由中国青少年研究会、北京大学、中国青少年研究中心共同主办。会议期间“中国青少年研究会·新英才科研基金”项目《中国青少年研究优秀成果精选集(1978—2008)》正式公布。该项目由中国青少年研究会、北京市新英才学校共同设立。

6.2010年11月10日—11日，第六届中国青少年发展论坛在湖南召开，由中国青少年研究中心、中国青少年研究会、团湖南省委主办，主题是“网络时代的青少年和青少年工作”，收到参会论文309篇，来自全国23个省、自治区、直辖市及香港特区的青少年工作者和青少年研究专家、学者近300人到会，会议围绕网络时代的青少年发展、青少年工作创新和网络时代的少年儿童发展三个专题举办分论坛。

会议提出要加强新媒体的新趋势对青少年的影响、网络重点群体的新特点、利用新媒体引导青少年的具体路径、通过新媒体吸引凝聚青少年的长效性、建立通过新媒体组织动员青年的新机制等五方面的研究。

(四)地方青少年研究机构开展的中国青年合作研究

从1992年开始，由杭州、广州、北京团校青少年研究机构发起组织，逐步发展为近20个单位参加的每五年一次的“中国青年调查”，已经开展了四次调查，今年正在筹划第五次20年跟踪调查。

1.1991年，由杭州、北京、广州、黑龙江、辽宁、甘肃、陕西、广西、四川、济南、福建等11家青少年研究机构联合开展了“现代化进程中的中国青年”的调查。“现代化进程中的中国青年”课题研究工作于1991年起正式开展，1992年6月，全国11个省、自治区、直辖市完成了由调查员直接进行的近4万份调查问卷,1993年1月各地将本省、自治区、直辖市材料进行技术处理并输入电脑,杭州青少年研究所将全国3.7万份有效问卷的数据输入“现代化进程中的中国青年”数据库,数据库有1000万数据可被直接调用和备查。该课题主体报告“现代化进程中的中国青年”较为全面、准确、客观地反映了当代中国各层面青年在现代化进程中的自然状况和政治观、价值观、就业观、消费观、婚姻观等方面情况,为中国青年研究提供了可靠的资料和信息。课题报告获中国青年研究一等奖。新华社以调查成果向海内外发了通稿,《人民日报》头条“一个‘脑袋’装下中国青年心态”、《中国青年报》以“一个‘脑袋’装下中国青年”为题全面报道了调查成果。其他各个省、自治区、直辖市都根据调研的数据完成地区青年发展研究报告。

2.1996年由杭州、广州、北京发起,成都、济南、深圳、内蒙古、福建、甘肃、陕西、辽宁等11家青少年研究所、团校等联合进行了第二次全国范围的以青年思想观念、价值观等为主要内容的调查。“迈向二十一世纪的中国青年”课题,对中国青年在世纪之交的种种思想、行为、价值观、人生需求、人的性格和核心品质,文化精神、心理等开展调查,从文献资料和现实心象方面开展全面研究,刻画出跨世纪青年的风貌。

课题“迈向二十一世纪的杭州青年”成为浙江省哲学社会科学“九五”课题。其他各个省、自治区、直辖市都根据调研的数据完成地区青年发展研究报告,“迈向二十一世纪的杭州青年”1998年由中国文联出版社出版。

3.2002年5月—12月,由杭州市青少年研究所与广州市穗港澳青少年研究所发起,北京、哈尔滨、武汉、成都、河南、内蒙古、黑龙江、辽宁、陕西、广西、重庆、济南、福建、深圳等全国16家青少年研究所、团校等联合进行了第三次全国范围的以青少年思想观念、价值观为主要内容的调查。16个青少年研究所(团校)在问卷调查基础上,运用各种研究手段和方法,通过与1992年“现代化中的中国青年”调查对比,描绘出中国青年的价值观、需求、人格等状况,为党和政府制定青年政策和青年组织开展青年工作服务。课题成果有：

主体报告："全面建设小康社会中的中国青年(1992—2002)"是团中央2002年重点课题，"社会转型期浙江城市青年与其他十五城市青年比较研究"是浙江省哲学社会科学十五课题，"开拓 创业 健康 理性——新时期杭州青年人文精神研究"是2002年度杭州市哲学社会科学规划课题。

地区报告：传承与超越(1992—2002)黑龙江青年十年对比调查；内蒙古青年价值观及其生活方式调查；体现现代风貌的武汉青年；客观认识社会 积极提升自我的广州青年；自重自强——西部大开发中的重庆青年；发展经济 增强自信 改进工作 服务青年——陕西青年发展报告；积极参与社会事务的北京青年；福建青年发展状况与对策；郑州地区青年状况及其认识的社会；信仰多元 人士积极——济南青年社会政治心态分析；积极向上的特区青年——深圳市青年状况调查研究报告；多元走向与主流回归的沈阳青年；成都青年发展状况比较研究；关注社会 理性需要 立足发展 体会人生——浙江青年比较报告；信息时代民族地区青年发展问题新视角——广西青年报告。

专题报告：立身"人本" 崇尚"知本"——当代青年价值观十年演进透视(黑龙江省青少年研究所宋国力、史晓杰)；1992—2002年中国青年就业态势与职业价值取向(山东省青少年研究所张华)；中国青年文化的现状与发展趋势(中国青年政治学院陆玉林、常晶晶)；1992—2002年中国大学生发展轨迹分析(浙江工业大学方巍、张胜红)；崇尚民主 重视物质 追求人品 希望和谐——中国青年政治观十年之分析；经济务实 读书进取 个体多元——中国青年需求变化的十年分析；互联网对东西部青少年成长的影响；传承与嬗变——当代中国女青年婚姻观的观察与思考；杭州、广州、北京青年休闲方式十年突变的分析；1992—2002年中国农村青年发展报告；留恋大城市，向往大企业，先就业后择业再创业——21世纪中国青年择业观；1992—2002年中国青年时尚行为特点之分析。

课题成果由研究出版社在2003年结集出版《全面建设小康社会中的中国青年——1992—2002的中国青年》一书。

4.2007年“构建和谐社会中的中国青年”课题由杭州市青少年研究所与广州市穗港澳青少年研究所发起，成都、福建、河南、哈尔滨、沈阳、吉林、内蒙古、枣庄、济南、陕西、深圳、武汉、香港、澳门等全国16余家青少年研究所、团校合作完成。香港和澳门特别行政区首次参加了课题。

“构建和谐社会中的中国青年”是共青团中央2008—2009年课题。中国青年政治学院常务副院长陆士桢、中国社会科学院高级研究员单光鼐和国际社会学34委员会主席、香港中文大学博士生导师魏雁滨为课题顾问，课题主要通过对和谐社会构建中的青年的调查，探索和实证青年在和谐社会构建中的变化、诉求以及青年发展的规律，以及构建和谐社会过程中青年的作用，从而分析研究和谐社会构建的重点与难点。

课题主体报告：“社会转型与青年发展”是共青团中央2008年立项课题，“浙江青年暨杭州青年15年发展系列报告”——发展与进步、精彩与进步、幸福与进步、责任与进步成为浙江省哲学社会科学2007年课题。

16个地区分别形成分报告：进步与徘徊 ——陕西青年发展报告；视野开阔　呼吁民生——武汉青年发展报告；积极务实健康感性——成都青年发展报告；开放与参与　创造与传承——辽宁老工业基地青年发展报告；富于创新　追求成功——哈尔滨青年发展报告；心态平和　重情重义　参与不足　需求集中——和谐社会构建中的吉林青年发展报告；务实　革新　兼容　乐观——内蒙古青年发展报告；社会生活丰富化　价值取向理性化——济南青年发展报告；增加收入为本　完善保障为上　服务青年为要——枣庄市农村青年发展报告；半农半工　亦农亦工——河南农村留守青年发展报告；“五缘”促交流　“五缘”促统一——闽台青少年发展报告；追求生活品质　注重个人发展——广州青年发展报告；就学普遍　生活平实　关注前途　网络沟通——香港青年发展报告；求学意愿强　经济压力大　择偶重性格　义工热情高——澳门青年

发展报告;“春天的故事”带来改革开放——深圳青年发展报告;充分发挥第三部门的社会功能——上海浦东新区青少年事务发展报告。

课题还形成22个专题报告:1978—2008:我国青年劳动与社会保障发展状况与区域差异研究(张华);共青团在构建和谐社会中的作用研究——论新时期共青团组织如何做好党的助手和政府的帮手(吴庆);坚持解放思想 贯彻科学发展观 促进团校事业新发展——1978—2008团校30年发展报告(钱永祥);青年发展与青年对共青团组织满意度评价(韩长顺);统筹和谐 重视物质 追求人品 真才实干——中国青年价值观30年变迁报告(常银芳);生存发展趋于变化 核心价值趋于集合——北大荒垦区青年研究报告(宋国力、曾晓宇);价值的趋同与背离——内蒙古青年价值观报告(王义和);引导和树立核心价值观——中国大学生价值观报告(施鹏、林毅);在大灾难中展示志愿服务精神——成都志愿者救灾工作报告(冯卫、姚世民);追求和谐的心路历程——内蒙古青年道德建设报告(李广武);激情点燃梦想 参与民主建设——中国青年的民主思想发展报告(张艳);分配就业 自主择业 立志创业——中国青年就业三十年发展报告(管敏政);增加就业促和谐 支持创业促发展——吉林省农村青年实证报告(常冠群、韩雪梅、郑磊);抓住安民安国的根本——中国农村青年就业报告(刘合生、戚冠宏、王跃骢、胡永健);多元多变 和而不同——中国青年婚恋观报告(苏国英、李阳、高文欣、张泽文、张丽丽);琴瑟唱和 家庭幸福——内蒙古青年婚恋报告(王树建);改革开放的参与者与受惠者——中国青年女性发展报告(陆桂英);感悟生命特质 提升文化品位——中国青年休闲文化报告(常冠群、韩雪梅);不可或缺的互联网——中国网络青年发展报告(钱晓烨);网络日“智”——香港高中学生使用BLOG的研究报告(李庆伟、邓永昌、萧永雄);全球化视野下的共性——穗港澳青年学生发展报告(涂敏霞、李冬华、张良广);河南南阳、平顶山、驻马店、三门峡四地市青年访谈报告(河南省团校课题组);河南商丘、周口、许昌、漯河四地市青年访谈报告(河南省团校课题组)

课题由研究出版社在2009年出版成果集《构建和谐社会中的中国

青年——改革开放与中国青年发展》上下两册。

“中国青年调查”是从青年发展是社会发展的一个重要指标，青年发展意味着青年主体的发展，衡量评价这种发展的主要尺度是青年的各种社会素质（即在生理、心理、道德意识、思维能力、文化水平、心理承受能力、行为合理性、个体自控性等诸因素）的提高；青年发展是青年和社会关系的调整过程，衡量和评价这种调整的社会指标主要看青年对社会改革、进步的认同程度；青年发展受制于各种社会进程中的各种现实因素，衡量和评价这些因素之作用的标准是青年在社会经济发展中获得多大的发展机会等三个评价指标开展的全国性的跟踪调查。

“中国青年调查”各个调查时期都分别建立了中国青年研究的数据库，这些数据库为每一个参加单位提供了大量翔实的地方青年数据和全国青年数据。

“中国青年调查”是充分利用各个地方青少年研究的力量，长期协作开展青年研究和历史比较研究时间最长、分布最广泛、参加协作单位最多、课题研究成果最丰富、成果分享最多、数据库最完整的合作框架。

二、中国青年理论研究回顾的启示

（一）青年研究取得了长足的发展与丰硕的成果

通过对30多年来中国青年理论研究的回顾，我们高兴地看到，在改革开放的历史进程中，我国的青少年研究取得了长足的发展与丰硕的成果，通过解放思想和理论创新，促进了共青团工作指导思想的转变，推动了青少年立法工作，使其逐步纳入法制化的轨道，推进了青少年基础理论研究和学科建设，初步形成了特色鲜明、领域广泛的青少年学科群，促进了青少年工作的社会化运作和品牌化发展。历史表明，共青团工作的创新和发展，离不开理论的支撑和保障。共青团工作要实现新的历史性突破，必须深入贯彻落实科学发展观，并以科学发展观为指导，统领和推进青少年和青少年工作研究的创新，把我国的青少年研究事业推向新阶段。

(二)青年研究内容、方法的变迁

从20世纪80年代初开始,无论是社会科学院还是共青团系统的研究学者,对中国青年研究都是以研究青年特点、青年问题、青少年犯罪为主要内容,开展思想教育的研究,为党和政府、共青团提供工作指导的研究。

80年代后期由于团校学历教育的需要,开始了青年学科建设的研究,也有高校思想政治教育系的学者参与,同时提出马克思主义团学的研究,这样的学科研究是和团校的学历教育的兴衰联系在一起的,进入21世纪后,这个方面的研究少了。

90年代提出了青年研究的本土化和国际化问题。认为青年研究在改革开放的背景下,要坚持以建设有中国特色社会主义理论为指导,坚持解放思想,要在青年和青年工作理论研究成果与构建现实需要的理论体系问题开展探索,要遵循学术研究规律与倡导研究方法的多样化,要把传统研究与现代化研究手段相结合,坚持理论研究本土化与国际化等。

90年代还就“现代化与青年参与”开展了专题研究。研究了青年参与的历史与现状、青年参与的社会环境与政策制定、教育与青年参与的素质培养等问题。

进入21世纪后,青年研究着眼于现实,服务于现实。

开展了对青年成长环境的研究——信息革命对青年的影响、网络发展与青年社会化、高新技术与青年文化、知识经济与青年就业、社会变迁中青年心理压力与障碍、市场经济下青年的职业选择与前途等。

开展了对青年本体的研究——贫穷向富裕转变中的青年生活方式、青年消费方式、青年娱乐、休闲、婚姻观念变化等。

开展了如何更好地为青少年和青少年工作服务的研究——青少年家庭教育的新问题、城市化、流动人口与青少年违法犯罪。

青年研究采用历史研究、现实研究、动态研究和综合交叉研究的方法,从成果分析、现实心像、个案调查和网上及动态资料分析着手,从青年发展研究与不同学科“发展”意义的关联性、青年发展研究与青年问题研究的逻辑统一性、青年发展研究与人的全面发展理论的一致性、青年问题与社会问题的同沟现象等方面开展。

青年研究的方法经历了从宏观青年到微观青年、定性研究与定量研究、定性研究与定量研究结合研究、历史青年与现实青年的比较研究、地区之间青年的比较研究、中国与国际青年的比较研究、参与实践模式的构建和推广实践模式的理论研究、逻辑演义和推理的研究等的变化和拓展。

青年研究的方法还形成了个体研究与集体研究，青少年研究力量、资源整合开展地区合作研究，发挥青少年研究力量整体优势，进行有时代特点青少年研究等新尝试。

目前青年研究存在的倾向。由于不同身份的研究学者都从自己行业发展的需要，加入青年研究的行列，因此，青年研究的内容、方法随着青年研究的深入也出现了明显的身份烙印。社会科学院系统的研究学者十分重视青年社会学科的基础理论、概念、方法、途径的研究。高校和团校有学历教育的学者希望在青年学、青年组织学、青年文化学、青年行为学等构建方面多开展一些研究。共青团实际工作方面的研究学者由于工作需要，希望青年研究与时代中心任务更加紧密地结合。可见，时代、身份、群体的局限性导致了中国青年研究的局限性，研究水平还有待进一步的提高。

（三）青年理论研究的队伍萎缩，素质有待提高

20 世纪七八十年代加入青年理论研究的同志，由于年龄关系已经退出研究队伍。

团校系统由于学历教育的萎缩，青年学科建设步履艰难，一些有水平的学者退出了青年研究领域；一些以培训为主要任务的团校，由于生存和发展的困扰，青年研究的力量也有限。

事业单位现行的机制，使团校系统和团的研究机构人员老化，青年研究的新生力量无法进入，减少了青年研究的力量。

由于学科建设的艰苦性和研究成果认定的艰难性等原因，社会科学院系统的青少年研究所已经被社会学所替代。

社会浮躁之风影响着青年实际工作者，多数青年工作者不愿意脚踏实地参与对青年工作、实践的理论研究，使青年理论研究缺乏实践的基础。

教育界、社会科学界始终没有把青年学科当成一级学科来建设，也严重影响了青年理论研究队伍的发展。

青年理论研究学会或研究组织追随社会浮躁之风，把学术研究与职位挂钩，课题招标被职位高的拿走，而理论研究工作者只干事，没有得到应该有的学术待遇，挫伤了青年理论研究的积极性，导致研究队伍的萎缩。

(四)完善政策、合作多赢，推动中国青年理论研究深入开展

30 多年来的青年研究实践告诉我们，青年理论研究需要有国家政策的创新；需要有青年领导核心团体的政策调整，需要有社会多方面的参与；需要更多的年轻力量的加入。

目前青年理论研究有团校系统、团青研究中心所、团的实践工作者、社科院、学校思政德育、各跨学科的专业研究学者，这六方面学者有不同的优势，分别体现在学术研究背景、实践工作经验、长期研究积累、国际研究视角等方面，通过青年研究合作机制的建立，可以把他们凝聚在一起，发挥各自的优势，就青年研究进行适当的分工，并且深入进行研究，提高青年研究的水平。

建立青年研究的合作机制，必须建立多方参与、吸引各方力量的多赢机制，使参与各方在合作中既贡献力量又提高自己水平、实现需要的利益。只有这样，我们才能团结青年研究的一切力量，推动青年研究的发展。

（作者　杭州青少年研究所所长 教授）

人类诞生时期的青春奥秘

谢昌逵

青年是否属于历史的存在，而且这种历史究竟可以追溯到人类文明进程的源头有多远，曾是青年研究中争论较多的问题，分歧具体表现在工业社会之前是否有青年存在，古代社会中的“年轻人”具有何种意义和价值。提出青年研究最缺的是“历史”的学者田杰认为青春的出场与人类的诞生完全同步，人类学、考古学等学科长期以来对化石、遗物等进行生物学、解剖学等多种学科的研究有了丰硕成果，使我们对史前人类有了更多的认识，其中对人类诞生时期青年的存在状况也有论述。当然，如此丰硕的研究成果要完全掌握根本不可能，对史前人类中的青春作出专题论证毫无疑问具有非常大的难度，这是探讨人类诞生时期的青春奥秘。由于好奇心以及它的重要性，经过初步的学习与探索我们大胆提出：人类是在青春的生命中诞生的，从中可以看到青年特征的社会价值的最初源头，其发生与发展一直影响延伸到了当代。这里作为抛砖引玉，提出一些初步的看法领教于同行。

一、族类的青春化

著名的人类学家理查德·利基在所著《人类的起源》中认为人类史前时代存在 4 个阶段：第一阶段在约 700 万年以前类似猿的动物转变成为两足直立行走的物种，是人的系统（人科）的起源。第二阶段是在 700 万年前到 200 万年前之间，物种繁衍为许多不同物种适应不同的环境，产生出不同的分支。第三阶段是在300万年到200万年前之间发展出脑明显较大的一个物种，是人属出现的信号，以后发展到智人。第四阶段是现代人的起源，开始具有语言、意识、艺术想象力和技术革新。

人类的起源一直是学术研究的热门话题。神创论早已为自然进化论所替代，但是自然进化论忽略了人与动物的本质差别。自然进化产生人科动物，只是作为人类起源的前提性的外部因素，还必须依靠该物种共同的创造性劳动活动，使人科动物的意识与语言的萌芽发展为明确的语言体系与思维能力，才进化成为人。因此，最新的生命系统理论认为，尽管突变和自然选择对生物进化很重要，但更重要的核心因素是创造力。洛耶在其编著的《人类动因对进化的冲击》中写道："在整个生命世界，进化不能仅局限于生物体对其环境的适应，因为环境本身也被具有适应性和创造力的生命系统网络所改变。"书中对创造力与进化的关系作了大量分析，为我们考察史前人类中的青春提供了重要的理论基础。

美国人类学家格尔茨说："每个人有生日，而人类没有生日。"人类学家一般都将灵长类动物从树上来到地面直立行走作为原人进化的开端。这个过程是一个许多因素相互干预的游戏。而罗德曼和麦克亨利将两足行走与黑猩猩四足行走的效率进行比较后，认为存在着"以能量效益作为有利于两足行走的自然选择的力量"。利基支持这个结论：当环境变化导致森林萎缩时，两足行走的能量效益更有利于搜寻食物。利基描写人类祖先当时类似狒狒的生活："30个左右的人组成的群体，在一个大领域内以一种协调的方式搜寻食物……成年女性和她们的子女是这个群体的大部分成员……未成年的和低级别的雄性大部分时间是在群体的外围，往往自己寻找食物。"法国人类学家埃德加·莫兰在他的《迷失的范式：人性研究》中认为正是这批未成年的创造性推动了两足行走。他写道：在愈益狭小的森林中，成年猴和未成年猴的紧张状态，以及未成年猴的好奇心，使一些不守常规的小猴群体分裂出来离开森林到了草原，启动了直立行走，成为向人类进化最关键的起步。"因此看起来是不正常者、被抛弃者、'无国籍者'、探险者、反叛者成为原人革命的先锋。"

他又根据对日本九州岛上猕猴的研究:一个青年猴将手中的植物块根偶然掉进海水,它拿起来发现不仅洗清了泥土,而且吃时还增加了调味,在青年猴群中形成了用海水洗涤的习惯,而老年猴不予理睬。等到这些青年猴群成年时这种革新就成了常规。“我们可以看到好奇的猴喜玩耍、好探索,虽然它们地位卑微,处于社会边缘,但是它们的存在构成了整个社会开放的边界,变化的因素通过这里发生。”许多学者又解释创造性不单纯是发明,而是如艺术家那样的天性、快感、和大自然的直接联系所发挥出来的那种创造性。创造首先是直觉而不是逻辑,直觉是一种“敏感或机灵”。史前人类在进化中的创造性恰是具有这样的特点。直觉、快感、探索等等,又是正在进入成人社会没有形成固定思维模型的青年们所富有的创造力的特征,在人类开始进化中青年的这种创造性正是其社会价值最原始的显示。

由创造力推动的进化,使多种类直立行走的猿中,约在200万年前出现了脑量达750毫升的一支人属,导向今天这样的人。人类的起源特别是思想的诞生是学术界最迷人的话题。在谈到脑的进化时,著名生物学家、遗传学家尼古拉·彼得罗维奇·杜比宁就认为“那个开创人类祖先进化的原初物种,必定在作为反映器官的脑组织上具有新的特点”。这种新特点可以假设为脑机能出现了可塑性、非特定化,对变化了的环境能做出适应行为,脑的容量也因此日益增加,到直立人时已有1100毫升,最后到现代智人就高达1200—1600毫升。脑的基因哪怕只是很小一步的改变都要花费上万年的时光,杜比宁因此认为神经系统的进化是有机界发展史上最奇特最复杂的过程,他将这种脑和心理的进化看成为人的前史。而恩格斯则明确指出:“首先是劳动,然后是语言和劳动一起,成了最主要的推动力,在它们的影响下,猿的脑髓就逐渐地变成人的脑髓。”

脑的增长带来了一个人类独有的现象,人的成熟时间需要延长,于是出现了青春期。利基引用学者对化石的分折,描述了从直立人到能人、智人脑容量的逐步增加与出生时人类骨盆结构制约的关系。由于要直立行走，女性骨盆只能扩大到有限程度，胎儿脑的量增到一定程度即使没有成熟也必须提前出生(出生时的脑约340克)，出生后继续增长，成熟期因此不能不延长。“人类发展的最重要的方面之一，是婴儿初生时实际上是软弱而不能自助的，还要经历一段较长的儿童期。此外，如每位父母都知道的，儿童还经过一个青年生长突然加快的时期，此时他们以惊人的速率增加身高。在动物界中唯独人类才有这种现象。”莫兰更因为成熟期的不断延长，提出了原人进化中存在族类青春化的著名理论。

不仅脑的容量，脑的质量的增长更要在出生后在文化环境中逐步成长。人的生物特性也正好对社会条件的变化能够敏锐地、合乎需要地作出反应。杜比宁就论证过：“社会意识使生物因素的一切方面‘人化’。结果，人的心理生活把来自机体内部因素，来自无条件反应、体液作用、性生活本能等等的影响整合起来，用特殊的方式折射出来。这证明了这样一个观点：为完善生活所必需的各种能力和心理特征，正常人不是在出生时就获得的，它们是在正常人进入社会生命活动一切领域的过程中形成的。只有人才固有的长久的儿童期和青年期，是对人的社会本质顺利形成的有力的生物学‘辅助’。”莫兰也认为，“社会文化的复杂性绝对需要一个较长的童年”。当时文化正日益复杂，莫兰描述了年轻原人在接受成人文化后的想象力与创造力：“青春的品质在社会里活跃和发展着。比年轻的类人猿存在时间更长的年轻原人游戏、探索、被新鲜事物吸引。在吸收成年人的知识和技能的同时，他们还能够对之加以修改、完善和创新。很可能正是他们在玩弄火石和作发声的游戏时，点燃了火和发明了语言。”“这样，青年人的半社会化，他们和成年人的关系，使得社会有可能直接享受创新和发明之利。”

社会不仅享受到了青年的创新与发明，青春的品质同时也促进了社会的“人性化”。莫兰特别强调青春的品质融入成年社会的重要意义。在类人猿那里，青少年还处于边缘地位，到了原人甚至智人的初级阶段，青少年虽然还不能构成为一个阶层，但青春的品质却在社会里活跃和发展着。有了更长的成长阶段，在家庭核心关系（母与子以及兄弟姐妹的关系）和同伴中形成了童年的感情世界，这种感情在以后采取友情、挚爱和爱情的形式指向新的伙伴，促使青春品质进入成年世界，使成年世界保留青春的品质与活力。“青春肯定仍然是青少年的特点，但它的特征不再严格孤立存在于‘青少年阶段’之中：青少年性在开始时还被淹没在童年的宇宙里，然后它被半融合在成年人的世界里。”

莫兰认为青春化是原人进化中的关键问题。当时文化的自我再生，他认为也就是文化上被培养起来的青年群体在脱离了原有社会之后再生出的一个新社会。他书中有一个大脑进化引发青春化，青春化推动文化的发展和不断增长的社会复杂性，文化发展与社会复杂性又推动了大脑的进化，这样三个过程之间的互动关系图。所以他说青春化是一个总体的和多方面的过程，它保障了社会文化自我再生和自我发展的更优越的条件，也保障了个人从出生直到衰老在感情上、智力上和创造性上发展的更为优越的条件，可以说是启动了人的内在自然的人化，这是具有重要意义的历史源头。这就给我们展示了在史前人类中青年的生命运动与社会运动交错进行的原始状态，青年以其作为人类自身生命的生产和物质再生产的重要社会力量而具有特殊的价值。据我国科学家对 22 具北京猿人残骸的考察，15 具死于 14 岁以前，3 具死于 15—30 岁，另 3 具死于 40—50 岁，仅 1 具活到了 50 岁。可见 20 岁左右的青年几乎接近于社会的主体，族类存在青春化因此是完全有可能的，说明了青年的诞生在人类诞生中的重要意义。

二、在原创文化中成长

学者将原人时代称为古社会，智人社会为原始社会，原始社会的复杂性和人脑在其中的发展都是原人阶段所无法比拟的。智人的 10 万年的进化大大超过了原人的几百万年，从旧石器时代进展到新石器时代，由简单的石器工具进展到陶器的兴起，狩猎也开始向饲养、耕种的农业变化。在社会结构上，从母系社会发展到父系社会，从一小群流动的猎人进展到几十人定居在一起成为氏族，分布到了全球各个地方，又从氏族发展到几百人的部落，由农村建立起城市，形成为初级国家。

为了探讨原始社会中的青春奥秘，就要从原始社会早期的母系社会开始。对于母系社会，马克思、恩格斯都曾经同意摩尔根对母权制家庭的非对抗的公有制社会的实证研究。恩格斯在《家庭、私有制和国家的起源》中就说，在人类的蒙昧和野蛮阶段，“妇女不仅居于自由的地位，而且居于受到高度尊敬的地位”。2008 年被世界权威机构评选为 20 世纪对人类最有影响的 20 位思想家之一的美国著名文化人类学家理安·艾斯勒对母系社会作出了更为独特的解释。艾斯勒在《圣杯与剑》中，引用了众多学者对旧石器时代留下的洞穴艺术以及直到新石器时代留下的大量女神雕像的分析，可以看到女性的形象和象征曾起过核心作用，证明当时人们对美好而神秘的生命的敬畏和惊奇。但是她不主张将这种社会称为母权制社会，不仅是因为社会中女人与男人、父母与孩子之间的关系是和平与平等关系，而且那些艺术与神像还表明女神的权力并不是征服、抢劫和掠夺，而是给予，提供必要的物质和精神资源使生活得到满足。男女两性之间互相补充增加了共同的力量，因此是一种伙伴关系的社会。在这种社会中，孩子属于整个氏族或部落，养育也是由公共负责。孩子们长时间在慈母的怀抱中成长，心中植入了深厚的真挚的母爱。母亲的长期关怀，也是莫兰认为的出生后成熟期延长的原因之一。在这种和谐与慈爱环境中成长的未成年人，不存在任何个人利益，不知功名利禄，继承了长辈的给予和奉献精神，将爱投向同类，充满着善意为共同的生存与发展锤炼出不屈不挠的奋斗精神，开始了对真、善、美的追求。李泽厚在讨论人性时写道：“马克思说得好，动物与自然是没有什么主体和客体的区别。它们为同一个自然法则支配着。人类则不同，他通过漫长的历史实践终于全面地建立了一整套区别于自然界而又可以作用于它们的超生物族类的主体性，这才是我所理解的人性。”

当时所处的自然环境又是怎样的呢？正如恩格斯所说，自然界起初是作为完全异己的、有无限威力的和不可制伏的力量与人对立的。在充满恐惧和饥饿的环境中忍受着各种敌人的围困，有些种类就因此被淘汰而绝迹了。面临异己的、神秘的、超越的自然环境，以及氏族部落形成时发生的新型人际关系，对智力提出了更高更尖锐的挑战，刺激了人类意识的起源。尽管考古记录中很少有对意识的证据，但是考古发现10万年前尼安德特人有意地埋葬死者，这种仪式使人类学家联想起人开始对人的生命的有意识活动。这种有意识的活动对神话和宗教的形成起了重大的作用。既然生命能意识到自身，人们对死亡、疾病等生命现象，对闪电雷鸣、狂风暴雨等自然现象，在惊愕恐惧之余就开始希望得到解释，出现了战胜自然的强烈愿望。但是当时以感性结构为核心的思维模式只能人物不分、人兽不分、主客体不分，以为万物之中都存在一种无人格超自然的神秘之力，都有灵性，学者称为“泛灵力论”时期。接着认为自然界的万物与人都是具有喜怒哀乐的生命实体，将社会现象与自然力量人格化，被学者称为“万物有灵论”的观念，日月星辰、山川海洋、风雨雷电、动物植物等等都被神化、人格化，种种神话由这种反映意识的源头喷涌而出，反映出对一切事物寻求解释的心声，成为史前历史的极为重要的部分。“到了原始思维的高级阶段，以丰富的创造性想象和奇特幻想为特征的思维形式，把整个原始社会编织得光怪陆离、五光十色，开出了神话幻想之花，从而使原始思维的形象性特征发展到了黄金时代。”

分布在埃及、希腊、巴比伦、印度、中国等各地的原始社会都开出了神话之花，都出现了自然崇拜、图腾崇拜、祖先崇拜等众多的神话，生动地反映了人类祖先与自然斗争的过程，是人类精神的原初创造，是一切文明的起点与渊源。杨适教授称之为原创文化：“原创文化一词，我指的是以往人类文化发展进程中几个在精神智慧上影响最重大深远的形态由以起源的创造原型。”神话以及巫术、礼仪对原始社会发挥了重要的功能，是原始社会中文化的重要发展，促使个人行为、社会行为同宇宙观相辅相成于统一的体系，并在更大程度上协调社会集体与自然界的相互关系，促进了原始社会的发展，既改变了人与自然的关系，也促进了人的内在自然的人化，人具有更丰富的文化心理素质。青年也就是在这种神话、巫术等文化的影响下，接受了先民的人伦观念，开始有了信仰，使社会组织的规则神圣化。而神话绝不是个人的创造，因为当时个人对集体有着强烈的依附性，没有自我意识。也不是一代人的创造，而是无数代人集体智慧的结晶，代代相传。每代人出生后都要先接受它的教诲，同时又以成长中的创造对它增添新的内容，这也就是将青春品质融入成人社会的族类青春化的继续。所以青年既在原创文化中成长，原创文化中又包含有当时的青年亚文化。

刘再复将原创文化称为原形文化："如果说《论语》是儒家文化的原形，那么《山海经》则是整个中华文化的原形原典。它虽然不是历史（属神话），却是中华民族最本真、最本然的历史……《山海经》产生于天地草创之初，其英雄女娲、精卫、夸父、刑天等等，都极单纯，她（他）们均是失败的英雄，但又是知其不可为而为之的英雄。她们天生不知功利、不知算计、不知功名利禄，只知探险、只知开天辟地、只知造福人类，她们是一些无私的、孤独的、建设性的英雄。她们代表着中华民族最原始的精神气质，她们的所作所为，说明中华民族有一个健康的童年。"其他氏族的原始文化也同样精美绝伦。譬如，希腊普罗米修斯盗火受难的神话就传遍了全世界。普罗米修斯用泥块创造了人，又教给人生存技能。宙斯为报复将他吊锁在悬崖峭壁，每天派猛鹰啄食他的肝脏，但是他始终不肯屈服，也是开天辟地、造福人类的英雄。神话作为原始社会必须接受的信仰，这些精神气质必然成为当时青年的行为榜样。神话又是人类的远古史话，那么这种精神气质与英雄行为也应是当时青年英雄行为的具体表现。

更值得重视的是，神话中许多神本身就是青年。中国填海的精卫就是炎帝的女儿，希腊等神话中有许多就是青年。田杰在引用黑格尔"一般来说，希腊人在塑造理想的神像时宁愿用较年轻的形象"这句话以后写道："男女青年的形象在这里代表一种理想，成为一种象征，而这种理想和象征不仅仅是艺术的和审美的，更是需要在社会和文化的一般意义上来理解和把握的。"在马赫列尔的《青年问题和青年学》中，更是将阿波罗列为希腊神话中最能代表那个时代的青年形象。具体表现在:“首先是‘回顾’过去(回到开天辟地时代的神话乐土——北方人国家);其次是‘面向’未来(具有预见未来的能力);第三是身居‘创造文明英雄’行列:阿波罗掌握预言的艺术,集美与勇敢于一身,鼓励艺术和手工艺,激励创作。”接着马赫列尔还指出阿波罗更深层次的青年形象特征:新诞生的阿波罗很快成熟,并出于正义反抗自己的父亲。在人类诞生的原始社会中,青年们开天辟地,成为知其不可为而为之的英雄,创造了文明与物质生活。青年的生命力、想象力、创造力在人类的诞生中就有了充分表现,青年特别是年轻女性因此也就成为原始艺术表现得最多的主题,使我们在人类的诞生时期就发现了“青春的奥秘”。

在非对抗的公有制母系社会中,相互支持、相互关怀、充满对生命的爱,创造了文化。人类学家甚至认为“语言是从一种基本上是合作的而非侵略的社会行为的认识母质中成长起来的,并且依赖于两性之间一种劳动行为的具有补充性质的社会结构的分工”。“智力在社会环境中的重要性,这种重要性远大于智力在满足技术要求时的重要性。”刘再复在评论李泽厚的书中认为:人类之所以可能,人类的智慧本体(精致的文化心理本体、情感本体)之所以可能,就是因为人类有一个区别于动物的不断改善工具的共同的伟大实践历程。情感、语言、意识在伙伴环境中的生成就是这个历程开端时的成果,使人的生命成为宇宙中唯一最珍贵、最稀罕的生命,从兽性中开始产生了人性。人的本质永远是一个动态创造与发展的过程,人性也就是人类自我塑造的过程。青年在这种原创文化中成长,培养了人性,成为人类从兽性向人性转化起步时期的奇迹。但是毕竟尚处在人性的起步阶段,还没有脱掉自然发生的共同体的脐带,还将继续勇往直前。

三、父权社会的成年仪式

恩格斯在《家庭、私有制和国家的起源》中对原始社会社会制度的发展作了详尽研究。历史发展的决定因素归根结底是直接生活的生产和再生产，一方面是生活资料的生产，一方面是人自身的繁衍，所以社会制度要同时受到劳动发展与家庭发展阶段的制约。氏族的血缘关系固然有某种平等与自由，但是劳动产品毕竟有限。“随着财富的增加，它便一方面使丈夫在家庭中占据比妻子更重要的地位；另一方面，又产生了利用这个增强了的地位来改变传统的继承制度使之有利于子女的意图。”父权制替代了母权制。恩格斯称这是“人类所经历过的最激进的革命之一——并不需要侵害到任何一个活着的氏族成员。”但是他又说：“母权制的被推翻，乃是女性的具有世界历史意义的失败。”

说这是最激烈的革命之一，应该是它开启了史前史由蒙昧、野蛮时代向文明的转变。财富的增加，有了手工业与农业的分工，产生了完全脱离生产劳动的商人，出现了土地私有制，财富集中到少数阶级的手中。富人与穷人、自由民与奴隶之间的对立，需要能够缓解冲突的第三种力量，国家因此诞生了。一部分人脱离生产专职从事政治、军事、文化事业，人类的潜力发展到了极其重要的阶段，各个民族这时都经历了自己的英雄时代。以希腊为例，繁荣了千余年的爱琴文化是希腊文化的背景，印欧族人的军事入侵摧残了它，但战时的领袖建起了城邦政治，虽然战乱不止，由于与爱琴人联姻形成新的民族，沿袭爱琴文化的精神发展了希腊文化。随后并且出现过 20 多岁的亚历山大国王，打败腓尼基和埃及等地成为亚历山大帝国。年轻的亚历山大既崇拜希腊文化又欣赏东方文化，在他死后虽然政治上分崩覆灭，希腊文化却已经绿叶成荫。雅斯贝斯认为，公元前 8 至前 2 世纪，西方、印度和中国这三个地区同时首次涌现许多哲人，人类意识在原创文化的基础上有了新的觉醒，其哲学思想与文化影响至今，雅斯贝斯称这个时期为轴心期。那么，为什么又是具有历史意义的失败呢？自从有了统治者，不仅将穷人、奴隶当成工具对待，就是在各部落民族之间也相互争夺，野蛮民族甚至将掠夺看得比自己创造更为荣耀，战争成为经常的职业，为世袭王权与世袭贵族奠定了基础。氏族制度“它从一个自由处理自己事务的部落组织转变为掠夺和压迫邻人的组织，而它的各机关也相应地从人民意志的工具转变为旨在反对自己人民的一个独立的统治和压迫机关了”。正如杨适教授所说的:“在人类发展其能力的最早的重要时代,父权制、家族制、奴隶制因素都在氏族部落里发生了。少数人、某些集团从人群里分化出来,他们通过把其余人当作动物或自然对象来对待,开展了他们的对象化活动,使自己的人类潜能发挥出来,创造了种种新文化。这就是异化的开端。”

人类学的研究表明,青年曾是最早的异化对象。莫兰的论述是最有力的说明:早在男性垄断了令妇女和孩子都望而生畏的祭祀事业的时候,就有了控制青年的仪式。由于女性是生命的源泉,当时还多少受到尊敬,“但是对于青年人来说,巫术的控制则更为完全,它尤其表现在启蒙的礼仪上”。据大量描述,这种仪式有隔离、考验与接纳几个阶段。隔离是要孩子离开原有环境被送到森林或其他地方与世隔绝一段时间,在那里对他们实施鞭打或用利器施行种种鲜血淋淋的手术,要求他们接受考验信守种种禁忌,最后引领他们回到部落,举行典礼,意味着死而复生,结束童稚时期天使般的天真阶段,进入青年的觉醒状态,允许他们获得成人资格。在母系社会,仪式、礼仪曾作为社会的中心用以协调社会行为,信仰与崇拜的对象是自然或祖先,没有单独为青年举行成人仪式。父系社会为年轻人专门设立仪式控制他们,是史前史中的一件创举,表明青年不再只是一种自然的存在,成人社会对青年们的社会特性已经开始有认识了。

平章起在其著作《成年仪式》中开始就写道:“从文化人类学的观点来看,成年仪式的本质是一种文化传承的方式,是青年在生理上、社会上的一种文化适应的过程。”他认为这是一个生物的个体神秘地变成一个具有宗法、宗教特性的人的一种仪式。的确,神话、巫术、礼仪等等在母系社会中就已经自然地在教育青年使个人行为与社会相协调,现在以一种野蛮的方式进行,增强了它的绝对服从性。更有学者从战争已成为统治阶层的经常职业这种情况出发,根据大量人类学家的论述证明:“某些原始部落的成年仪式本身便是为了造就一个勇敢的战士,男孩们以跳战争舞来表示自己的成年；少年通过模拟战役杀害成年战俘而获得成年的资格；德昌布利人甚至要求每个男孩在成年前必须杀死一个人；或者战争本身被高度地仪式化，具有使人新生的性质。”[①]书中记载了当时仪式中的残酷情景：承受荨麻鞭打，在肌体上长线条划出血来以纯洁血液，用荆棘刺舌头耳朵以示向神致敬，吊在绳子上失去知觉醒后被老人砍去左手小指作为献给神的祭品……

《圣杯与剑》的作者艾斯勒以希腊米诺斯文化为例指出，母系社会不是毫无等级，但是一种较松散、不专制的等级；不是没有任何暴力与压迫，但暴力不是人们的理想更没有形成为制度。而父权制已经形成为崇拜暴力实行压迫的专制制度。社会进展到了十分复杂的时候，不能没有实施管理与协调的权力，但是要看掌权者究竟为谁服务。“权力导致腐败，绝对权力导致绝对腐败。”根据这句名言，父系的专制权力往往是标榜公而实际在营私，将穷人、奴隶甚至异族等等都当做动物一样加以利用，成为异化，正如上述仪式中所显示的，青年更是首当其冲。“从人类进化史和文明史来看，青年期的出现既与特定年龄段人的生物学特征有关，但青年期又总是被整合到一定的社会制度或结构之中，赋予青年期特定的社会含义。青年期的本质因此而发生了根本性的变化，成为一种年龄等级制度，成年礼成为成人社会权力的象征，成为对青年期阶段的人的自然、自由和自我的一种剥夺和压迫，并且以制度化的形式赋予其合理性的解释和合法性的地位。古代和传统社会中的青年即是作为年龄等级制度中的一个被压迫被剥夺等级而存在的。”（田杰）

对青春的赞扬依然存在，但是对青年的认识基本上正如田杰所论述的是采取否定或不信任的立场。在生产进一步发展以后，野蛮的成年仪式逐渐为较文明的宗法成年仪式替代，出现了对青年的教育，开始是聘请教师的家庭教育，接着有了种种贵族学校。马赫列尔在书中首先叙述了对青年认识的历史，第一章第二部分是“对青年认识的教育学—哲学阶段”，他在其中列举著名希腊哲学家对青年的论述以后写道：“在这里，我们再次看到了作为教育过程模式的传习活动，只是形式有所改变而已。它制约着青年被承认为真正平等社会成员的过程：只有通过在成年人指导和监护下进行的特殊考验，否定了自己作为儿童和青年的天性（被社会认为是消极的或者低劣的天性）之后，只有在具备了与老年阶层的规范相适应的理性思维和行为之后，青年才能成为社会的正式成员。”应该充分肯定，在著名哲学家的教育中继承和发扬了原创文化中的人性，他们的直接面授影响了许多青年。但是，正如恩格斯所说：“卑劣的贪欲是文明时代从它存在的第一日起直至今日的动力。”成年人为了实现贪婪，需要编造自己的理由阐明手段以实行控制，原创文化开始变形，刘再复称之为与原形文化对立的伪形文化。儒家文化在变成统治阶级的思想后便发生了变形，发展成许多严酷的行为规范，如三纲五常、三从四德。刘再复引用鲁迅批判《水浒传》、《三国演义》的暴力、权力的论述后写道：“两书中只有气，没有灵魂；只有情绪，没有信念；只有政治沙场，没有审美秩序。”走到了伪形的高峰。父权社会初期的教育主要面向贵族子弟，青年们接受了老年阶层的思维与行为模式，代代相传向往父辈主宰他人的权力，争权夺利十分激烈，甚至有子辈为夺取王位杀掉父王，再下一辈又照样杀害父辈夺权，历代王朝中的这些故事在神话中有详细的描写。

绝对服从父辈控制的青年，除贵族子弟外，可能还有奴性十足的部分奴隶等等青年，但是青年的类型已经多样化，创造性依然存在，有控制就必然有叛逆的青年。《欧洲史》中写道：“希腊社会的紧张局面促使大部分居民离开城邦，到海外土地上去建立集体。”其中可能大都是青年，因为书中说这是一种“激情”，对于擅长航海和喜欢冒险的民族来说，投身于英雄业绩也很自然。《奥德赛》就“勾画出最初的‘欧洲’人的肖像：好奇心盛，敢闯敢干，坚决果断，不屈不挠”。（加亚尔等）这正是勇于创造的青年的肖像，尼采甚至称赞，如果没有如此美貌的雅典青年就不会有柏拉图的哲学。另外还有不甘受压奋起反抗的青年，《西洋史》就记录了公元前 3000 年在西亚两河流域成立的亚叙国，因为急图武功，将农夫和工人（当然都是青年）拉来当兵，国家的生产与商业受到很大打击，但政府专知征伐,“各部属地大抵受不起那铁样的压制,也就不顾死活,接二连三地反叛起来。”(陈衡哲)青年们的创造与反叛,是推动历史前进的重要动力。问题是,当他们的创造与反叛达到了目的,掌握了权力与财富进入成人社会的时候,在专制王朝的统治下他们或者要控制别人作为自己的工具,或者没有实现目的成了别人的工具。正是这种异化使人的潜能发挥出来,创造了新的文明,因此是必经的历史阶段,必须承认异化的历史功绩。但是,在这种情况下,青年的天性被成人社会中的贪婪与争斗所融化,原人进化中青春品质融入成年社会的现象大为减退了。莫兰就曾说过,“在变成成年人的时候,男人‘压抑’他曾经浸润过的妇女文化和青少年文化”,这种压抑可能从原人社会开始而在更进化的和现代的社会中愈甚,“这个人性化过程在今天还远远没有完成”。

值得重视的是,我们仍然在历史中发现了青年品质的存在。以中国的历史为例,公元前5000年前有了新石器文化,公元前2000年前产生原始军事民主制,紧接着有了夏朝的世袭制度。其中也是战乱不息,但是对世袭社会的解体,著名学者何怀宏的解释很有启发:“在延续了几代之后,子孙或由于客观条件的优越而淡忘了创业的艰难,失去了奋斗的刺激动因;或由于在价值观念上更重视生活的精美享受、文化艺术的精致发展(而这在某种意义上也可以说正是世族乃至其他人类群体或个人的斗争所努力追求的目标或目标之一)而不经意于延续世族的责任,甚至变得委靡,再加上资源的有限,这种衰亡就几乎可以说是不可避免的。”何怀宏为此作的注释中以高尔斯华绥的长篇小说《福尔赛世家》中继创业的资产者之后的第二代、第三代转向文学艺术的情况,以及清朝时代参与创造老北京特殊生活氛围的“八旗子弟”为例,说明“转向文化、注重生活也许正因作为一个个自在的目的,正是奋斗者的一个理想”。的确,注重生活向往文化,在母系社会原创文化的熏陶下青年就开始有了这种追求。在以卑劣的贪欲为动力的父权社会,青年中出现不再贪欲于权力与财富,明显地转向文化追求生活质量,是人类历史中最早萌发的新的人生价值观,具有伟大的启蒙作用。青年萌发的这种新价值观,中国的哲学家上升为天人合一的思想，成为经典的理论影响至今。但是歌颂权力、谄媚权力的伪形文化更为膨胀，在历史进程中一直出现“反文化现象”。尽管如此，青年的这种品质在历史的长河中也一直存在。《红楼梦》大观园中的贾宝玉、林黛玉就是对抗成人社会的男女青年，他们认为外面的世界充满贪婪只代表肮脏和堕落。黛玉葬花就鲜明地表明了青年是如何拒绝成人的控制的，“他们所企求的是理想世界的永恒，是精神生命的清澈”。(余英时)这种追求直到20世纪60年代的青年运动中有了更鲜明的表现。当时的嬉皮士已经认识到人与自然的关系，到乡间农庄和山林湖边等人烟稀少的地方安营扎寨，亲近自然，关心和爱护自然环境。这与当时思想界初露端倪的环保意识不谋而合，1968年罗马俱乐部成立，来自7个国家17位平均年龄不到30岁的青年科学家完成了俱乐部第一个文献《增长的极限》，呼吁人类要面对未来，克制贪婪，保持人与自然、人与人之间的和谐关系。

青年作为一种社会现象，青年人与成年人、与社会的冲突、协调与同构，与人类进化的历史一样久远，从父权社会开始到现在可以说日益突出。自从父权社会的统治者因为贪婪掠夺而将战争当成职业以后，不仅将人当成动物，而且相互摧残杀死生命也毫不介意，可说是胜过了兽性。恩格斯说过，来源于动物界的人永远不能完全摆脱兽性，问题只能在于摆脱多少，在于兽性与人性的程度上的差异。成年社会对存在的兽性确在不断地反思，但是人类在贪欲推动下不断发掘自身的潜能，创造了日益辉煌灿烂的成就。人类陶醉了，沉浸在无边的喜悦和享受之中，对成功背后产生的破坏地球的隐患却麻木不仁，贪婪也就丝毫不减。近现代发生的一次又一次危机，莫不是由于贪婪和贪婪的意识形态化的结果。而因此产生的政治上经济上的不平等，受到压制的青年感受最深，引发一次又一次的青年运动。这是人性与兽性的较量，表明人性与兽性的共存延续至今，可见发扬人性消除兽性需要漫长的历史阶段。马克思甚至将人类对抗性社会的发展历史包括资本主义社会，均称为“人类社会的史前时期”。如何走向对抗社会的终结，形成人与自然、人与人之间的和谐社会,连马克思都认为这是“历史之谜”。但是马克思、恩格斯都赞赏人类学家摩尔根的说法:“自从文明社会开始以来所经历的时间,只不过是人类已经经历过的生存时间的一小部分,只是人类将要经历的生存时间的一小部分。社会的瓦解,即将成为以财富为唯一的最终目的的那个历程的终结,因为这一历程包含着自我消灭的因素。政治上的民主,社会中的博爱,权利的平等和普及的教育,将揭开社会的下一个更高的阶段,经验、理智和知识正在不断向这个阶段努力。这将是古代氏族的自由、平等和博爱的复活,但却是在更高级形式上的复活。”

从文明社会至今不过几千年,比较从原人到智人的几百万年确是时间的一小部分。能否再经过几千年甚至更少的一小部分时间就可以实现摩尔根所说的古代氏族社会的自由、平等和博爱在更高级形式上的复活,一大批思想家包括马克思在内都为解开这个历史之谜作了大量研究。艾斯勒由于重建男女伙伴关系社会的论述成为 20 世纪最有影响的思想家之一。男人与女人、父母与孩子的关系是人类社会最基本的关系,自从父权社会建立以来,也开始了父亲统治孩子的代际关系,其中充满了种种矛盾,成为人类进化史和文明史的一部分。“人类社会要走向和谐,首先要解决的是代际和谐问题而不可能是其他——因为,这是最根本、最本源的和谐。这一问题现在已引起政治学、伦理学等学科的特别关注,并进一步在更广泛的意义上提出‘代际正义’的概念,它所涉及的不仅仅是现实生活中的代际关系问题,而是当代人如何处理与未来世代的关系。”(田杰)艾斯勒从两性关系出发论证了如何重建男女伙伴关系社会。我们真诚地希望青年研究领域有学者能像艾斯勒研究男女关系那样对代际关系作出研究,从原始社会代际和谐出发,沿着代际冲突的历史发展,如何从政治、经济、文化等方面创造条件,迎接原始和谐的人性在更高形式上的复活,创造出 21 世纪最有影响的思想家。

注 释

① 这里的四句话分别是原书作者徐丹引自马文·哈里斯所著的《文化

人类学》（李培茱、高地译，东方出版社1988年版，第329页）、P. R. 桑迪所著的《神圣的饥饿》（郑元者译，中央编译出版社2004年版，第240页）、玛格丽特·米德所著的《三个原始部落的性别与气质》（宋践等译，浙江人民出版社1988年版，第232页）和维克多·特纳主编的《庆典》（方永德等译，上海文艺出版社1993年版）的观点。

参考文献

田杰：《青年研究的史学范式与理论图景》，《当代青年研究》2009年第6期。

——《文化与思维》，海天出版社2000年版。

[美]D. 洛耶编著：《人类动因对进化的冲击》，胡恩华等译，社会科学文献出版社2004年版。

[英]理查德·利基：《人类的起源》，吴汝康、吴新智、林圣龙译，上海世纪出版集团2007年版。

[法]埃德加·莫兰：《迷失的范式：人性研究》，陈一壮译，北京大学出版社1999年版。

[俄]尼·彼·杜比宁：《人究竟是什么》，李雅卿、海石译，东方出版社2000年版。

《马克思恩格斯选集》第三、第四卷，人民出版社1974年版。

[美]理安·艾斯勒：《圣杯与剑：我们的历史，我们的未来》，程志民译，社会科学文献出版社2009年版。

——《神圣的欢爱：性、神话与女性肉体的政治学》，黄觉、黄棣光译，社会科学文献出版社2009年版。

——《国家的真正财富：创建关怀经济学》，高铦、汐汐译，社会科学文献出版社2009年版。

李泽厚：《实用理性与乐感文化》，三联书店2005年版。

张浩：《思维发生学》，中国社会科学出版社2005年版。

杨适（主编）：《原创文化与当代教育》，社会科学文献出版社2003

年版。

——《中西人论的冲突》,中国人民大学出版社 1997 年版。

刘再复:《原形文化与伪形文化》,《读书》2009 年第 12 期。

——《李泽厚美学概论》,三联书店 2009 年版。

[罗]F. 马赫列尔:《青年问题与青年学》,陆象淦译,社会科学文献出版社 1986 年版。

平章起:《成人仪式——兼及青年文化适应》,天津古籍出版社 2002 年版。

徐丹:《倾空的器皿——成年仪式与欧美文学中的成长主题》,上海三联书店 2008 年版。

德尼兹·加亚尔、贝尔纳代特·德尚等:《欧洲史》,蔡鸿滨、桂裕芳译,海南出版社 2002 年版。

陈衡哲:《西洋史》,东方出版社 2007 年版。

何怀宏:《世袭社会及其解体》,三联书店 1996 年版。

余英时:《中国思想传统的现代诠释》,江苏人民出版社 1995 年版。

[美]路易斯·亨利·摩尔根:《古代社会》,商务印书馆 1977 年版。

(作者　中国青年社会学学会原会长)

关于青年研究代际更替问题的几点思考

田　杰

从学术发展史的一般过程来看，30年左右一般是理论创新的一个周期性时间。美国学者对东西方哲学学术发展史所作的统计研究发现并证明："从理论上，更有启发意义的是根据活跃的各代人——每百年约三代——来描述学术史。33年作为一个阶段大约是一个学者从事创造性活动的时间段。到时段的末尾，一代思想家实际上将被新的成熟的一代所取代。以代为阶段或多或少构成了学术关注空间发生结构性变化的最小单位。"(柯林斯)就此，有评论说："任何一个认真关注过理解学术生活的社会学家都不能忽视它。"这对于我们思考青年研究的代际更替问题同样是富有启发意义的。中国从改革开放到现在刚好33年，如果上溯到新中国成立、五四运动时期，也大致暗合百年三代这一代际更替的时间周期，同时这也恰恰是中国青年研究走过的三个历史性的阶段路程。这使我们想起马克思说过的一句话："历史不外是各个世代的依次交替。"(马克思)世代更替，不仅仅是学术史，或许也是一般意义上的历史发展的周期性规律。

一

"知识分子的创造不是随意的，而是建立在代际链条之上的。"(柯林斯)改革开放30年来中国的青年研究，乃至由此回溯至五四新文化运动

时期，都可以看做是这一“代际链条”上的一个又一个环节。对此，已有研究者在有意或无意之间做过相应的论述。（黄志坚）

将我国青年研究之发端确定在五四新文化运动时期，大致说应该是不错的。但如果严格从学术发展或问题视阈的角度来看，似乎不无尚需深入探讨之处，即：这一时期的青年研究是在什么样的知识背景和学科环境条件下开始的？其所取得的成果是“知识分子的创造”抑或是社会各界及公众舆论对特定时期和特定环境条件下的青年行动作出的某种回应？另外，这一时期青年研究所提出或关注的问题是从研究本身出发还是出于对某些特殊利益需求的关切？[①]思想文化和学术领域对这一时期的青年研究作出过哪些回应并在学术上有哪些成就？简言之，研究青年，与青年研究有内在联系，但二者并非完全等同。

20世纪二三十年代是中国青年研究的起步阶段，心理学和社会学是最早介入青年研究的学科。早在五四运动爆发前夕，西方心理学关于青年研究的最新学术成果就被引进到国内。特别值得注意的是，这些心理学的成果被中国共产党早期青年运动的年轻领导人用来指导进步青年的人生发展和社会实践。1921年，杨贤江在《学生杂志》发表《第二诞生期——人生第二危险期》。“第二诞生期”即美国著名心理学家霍尔提出的“青年期”的别名。他还写有《男女精神上特征的比较》（1921年）、《青年本身的认识》（1925年）、《青年期的心理与卫生》（译文，1925年），出版霍尔的《青年期：心理学及其与生理学、人类学、社会学、性、犯罪、宗教和教育的关系》一书的节译本（1929年）。杨匏安（1896—1931），广东中山人，早年东渡日本求学，中共早期杰出的理论家和史学家，1921年加入中国共产党，从事青年和工人运动，曾任广东社会主义青年团代书记。五四运动爆发后至同年底，他在《广东中华新报》“通俗大学校”栏，先后发表数万字的《青年心理学》和《美学拾零》。在李大钊关于青年的论述中，也可以看到心理学知识的运用：“时是什么东西？吾曾以之问于玄学，问于认识论，问于心理学，问于数学，问于物理学，问于天文学……”中国共产党早期的政治活动家成为青年研究科学的开拓者，这是一个很耐人寻味且值得深入研究的文化现象。

在我国，属于学科意义上的青年心理研究，直到20世纪30年代才逐渐展开，陆续出版了一批由本土心理学家编著青年心理学著作，如沈履的《青年心理学》(1932年)，姬振铎的《青年期心理研究》(1934年)，朱智贤的《青年心理》(1941年)，丁瓒的《青年心理修养》(1946年)，翻译的著作有徐金泉的《青年心理》(1932年)，汤子庸的《青年期心理学》(1933年)，丁祖荫、丁瓒的《青年期心理学》(1937年)，朱智贤的《青年心理与教育》(1940年)等。1921年，中国心理学会成立，这对于中国的青年心理学研究无疑将起到重要推进作用。但在新中国成立之前的近30年间，我国的青年心理学研究还鲜有原创性的成果，多以引进为主。

1922年2月，中国社会学界第一个学术机构"中国社会学会"成立。社会学在当时对青年研究的影响，应该比心理学要更为广泛和深刻，社会学话语在青年研究中明显占有突出地位。但这些研究更多是以政论、时评、论辩的形式出现的，包括《新青年》等刊物发表的陈独秀、李大钊、胡适、罗家伦乃至梁启超等人的有关青年的文章，更多的是表达作者的某些政治主张或对时政的看法，而非学术范畴的分析与论证。直至20世纪40年代，中国尚未有有影响的关于青年的社会学研究学术成果出现。

新中国成立后，社会学、心理学学科命运多舛，有关青年的社会学和心理学研究自然也就销声匿迹了。新中国成立后30年的青年研究，远离学科化路径，更多的是政治运动、思想教育和理论宣传等方面的应时之作，意识形态色彩浓郁而学术气息匮乏。改革开放改变了这种困顿、僵滞的局面。首先是青年问题再次引起社会各界特别是思想文化和学术领域一些有识之士的高度重视，同时青年对此也作出了异常热烈的回应。1981年5月，知识出版社出版杨宗义、张春翻译，日本爱知大学教授依田新主编的《青年心理学》，同年9月第2次印刷就达到370000册。1983年，中国社会科学出版社出版王极盛编著的《青年心理学》，短短几年陆续发行了849000册，是我国有史以来心理学著作出版发行之冠。

由此可见一斑。

20 世纪 80 年代，团属院校的恢复和发展，全国性及一些地方青年研究机构和社会团体的建立，促进了我国青年研究的繁荣兴盛。社会学、心理学在这一时期青年研究的专业发展中担当了重要的学科角色，而青年学学科概念的提出，不仅就青年研究学科化作出了大胆的尝试，而且促进了社会学、心理学等学科青年研究的分化，同时也踏上了各学科综合研究青年的路径。80 年代中国的青年研究与那个年代社会生活的其他方面一样，充满了激情和浪漫的时代特征。然而，这个阶段又是十分短暂的。此后的 20 年，青年研究似乎变得少年老成，激情消退，浪漫不再，研究者对它的凝思观望远胜过当年的参与热情。但这并不意味着近 20 年中国青年研究的停滞与退后，只是它以另外的形式寻求自己生存与发展的机会，并不乏一些精彩的观点与表现。

总之，中国青年研究的代际链条是清晰的。但在这清晰的链条中，我们发现的不完全是一个连贯而健康的过程，而是更多的断裂、跳跃和迷蒙。然而，正是在这不断的断裂、跳跃和迷蒙中，经过不断的探索、尝试，特别是伴随着中国 20 世纪中国革命和现代化艰难、曲折的进程，中国青年研究与中国青年一道成长起来，共同走向发展和进步，并形成了自己独特的思想风貌、理论特征和学术品格，尽管其中还有许多的过失、瑕疵和不足。

二

中国的青年研究，百年三代，就思想风貌来说，我们大致可以作出这样的判断：这是一个从革命，到继续革命，再到“告别革命”、“后革命”[②]的连续过程。

国外有研究者指出，欧洲 19 世纪在第二次世界大战后的断垣残壁中宣告终结；这是一段“暧昧不明”的历史，“既盖有过去的印记，又含有未来的胎记”；“这是一个弑父的时代。人们杀死了祖辈，从神和君主的统治下解放了自己，指望由此开始一个得救的新时代，天堂和地狱都在其中。”(希尔)20世纪中国的历史与此有特别相似之处——危机与动荡相伴，传统与现代纠结，痛苦与幸福杂糅，血色与浪漫辉映……只是这其中有一个时间判断上的错位[③]。这里没有必要和可能展开讨论这段历史，我们只是注意到“这是一个弑父的时代”，梁启超、陈独秀、李大钊等为这个时代的到来兴奋、呐喊，“少年中国”潜龙腾渊，“青春中华”曙光初露。“中以后之历史，青春之历史，活青年之历史也。青年乎！以其中立不倚之精神，肩兹砥柱中流之责任，即由今年今春之今日今刹那为时中之起点，取世界一切白首之历史，一火而摧焚之，而专以发挥青春中华之中，缀其一生之美于中以后历史之首页，为其职志，而勿逡巡不前。”(李大钊)

如果一定要选择一个词汇来指称20世纪中国的历史，那么可能没有比“革命”更恰切的了。革命，是20世纪中国历史的主题词。同时，这场革命一开始就与青春相伴，而青年则始终与革命同行。对于20世纪的中国青年来说，他们是以“革命军”的姿态，高擎革命的旗帜，挥洒着革命浪漫主义的激情，“以革命的名义”一路走过来的，并以“革命小将”[④]的身份做他们世纪末的最后亮相。从革命到继续革命，中国大半个世纪的革命历史，青春献祭应是其中最为感天动地的一幕。“在某种意义上，我们甚至可以说，中国革命的历史实质就是一部‘青年’的历史”；中国革命政治也可视为一种“青年政治”。(蔡翔)

但是，当我们检视关于这段历史中的青年的研究成果时，会发现这段历史中的青年并没有真正被纳入研究者的视野。即使是那些曾经为青年、为青春兴奋、呐喊的先哲们的文献，也鲜有青年研究者去系统地进行研究和整理，对这段历史的青年研究更多地还停留在一般意义上的主流意识形态叙事而非严谨认真的学术辨析或思想文化的历史考量。历史在有意无意之间被搁置、剪裁、遮蔽甚或是功利主义地利用了[⑤]。

革命，已化为中国人刻骨铭心的集体记忆，并积淀为一种文化心态和文化要素。正如有研究者所说，革命所造成的结果不仅是政治权力和社会财产的转手，所改变的也不仅是个人的习惯和普遍做法，它改变的是整个文化。（巴尔赞）因此，改革开放后的中国从革命、继续革命转向后革命而并不情愿就此“告别革命”，就再自然不过了。

后革命是指社会进入了以解决个人问题、全球和全人类问题为主要内容的历史时期。“经历了革命的紧张和原始积累的艰难之后，人们渴望有另一种生活。后革命在通俗文化中表现为享乐主义、物质主义，把人们天性中的狂热从政治领域转为个人感性的领域。同时又把革命时期特别注重的思想观点和教育因素从通俗文化领域中转到专门的知识和学术领域，让感性领域成为一个有独立意义和价值的让人可以暂不受社会也不受思想观点控制的享乐领域。”（汪伊举）个人的权利和诉求，感性的欲望和表达，全球化的视界和话语，普适性的观念和价值等等，伴随着消费主义、享乐主义、大众文化、网络传播等新思潮、新技术的热浪，在青年中广泛流行，“热点”频繁切换，令人目不暇接。“后革命”时代，不是“告别革命”的时代，而是“人们天性中的狂热从政治领域转为个人感性的领域”的时代。对青年来说，最突出的表现是过去时代的革命狂欢转换为消费的激情，也包括对消费的种种苦恼、焦虑甚至是怨愤。还有，就是这种激情及其所反映出来的种种问题，主体是个人化的，背景是全球化的，而表现形式则是感性化的。

青年研究对青年的“后革命”转向作出了比较适时的反应，而且表现出特别浓厚的兴趣。这一方面需要研究者对青年中不断出现的种种新现象、新问题要相当地敏感，另一方面则需要研究者对其作出有说服力的解读和阐释。回顾这一时期的青年研究，“理论的狂欢”是不言而喻的，没有任何一个“热点”没有受到“跟踪”，没有任何一个“数据”没有受到“调查”，没有任何一个“流行”没有成为青年研究流行的话题。

在关于青年的“专门知识”和“学术领域”对此也作出了积极的反应，“大话西游”、粉丝文化、网络成瘾、“蚁族”、“蜗居”等问题同样得到一些专业学者的关注，有的还成为学位论文、研究课题的选题。

还有一种特别值得注意的现象，即正是在这一时期，青年研究真正走进了“象牙塔”。十几年来,有一批青年研究(准确讲是某些学科内有关青年的研究)的学术成果在高校和社会科学研究机构中诞生了。如桑兵的《晚清学堂学生与社会变迁》、陈映芳的《在角色与非角色之间——中国的青年文化》、房宁等的《成长的中国——当代中国青年的国家民族意识研究》、徐丹的《倾空的器皿——成年仪式与欧美文学中的成长主题》、程巍的《中产阶级的孩子们:60年代与文化领导权》、张素玲的《文化、性别与教育:1900—1930年代的中国女大学生》、林华瑜的《“革命与爱情”的现代性叙事图景——中国现代小说的题材叙事研究》、郑春生的《拯救与批判——马尔库塞与六十年代美国学生运动》、张永红的《20世纪60年代美国青年反战思潮研究》,等等。其中,《晚清学堂学生与社会变迁》可以称之为本土青年之本土研究的经典之作。

在中国,“象牙塔”里的学界向来缺乏关注青年问题的传统,有关青年研究的学术资源可谓匮乏至极。这与西方文化形成较大的反差——无论在苏格拉底、柏拉图、亚里士多德还是在洛克、卢梭、黑格尔的著述中都不难找到有关青年的议论,而在现当代西方的理论著作中此类议论更是随处可见,且不乏大家经典之作。中国青年研究的学术场景是否会在今后有一个较大的改变?如果真的能够实现这样的一个转变,将是中国青年研究的一次革命性变革,而完成这次变革的契机即是“后革命”时期社会生活的重大变革。新的一代青年走上了中国社会生活的舞台,这需要社会对他们有新的认识和理解。“代问题是重要的,也值得对其进行严肃的研究,该问题对于理解社会和精神运动的结构来说是一个必不可少的向导。如果人们想要对我们时代中越来越快的社会变迁特征有更准确的了解的话,那么此问题的重要性就更为明显。”而对于代这样一个如此宽泛的问题,只能通过多学科和不同国家的合作来解决。(曼海姆)这或许意味着,中国青年研究正面临着一个前所未有的发展机遇。

三

“哲学运动的步伐在世界的每一个角落会相当慢,很少能在以35年为一代的时间段内出现两次以上的理论创新。”(柯林斯)但30年左右作为一个创新周期确是一个通常的事实。不过对于中国的青年研究来说，这一事实却并不完全是事实。迄今为止，尤其是近二三十年来，中国的青年研究，可以说是有努力，有探索，有成就，但基本上是无权威，无经典，无传承。

一代一代研究者的艰苦努力和不断探索是不争的事实，否则就不会有青年研究，今天虽不尽如人意但仍值得充分肯定的成就和局面。探索走向历史纵深(有关青年史的研究成果开始出现，反映了研究者历史意识、知识积累的自觉，有些关于现实问题的研究也表现出一定的历史视野和历史深度)，选题面向众多领域(视界的拓宽、学术的自觉，首先在研究选题中得到反映，同时也反映在多学科参与上)，方法趋向多元选择(这既与多学科的介入有关，但更主要的还是研究者能力、素质的提高。20世纪80年代青年研究的方法论热带有很大的盲目性，近一二十年则更多的是对新方法自由灵活、严谨规范的掌握和运用，“范式”受到更多关注)，话语形式呈现多样形态(学科特征和个性风格是话语形式多样化的主要因素，其重要意义不仅仅是形式上的变化，而且反映了以往青年研究浓重的宣传、教育腔调的改变)，理论建构愈益突出本土特征(这一点是尤为重要的。在关于青年文化、独生子女、农民工青年、青年与社会变迁等研究中表现较突出)。以上的简单归纳不可能完全(也不一定准确)反映出近二三十年来中国青年研究发展进步的各个方面，但还是可以得窥一斑的。

近百年的历史，几代人的努力，其中有诸多前驱先路者，领军奋进者，以至更多的热心参与者。这些人的探索精神和学术贡献无疑是值得赞佩和肯定的，但其中的问题仍是值得特别加以探讨的。迄今为止，我们说中国青年研究基本上是无权威、无经典、无传承，即是从研究队伍、研究成果、研究过程等方面问题所作出的一个判断，尽管这种判断可能见仁见智，或可能引起许多误解和较大争议。

这里所谓的权威，是指青年研究领域学术成就卓著且有较大学术影响力的大师级人物,对其评价和认定的标准主要集中在学术层面,即学术的创造性成果、持续的影响力、对知识积累的贡献度以及在一定时期、特定领域突出的学术地位等等。对学术领域权威人物的评价和认定,实际上应属于学术史研究的范畴,但同时也可以是对某一特定学术领域发展现状的一种评价。说青年研究领域有无权威,即是属于后者。几十年乃至近百年的中国青年研究尚未建构起自己独立的学术史,青年研究的学科属性和结构化特征仍然模糊不清,研究群体聚散离合,学科规划时断时续,这种情况下自然很难产生权威性的人物。

所谓无经典,指的是无经典著述。经典著述的特点或标准是典范性和权威性。青年研究的研究成果,包括各类专著、文集、研究报告、论文等,至今还很难有被认定为经典的著述。无权威,自然无经典。经典一般都是权威者的著述,例外的情况可能有但不多见。但经典的意义要大于权威。如果我们为某项研究开列一份文献目录,其中没有经典性著作,将增加研究的难度。一门科学或一个专门的研究领域是否有经典著作产生和流传,是该学科或领域学术是否成熟及是否具有发展潜力的一个重要标志。

传承,是关于青年研究持续发展及发展的可持续性问题。“学术群体、师生链条、同时代的竞争对手,是它们共同构成了结构性的力场,学术创新就是在这里面发生的。”(柯林斯)学术群体、师生链条、同时代的竞争对手,三者的“结构化过程”形成学术发展的社会动力学机制。“师生链条”即师承关系,是学术研究持续发展的重要条件和动力之一,也是学术发展代际传承的基本途径。个人化和群体性是学术研究的二重属性。一方面,“学术世界的社会结构”“是个人链条间持续的斗争,它负载着情感能量和文化资本,以填充为数不多的关注中心”。(柯林斯)另一方面,“在相当大程度上说,哲学的历史就是群体的历史”。(柯林斯)这里的哲学包含一般社会科学。这个群体包括同人圈、学派、支持者或追随者等。我们提出青年研究无传承的问题,首先是指上述“师生链条”的断裂,其次是学术群体或同人圈、支持者或追随者等的不断聚散离合。

这样，“同时代的竞争对手”也将不复存在，研究活动和研究群体的“碎片化”亦将不可避免，传承自然也就无从谈起，发展的动力机制或“结构性力场”则很难形成。

无权威，无经典，无传承，或可用以概括目前乃至前此以往青年研究的一般状况。这种概括需要大量的事实来支撑，因此可能有失偏颇，但在一般意义或感官直觉上来说，也许还不至于太过乖谬。

另外，从青年研究的学术氛围上，还有一个最重要的问题亟待引起重视，即无冲突。“冲突是学术生活的能量源泉”，“学术生活首要的是冲突和分歧。……长生新观点的前沿地带总是充满异见者的争论”。（柯林斯）学术发展的历史“不是问题解决的历史，而是发掘可资利用的对立路线的历史”。（柯林斯）马克思也曾明确指出：“真理通过论战而确立，历史事实从矛盾的陈述中清理出来”；“只有意见相反才有争论，只有从相互矛盾的论断中才能得出历史的真实”[6]。20 世纪 30 年代前后，国内学界曾就五四运动及其后的学生运动、青年运动问题有过比较激烈的论争。80 年代中期前后曾就青年研究的学科属性、学科化问题有过争议，但只局限于一个较小的范围。除此之外，关于青年研究的冲突、分歧、争论极少出现。而且，前两次的争论也并没有在学术层面有较深入的进展，并且持续时间也很短暂。这种状况显然是不利于青年研究不断走向成熟和持续发展的。造成这种局面的原因自然是比较复杂的，但就学术发展的一般规律而言，研究群体的相对稳定、学派的不断衍生分化、学术共同体的形成等是产生“异见者的争论”的必要前提条件，因为，“学术冲突总是要受到所关注的主题和支持者多少的限制。不是加入论战的个人而是为数不多的论战阵营才是学术史的典型范式”。（柯林斯）

综上所述，可以认为，无权威，无经典，无传承，无冲突，是青年研究目前最突出的短板和缺陷。而这几方面的短缺，也正是青年研究发展的大忌。但改变这种局面也不是短时间内可以完成的，因为，学界的“权威”不是可以“树立”的，“经典”不是可以随意炮制的，“传承”更需要接续的机制和制度，“冲突”更不是可以无端、任意挑起来的。“代际链条”在这里尤其凸显出其重要的意义和价值。

四

中国青年研究正处于一个最好的发展时期，中国青年研究正处于一个最坏的衰退阶段。这两种判断，在一定意义上都可以成立。

说它是“最好的”，可举出以下理由：一是学术思想的解放。随着改革开放和思想解放的不断深入，学术思想的解放目前正处于一个前所未有的大好局面，学术禁区越来越少，思想言论越来越自由，学术视野越来越宽阔，“软实力”在国家文化发展建设战略层面愈益受关注和重视以及由此而带来的某些政策上的优惠和宽松，等等。这是学术发展最重要的前提性条件。二是学术信息交流、传播的便利和快捷。这主要得益于网络技术的广泛应用和普及。三是大批高学历人才的培养。2010 年度全国硕士研究生实际录取 47.2 万人，博士研究生实际录取 6.4 万人；30 年以来，累计培养了 33.5 万博士毕业生，273.2 万硕士毕业生；2008 年超过美国成为世界上最大的博士学位授予国家。学术思想的解放、学术资讯的便捷，以及学术人才的充裕，将为青年研究的发展带来良好的机遇。另外，还有很重要的一点，即青年研究走进“象牙塔”，这一方面可以为青年研究提供更多的学术资源，另一方面将有可能打破以往青年研究只局限于一个小圈子的局促、尴尬局面。

说它是“最坏的”也可以寻找到理由。一是学界的朽败之象日增，从院士到一般研究人员和教师，可谓丑闻（既有为学不端，也有为师不尊）不断，学者的尊严、学术的神圣，都遭受到前所未有的质疑乃至鄙弃。“知识分子是生产非语境化的观念的人”，“学术产品有其自身的神圣地位”，（柯林斯）而朽败则与学术格格不入。二是学界功利之风日盛。淡泊宁静是不可或缺的学术素养，而急迫的功利之心则是为学之大忌。学界的功利之风与世风不无关系，但更主要的还是为学者自身的理想追求和学术评价制度等方面的原因，而后者对于一般为学者来说是难以突破的障碍。三是学界创新能力不足。中国科学院院士、中国科学技术大学原校长朱清时2009年在接受记者采访时曾明确肯定,现在学术界的创新能力不仅没有进步,而是在退步,在萎缩。《光明日报》也曾就中国博士质量发文指出,博士创新能力有待提升。学界创新能力问题近年来广受诟病,同时这也是不争的事实。朽败之象、功利之风、创新不足,这于学界来说将是致命的病患。而这一切对青年研究的发展不可能没有负面的以至"最坏的"影响。

"最好的"和"最坏的"都在两可之间,关键看怎么选择和对待。于此无遑展开议论,仅提出两个相关的问题:青年研究可以成为一种职业选择吗?青年研究能够作为一种学术追求吗?这是两个关乎青年研究能否持续发展的带有根本性的问题。对这两个问题无论作出肯定还是否定的回答,其后果都是显而易见的。当然,在这两个问题的背后,隐藏着太多、太深太复杂的含义,简单地回答是与否没有任何意义,但对它必须作出回答,起码必须要思考。

我们可以乐观地认定青年研究现在正面临一个"最好的"发展时机。但这种乐观的态度不能遮蔽那些"最坏的"东西。"最好的"往往带有较多的理想化色彩,而"最坏的"总是一种最现实的力量。

按柯林斯的说法,青年研究还正面临一个新的世代到来的开端阶段,一个代际更替的十分关键且非常敏感的时机。它是否还会重复过去百年的历史?是否还会在不断的断裂、跳跃、迷蒙中寻找前行的路径?是否在又一个30年过后"权威"和"经典"仍是一种奢望?研究群体、研究活动乃至研究成果的"碎片化"能否为清晰、完整的"代际链条"所代替?一切皆有可能。

结　语

中国青年报2009年5月8日发表胡安东的文章:《中国智库更应研究中国愤青》。文中谈到,国外一些高级智库花重金研究中国课题,包括

“愤怒的青年”这一现象。美国布鲁金斯学会认为“愤青”这一代中国青年是推动世界前进的正面力量，他们特立独行的精神气质，将对中国未来产生开明的影响。作者批评说，中国智库偏离了真正的“中国问题”。在本土的青年研究里，我们往往愿意无病呻吟地去研究一些所谓小资现象，去研究一些莫名其妙的“代际”现象（按：这里对“代际”问题的批评也有点“莫名其妙”）。有时陷入空洞的爱国主义说教，有时又陷入社会学的庸俗主义里，又甚至把愤青通过网络公开表达的观点，误认为一种与社会格格不入的“网吧现象”。这些误读，至少说明国内的智库，还没能真正走进中国青年的心灵和生活。媒体的批评，值得警醒。

真正走进中国青年的心灵和生活，应该是中国青年研究的理论旨趣和学术追求。但在严格的意义上，也可以肯定地说，我们目前不仅尚没有准备，也没有能力这样去做。青年是神圣的存在，它需要形而上的思考，还需要形而下的感悟；它既是一个神话和象征，又是一种鲜活、灵动的实在场景。我们现在的研究水平还只能在现象层面去描述它或根据自己苍白的想象力去解读它，而不能真正走近它。有关青年的知识积累、知识谱系的建构，我们尚未完成。对青年的真正认识和理解需要科学。但这门科学的学科属性将是难以确定的，它需要的不是急于为自己找一个学科归宿，而是思想、观念、知识、理论的创新。柯林斯下面这段话或许会给我们以启示和信心：“学科边界将是不清晰的……对知识分子创新的压力越大，越多的早期学科就会被组合在一起。学术产品一块一块的碎片被组合在一起会孕育对普通事实的理解。”“青年”，就是这样的一个“普通事实”，但对它的理解实属不易。

中国的青年研究，应该从现在重新开始。这将是一个新的世代的开始，既是以往“代际链条”的延伸，又是一个新世代的诞生。

注　释

①我国台湾学者吕芳上在《从学生运动到运动学生（民国八年至十八

年)》一书中,对五四运动后10年间学生运动与政党政治的关系的分析,可以启发我们这方面的思考。

②有必要对"告别革命"和"后革命"在这里作简单说明。"告别革命"一说由李泽厚、刘再复在20世纪90年代初提出,一度引起较大反响,且争议颇多而批评者众。在《告别革命——回望二十世纪中国》((香港)天地图书有限公司1995年版)一书序言中,作者有如下表述:革命是指以暴力等急剧方式推翻现有制度和现有权威的激烈性的,但不包括反对侵略的所谓"民族革命";"我们决心'告别革命',既告别来自'左'的革命,也告别来自'右'的革命。二十一世纪不能再革命了,不能再把革命当作圣物那样憧憬、讴歌、膜拜,从而再次悲壮地煽动群众情绪,最终又把中国推向互相残杀的内战泥潭。"作者所云"革命"和"告别革命",就20世纪中国历史来说,在一定意义上可谓痛定思痛之后的肺腑之言。但作者却忽略了一个最重要的事实,即"革命"在中国是不能简单地进行定义的,"革命"已然成为中国现代文化的一个重要组成部分和民族文化心理的一部分重要内容,其象征意义和文化内涵远远超出它的字面含义。反对者的声音正是源于这样一个事实,因而二者间的冲突实质上是历史与文化的冲突,已经远离了"革命"本身。明确提出"后革命"概念的是美国学者阿里夫·德里克。他认为,在全球化背景下,革命的概念已经过时,历史进入后革命时期,"把现在的形势描绘为后革命要比后殖民性更确切"。(参见阿里夫·德里克的《后革命氛围》(王宁等译,中国社会科学出版社1999年版,第83—109页))"后革命"概念引入国内后,被借指改革开放以来这段时期,主要特征为:社会生活仍在许多方面,特别是政治体制和官方意识形态领域,乃至相当数量民众的社会文化心理,既延续了以往革命时期的政治和文化,又发生了重大变化和转型,具有断裂和新生二重属性。

③葛兆光认为,从中国的文化史、思想史和学术史角度看,20世纪实际上是从1895年开始,到1989年结束。(葛兆光:《思想史研究课堂讲录》引言,三联书店2005年版,第2页)此言可备一说。如果从中国现代化道路及其与西方世界的关系层面看,1840年到1976年可以看做是一个连续而完整的过程,这一时期国内外各种因素紧密联系并共同形成中国社会政治变

革与革命运动的鲜明主题。

④“文化大革命”结束至今已有30余年,但却鲜有真正具有学术价值的关于红卫兵的研究成果。如果从青年研究的角度,中国的红卫兵运动更应该被看做是一个独特的人类学事件,是人类青春期的人类学本性在现代文明社会的复演。红卫兵以人类学的野蛮,以革命的名义,挑战现代文明,实质上是以喜剧的形式上演的一出历史悲剧。在《青年与历史》(载《中国青年政治学院学报》2009年第5期)一文中,笔者曾涉及这一话题。

⑤特别应予以指出的是,李大钊的“青春哲学”对于青年研究具有极为重要的理论和学术价值。在李大钊关于“青春”、“青年”的文章中,蕴涵着人类青年观和革命青年观的重要思想,绝非一般的时评、政论文章,应该被作为青年研究的学术资源而非一般意义上的青年思想政治教育资料加以研究和利用。学术界对这部分内容有一定关注,许全兴等著《中国现代哲学史》(北京大学出版社1992年版)对李大钊“青春哲学”从唯物论、认识论、发展观和民族史观等方面有较深入系统论述。

⑥马克思1893年9月3日、4日分别致恩格斯、《人民报》编辑的信。参见《马克思恩格斯全集》第28卷,人民出版社1973年版,第286页;第9卷,人民出版社1961年版,第328页。

参考文献

[美]R. 柯林斯:《哲学的社会学:一种全球的学术变迁理论》(上),吴琼等译,新华出版社2004版。

[美]R. 柯林斯:《哲学的社会学:一种全球的学术变迁理论》(下),吴琼等译,新华出版社2004年版。

《马克思恩格斯选集》第一卷,人民出版社1972年版。

黄志坚:《新中国60年青年研究事业的发展》,《中国青年研究》2009年第11期。

《李大钊选集》,人民出版社1959年版。

[奥地利]弗里德里希·希尔:《欧洲思想史》,赵复三译,广西师范大学出版社2007年版。

蔡翔:《青年·爱情·自然权利和性——当代文学的中国故事》,《文艺争鸣》2007年第10期。

[美]雅克·巴尔赞:《从黎明到衰落——西方文化生活五百年》,林华译,世界知识出版社2002年版。

汪伊举:《理论、真理与后革命》,《学海》2003年第2期。

[德]卡尔·曼海姆:《代问题》,《卡尔·曼海姆精粹》,徐彬译,南京大学出版社2002年版。

(作者　深圳青年学院副院长 教授)

日常公共伦理生活的扩展与现代社会教育的缺失

——当下青少年教育中一个悖论的解析与应对建设

孙抱弘

随着现代社会多元丰富的日常生活的展开，面对高科技信息时代到来呈现在人们面前的广阔的公共空间，习惯于“思想统一，行为灵活”的国人，在惊喜的同时也感到困惑与无所适从：面对充斥大量陌生人、陌生事物的公共空间，我们应该如何处理人与人、人与社会、人与自然的关系？于是，现代社会公共伦理的贫困与相应教育的缺失问题日益显现，社会伦理教育的紧迫性正为国人所感受。

一、文明古国何以出现“伦理的贫困”

人类的日常生活是丰富的，至少可以分为物质生活、伦理生活和精神生活三个层面。伦理生活及其相应的规范，主要是处理和维系人与人、人与社会、人与自然的关系。在不同的文化背景中，不同民族、群体都有适合于自身特点的思想资源与组织机构来应对这些需求，使人们能有序而和谐地生活。这在欧美国家主要由宗教提供的思想资源与组织机构来应对。在中国，经过不断的发展变迁，在相当长的时期内由“儒教”来承当，其中佛教、道教以及民间宗教也在不同时期不同区域发挥着作用。“五四”以来的百年间，一方面由于儒教的日趋僵化和封闭性保守性，受到了毁灭性的冲击；由于科学民主的传播，以及简单化的片面理解，宗教的影响也弱化了。一方面，由于启蒙与救亡任务的纠结，革命与反革命斗争的需要，使得现代中国的伦理生活及其相应的社会伦理教育被忽视与搁置起来了。更具体地说是，一方面救亡压倒了启蒙，主要是为了民族与国家的生存与发展，同时也是为了个人的生存发展，在充满悖论与两难的选择面前，人们把有限的资源投入现代知识技能的传授与接受中，而搁置乃至放弃了人文精神与社会伦理的教育与追求。当年，“学会数理化，走遍天下都不怕”这句话似乎就是这种选择与心态的表现。另一方面，随着革命与反革命阶级斗争的展开，革命理想主义的教育成为压倒一切的首要任务，一切的伦理关系都简化为阶级关系，和谐、改良、宽容为无情的斗争所取代，丰富的伦理生活已经不复存在，现代的社会伦理教育也失去了基础。

正是在这样的历史背景中，我们进入了改革时代。如果说，面对现代社会的到来，当代中国国民的素质存在多个方面的缺失，那么最为缺失的就是应对现代陌生人社会的伦理素质；或者说当代国人是在并未做好应对现代社会的伦理素质准备的情况下，进入了经济转轨、社会转型期的。至此，进行社会伦理教育的“补课”之紧迫性已不言而喻。

然而，改革30年来，在社会达尔文主义的暗流涌动中，知识技能的教育呈现着强劲的发展势头；理想信仰的教育仍然受到重视，但绩效受到制约。这两类教育都自成独立的体系，有着专门的实施部门和充分的资源支持。唯独社会伦理教育处于一种可有可无的分散状态之中，这样，“伦理的贫困”问题就产生了。

正是在这样的现实背景中，一方面是“信仰失落，行为失检”，有的人连道德的底线亦已弃守；另一方面是部分国人包括青少年出于多种需求与不同层面的信仰水平，皈依了宗教；同时，也由于一些宗教神职人员的尽心尽职更使其发挥出独有的吸引力。今天，宗教信徒队伍的日益扩大已是不争的事实。如何全面评判这一现实，非本文力所能及，但从青少年需求的角度，有些细节却是值得我们反思与警醒的，可使我们认识社会伦理教育的紧迫性，更可供我们在伦理教育的实践中借鉴。

第一，两年前，某大学的社会学研究者曾对中原某省数县的留守儿童进行暑期生活现状的调查，结果发现半数以上的被调查者都参加了当地教会组织的学习补习和少量带有一定布道色彩的活动，参与这些活动的青少年都感到神职人员远比自己就读学校的老师可亲、更关心自己，由此也心生皈依之意，大多被调查者都明确表示喜欢也经常会来参加教会的活动。

第二，前几年笔者为了解宗教对青少年影响的程度与途径，曾“观摩”过一些正式与不正式的宗教布道，现场呈现出在上帝面前人人平等与相互坦诚相待的心态与氛围：在这些活动中，大老板的太太与民工及其子女同坐一条板凳，任何人都可以讲述自己学经的体会，任何人都会认真倾听别人的讲述。在滚滚的世俗红尘中，这种氛围似乎确能给人以一种绿洲的感觉，这无疑会给青少年留下印象、产生影响。而由于现实伦理生活中的种种缺失，这就更会产生吸引力。

面对这些现状，我们教育部门并未重视。有一个看似偶然的事情颇耐人寻味。若干年前，笔者在一个青少年教育的研讨会上，初次提出“日常生活的三层面”之说，指出青少年的教育应有对应性，当即有一个教育部门的相当层次的负责官员指出伦理生活属于宗教讨论的范畴，并不在国家教育部门的视野里。以这样的立场看问题，独立的伦理生活教育的缺失就不足为怪了。可以说，这在无形中加剧了我们“伦理的贫困”。

二、我们需要怎样的社会伦理教育

在上述的历史与现实背景中，我们依据什么来定位与社会主义初级阶段之和谐社会相匹配的社会伦理教育，来探寻有效的实施路径？这是我们要进一步思考与探讨的问题。

（一）思考问题的理论分析框架

本文综合多学科的理论，以人为本，试图从人的“素质发展、日常生活、文化传承—教育活动以及宗教信仰水平”的层次性和阶段性演进，以及这些层次性、阶段性演进之间——自身和相互的对应关系中，展开对于国民社会教育之意义、目标、实现路径和可整合吸纳资源的探讨。由于将问题置于多维的视角下，使我们能在张力中思索，肯定也会有助于问题探讨的深广度，当然本文的分析框架还只是一种假设。

表 1　人的发展、教育、生活与宗教信仰的层次与关联

阶段 层次 人	初级阶段	中间阶段	高级阶段
素质发展	做人 （知道德）	做好人 （行道德）	做高尚的人 （尚道德）
文化传承—教育	知识技能教育 （生存教育）	社会伦理教育 （生活教育）	理想信仰教育 （存在教育）
日常生活	物质生活 （无人生活）	伦理生活 （人的生活）	精神生活 （全人生活）
宗教信仰	自然宗教 （盲目“信仰”）	实用宗教 （工具“信仰”）	自由宗教 （纯粹信仰）

表 1 所强调的是：如果以人的成长发展为分析问题的立足点，那么，文化传承—教育、日常生活、宗教信仰等是对人的成长发展起核心作用的要素，不同层次的要素决定着人的素质水平的不同层次，当然这种影响必定是双向互动的。这里先作以下阐述：

首先，从人的伦理道德素质的发展看，做人者可能只是知道德，只能被动地遵守各种社会规范，而作为好人者才会自觉践行各种伦理规范，唯有高尚的人才会在做好人的基础上，追求德性修养。

从人的接受教育的层次看，接受知识技能教育主要是为了解决生存问题，而接受了社会伦理教育的人，才可能和谐地融入社会生活，只有产生了信仰追求的人，经过自我完善，才会领悟人存在的意义。

其次，从日常生活的水平看，物质生活满足的是人的各种感官的需求，这是一切动物都有的满足而不是人特有的生活需求，换句话说这种生活不是完整的以人为本的；伦理生活使人和谐地与人相处，得到各种感情的满足，由此体现出人的特殊需求，这是一种以人为本的生活；精神生活体现出人的一种全面发展的追求，是人的生活的至高境界。

再次，从人类文明发展的进程来看，人的素质发展、受教育的水平、日常生活的状况和宗教信仰的层次都呈现出发展的阶段性，各个要素的同一发展阶段之间则存在着一定的关联性、对应性。也就是说，当个人接受了知识技能教育后，他实际上也就接受了生存的训练，就有能力立足于社会，有了物质生活的保证，能够“为人”了。不过，这只是人的素质发展的初级阶段，“造就”的是一个充满了物性的不完全的人。所以，个体还应当继续发展，只有当我们完成了社会教育——笔者认为，就现阶段中国的社会教育而言，此教育的重点在教人如何处理各种伦理关系特别是公共伦理关系为主，所以也可称其为“社会伦理教育”——提升了人际的交往理性和契约理性，能够正确处理人与人、人与社会、人与自然的关系时，我们才可能成为一个向善的好人，才能真正过上“人的生活”。同样，只有确立了理想信仰的人，才有真正的精神生活，才可能成为一个高尚的人。当然，理想信仰的教育应当提倡的是非工具性的尚善尚美的德性追求，是对无功利的人格境界的崇尚，因此这一教育过程必定是一种自我教育、自我完善的过程，这也是一个远离了“被”的过程。

最后，表1中将宗教分为三个层次，这是按照黑格尔的分法，其中自然宗教实为原始宗教，包括迷信、巫术在内，因此更多的是无知状态的盲目“信仰”，这与表中处于初级阶段的教育要素只存在一定的对应性（比如科学主义、技术主义也是一种盲目信仰）。本文关注的是处于中间层次的实用宗教，这个层面上的宗教伦理体现出一种工具性的对人的日常生活和心灵安顿的关注和影响，这种让人向善的劝诫与社会教育中教人“做好人”，以及主张的“人人为我，我为人人”的互利共存的工具理性，无疑有异曲同工之处，由此便可能成为国民社会教育中吸纳整合的宝贵的非物质资源。至于宗教伦理精神中还有更高层次的无功利的价值性的劝人向善的追求，其与理想信仰教育中的德性追求也有相通之处，这对主流的理想教育也应是一种有益的补充。

(二)社会伦理教育的定位与起步

1. 定位

我们在这里所说的转型期的国民社会伦理教育,主要是指:在中国社会从传统向现代转型的过程中,在中国特色的现代社会——和谐社会的建设中,现阶段的社会教育的定位,应该是在实现人的全面发展为理想性大目标的前提下,考虑目标实现的阶段性、可能性,特别是面对转型期的社会风险,更要注重务实性的社会教育,要在历史文化传承与现实社会建设的交汇点上,根据人的理性的发展规律,通过日常生活与社会实践活动来进行有针对性的、渐进的、自下而上与自上而下相结合的社会教化,推进全社会成员养成适应现代公共社会生活的良好心态和基本素质,推进现代和谐社会建设。

在此,我们应当指出,上述的社会教育内容,在当下的各类教育活动中,呈现着一种“碎片化”和“空转化”的状态,也就是只散见于知识技能和理想信仰教育之中,尚未自成体系,也没有核心理念的支撑,更未成为可上承理想信仰教育、下接知识技能教育、相对独立的教育层次。所以,全面推展系统而独立的社会教育既显得紧迫却还尚待起步。这也是我们对“伦理的贫困”的解读。

这里,我们还特别要说明社会教育与理想教育的区分与关联,因为在相当一个时期里我们不是将其混为一谈,就是将其对立起来。这无疑有碍于我们解决“伦理的贫困”问题。

从最通俗的意义上说,中国社会转型期之社会教育最实际的目标就是确立正确面对日常公共伦理关系的态度与行为取向——所以我们也称之为“社会伦理教育”。这样的教育,在公共生活缺乏的传统社会中显得可有可无,而进入公共生活领域空前扩张的转型社会则就是不可或缺的了。

不过特别要强调的是,强化凸显社会教育的意义与地位,不是要取代或淡化理想信仰教育,而是要更有效地进行理想信仰教育。

为此,我们很有必要分析本文所定义的社会教育与现行理想教育的区别与联系。首先，区别一：就日常生活的层次性而言，如果将人类日常生活分为物质生活、伦理生活和精神生活三个层面的话（见表1），那么社会教育主要是解决如何面对伦理生活的问题，而理想教育更多的是思考精神生活的问题。伦理生活面对的主要是人与人、人与社会、人与自然的关系处理原则与规范遵奉，而在转型社会中，由于社会公共空间的快速扩张，社会教育的重心更多的就必然偏向日常公共生活中的伦理问题。其次，区别二：就人的成长与发展的阶段性而言，如果将人发展的层次分为“做人，做好人，做高尚的人”（见表1）的话，那么社会教育要解决的主要是“如何从做人提升到做好人”，而理想教育自然是更希望或要求人们成为“高尚的人”。最后，两个教育的紧密关联：日常生活的三个层面与人的发展的三个层次紧密相连，我们今天加强社会教育，不仅是为了提升国民的素质和理性，转变滞后的习惯、价值观与心态，以安度社会转型期；同时，更是为了丰富人的精神生活、提升人的德性，使更多的人有可能成为高尚的人。从这个意义上说，社会教育是在为理想教育铺台阶打基础，使理想教育进行得更扎实、更有效。如果缺少了这样的铺垫、失去了必要的台阶，理想教育就有可能踏空。所以说，社会教育是理想教育的必要前提，理想教育是社会教育的自然延伸；离开了社会教育的理想教育将成为空中楼阁，失去了与理想教育联系的社会教育有可能迷失方向。

2. 起步

面对转型社会的国民社会教育，应该以构建和谐的社会生态这一目标来定位。也就是说，要构建一个和谐的或者说是互惠共生的社会生态，而构建这一社会生态的前提和基础，就是通过一系列具有针对性的教育与实践，形成互惠共生的共识。这从人的发展的角度讲，就是要通过社会教育与社会实践，逐步提升人的理性，将国民生而俱有的求生存发展的个人理性，提升为求群体互惠共生、和谐发展的公共理性。如果用传统的思想道德建设的话语来表述的话，这应该是一种肯定独立人格意识与追求基础之上的新集体主义。

国民的社会教育是面对全体的大众教育，这就决定了其务实的特点。由此，也决定了其本土化的出发点；就现阶段而言，大致应从两方面展开，概括地说就是：一、清理地基；二、打好基础。这也就是我们实现伦理“解困”的起步。

(1)清理地基：去牵挂

社会教育的起步是否务实、无疑还要考虑到教育所面对的特定对象。应当认识到，我们面对的教育对象，并非一张张“白纸”，也不是一个个生活在理想社会中的无牵无挂之人，而是一个个活生生的、置身于日常生活、有历史文化承载、有现实社会联系的有牵有挂之人。由此，我们的社会教育必定要对这些牵挂作出“要”与“不要”，为何“不要”，如何“不要”的回答。这也就是说，只有通过系列的、多种形式的教育，去摆脱种种消极的、阻碍国民确立互惠共生理念、提升社会公共理性的滞后文化与心态的羁绊，我们才能在充满风险的转型社会中“一路走好”。

与此同时，我们还应看到，随着改革的深入，那些因滞后文化与心态之牵挂而生的负面影响将不断增长，进而会大大加重改革的成本、恶化社会生态，以致使各类风险被人为“放大”。为此，梳理、评判与切割滞后文化与心态，提升人的公共理性，增强互惠共生的自觉意识，推动和谐社会建设的社会教育，应尽早尽快地推展。唯此，才能放下那些阻碍我们深入改革的已积淀为集体无意识的陋习、潜规则等“牵挂”，从而“轻装上阵”。由此，以去牵挂、清地基为前提、整体性提升国民公共理性应是当今社会教育的基本出发点。

(2)打好基础：定重心

有效的社会教育，在不同的社会建设阶段应体现不同的侧重点。以市场经济代替计划经济，无疑将大大激发人的竞争能力，促进社会资源的合理配置与不断积累，但是这种竞争应当是有序的，更不可陷入适者生存的社会达尔文主义泥淖。由此，社会教育在经济转轨、社会转型阶段的侧重点应该是：适时将人——国民与生俱来的适者生存的低水平的个别生存理性，提升为互惠的、较高水平的群体共生理性。通俗的表达就是,我们要适时将那种自在的只能“共患难”的低水平群体意识,提升为自觉的、能够“同富贵”的群体意愿——既要共享改革成果,也要同担社会建设与发展的责任。以此为侧重点的社会教育,才可平衡社会利益,改善社会生态,共建和谐社会。

(三)社会伦理教育的实施

当下的社会教育应在吸纳以往经验教训的基础上,拓展时空效应,注重日常绩效。由此,本文对教育的实施大致有以下一些思考:

第一,内容上注重渐进性、持续性。

渐进性是指教育内容要确定低起点,从“不要”再到“要”,从相对消极的“不做×××”开始逐步走向相对积极的“要做×××”。概括一句话就是:先清理地基、打好基础,再建设大厦。

持续性,就是教育不靠轰轰烈烈的运动式的“大呼隆”,尊重文化变革的自身特点,遵循观念转变的韧性规律,重在坚持不懈的小步子教化,重在社会生态改善过程中的自我教育、自我完善。

第二,形式上,注重多样化、日常化。

当今社会教育的多样化要立足于信息时代的传媒工具及传播形式的多样化,这种多样化大大地有助于最佳教育效果的获得。诸如电视讨论、电台对话以及网络交流等等形式,生动活泼,引人入胜,特别是这类参与式的大讨论是对以往传统的教育形式的冲击与超越,无疑应成为未来社会教育的重要形式乃至主要形式。不过,目前这类传播形式似乎还仅用于应景式或热点式讨论。我们所要进行的社会教育,因其内容的深广度、系统性和专题性,就决定了在运用这些工具与方式开展社会教育方面还有很多开拓性的工作要做。

转型期的社会教育因其对象的大众化,也就决定了其方法乃至内容的日常生活化,除了以上的对话讨论形式外,还应运用多种的艺术手段,尽可能做到教育艺术化、艺术教育化,将社会教育的理念化入一些艺术形式、化入细微的艺术情节。清口相声这一类新兴的民众喜闻乐见的文艺形式,无疑是此类内容的最好载体,社会教育的日常生活化应充分运用此类载体。

第三，教育目标追求的兼容性。

当下的社会教育实质上是现代社会生活态度与现代公共伦理生活规范的教育，基本上不属于精神生活指导，也非理想信仰教育，其务实性特点在伦理生活层面上与宗教伦理文化有不少对应之处，而在较深层次的向善层面上也有相合之处。现有的不少实证调查也证明大多数的宗教信徒的信教水平亦还停留在生活态度层面，尚未达到精神信仰层面。所以，客观上在日常生活提升人的理性方面存在着实际的互补功能。然而，由于封闭的文化传统中长期积淀的排外心理和“恐教”心态，也由于极少数传教士及其机构以传教之名对中国政治的干涉而留下的历史“阴影”，这种显在的互补功能并未产生“叠加”效应，有时候甚至处于抵消状态。作为社会教育的宝贵资源和潜在的互补功能，如何使资源能尽其用，我们应该展开更深层次的理论探讨与更高级别的政策协调。本文认为，至少在社会共生、人与自然共生等意识理念与行为指导上，还是有可能实现思想资源整合与互补功能发挥的。

三、对共青团工作的建议

如果社会伦理教育有可能独立而系统地实施，就目前而言，这一工作、至少是该工作的起步就有可能历史性地落在共青团组织的肩上。笔者认为，团组织应未雨绸缪，可逐步递次展开以下工作：

1.进行有无必要展开社会教育的讨论，以达成共识。面对种种社会问题，团组织应组织青少年进行充分而自主的探讨，寻求解决问题的良策，来改善社会生态，建设和谐社会。这一切应从最基本的做起，从提升人的素质做起，从自身做起。这个认识，也就是社会教育的共识。

2.加强调研，用数据和个案来证实或证伪进行社会教育的必要性和可能性，探寻不同区域、不同文化背景中进行社会教育的内涵与途径。

3.社会教育必须认知、认同与实践相结合。在必要性、可行性得到证实的基础上，应当用区域性、阶段性的实验来实践，通过实验来进一步验证教育的必要性与可行性，来调整教育的内容与方法。

4. 社会教育的实施要有相应认知内容的明确与传播。建议参考已有的科研成果，编写应知或应诫的教材，根据实际情况进行普及性或针对性的传播。例如，《互惠共生与和谐社会》（普及）、《人类智慧与社会进步》（普及）、《人性迷失与落后文化批判》（普及）、《现代社会公共伦理读本》（普及）、《宗教伦理精神与人类文明》（特定对象）等。

5. 充分运用现代传媒技术，采纳各种适合青少年接受特点的传播手段，采取对话、讨论等互动性的教育方式，以求得最佳的教育效果。

6. 团干部应以高度的职业精神、强烈的责任感以及正确的服务意识，推动社会教育工作。证实必要性达成共识之后，团干部就是社会教育的决定因素，而且会影响到教育的成败。要汲取吸纳各种有效的教育方法，身体力行地为提升青少年的现代伦理素质、为提升民族凝聚力与国家软实力尽心尽责。

（作者　上海社会科学院青少年研究所副所长 研究员）

中国青年社会人格的变迁：世代理论的视角

沈　杰

在对青年给予关注的学术和非学术文献中，有一个出现频率较高的词汇，即“代”或“世代”。代或世代(generation)是社会科学中一个极其重要的研究主题。对于它的探讨，不仅有着久远深厚的学术思想渊源，而且在进入现代之后尤其是进入20世纪下半叶以来，世代理论(generation theory)成为涉及诸多学科知识的一个具有多学科特征或综合性知识的学术研究领域。在当今时代急剧而深刻的社会变迁进程中，世代现象和世代问题变得越来越突出，对于它们的认识因此变得更加重要。这一切都使得世代理论或世代研究在一定意义上成为一种“显学”。

青年社会心理的变迁常常是以世代的形态表现出来的，更有甚者，青年社会心理的变迁及其特征常常可以作为区分不同世代的一种重要标志。因此，对于中国现代化进程中青年社会心理变迁的研究而言，世代必然成为一个独特而重要的分析视角，在很大程度上，因为其独特，所以才更显得重要。从而使得世代理论也必然成为一个有效的理论工具。

对于这一涉及了历史学、社会学、心理学、文化人类学、政治学等多个学科的世代理论而言，有必要介绍一下其基本内容，以加深对于它在青年社会心理研究中重要地位的认识。下面将简要地介绍几个主要方面的内容：第一，世代理论的学术思想渊源；第二，世代理论的发展进程、主要阶段及其关键特征；第三，世代理论的代表人物、学科形态和主要流派；第四，关于世代的基本概念、主要类型及其重要特征；第五，不同类型的世代在社会变迁进程中的具体角色表现。

一、关于世代现象的社会科学主要学说

世代理论是当代一个十分重要的学术理论领域，同时也是一种十分重要的研究分析视野。它致力于研究作为一种具有生理、心理、社会、文化规定性的世代的形成原因、发展规律、代际关系性质、代际互动模式、世代在社会变迁中的作用等问题。在这种理论视野当中，青年一代的角色和地位一直受到特别的关注。因此，世代理论已成为青年社会学、青年心理学、青年文化学等学科体系中十分重要的理论资源和不可或缺的分析视角。

世代理论的学术思想源远流长，人们可以追溯到古希腊罗马时代的哲学家们那里。然而，作为一种独立的理论形态尤其是作为一种社会科学的理论形态，世代理论却是在 20 世纪正式形成的。不论是它的最初确立，还是在确立之后的进一步发展，世代理论都得益于历史学、社会学、心理学、文化人类学和政治学等多个学科的促进与推动。

可以把世代理论的源起与演进的历程大致划分为以下四个主要阶段，每一个阶段上的主要代表人物及其学说或观点都构成了世代理论的基本元素。

从古希腊罗马时代到 18 世纪中叶，这是世代理论的孕育阶段。在这一期间，许多哲学家、社会思想家曾经从一些角度上不同程度地涉及和探讨了世代现象和代际关系方面的问题，可以说，他们的有关思想和论述成为了世代理论最早的学术思想渊源。

古希腊著名哲学家柏拉图在他的《理想国》等著作中就论述过青年人与年长者之间的关系问题。在他看来，由于年龄和经验方面的差异所决定的是否拥有智慧，青年人和年长者之间就分别属于社会地位完全不同的两代人，年长者无疑比青年人优越，青年人则不是受社会充分承认

的、完全的人。社会对于未来公民和成熟的人的培养过程则表现为,青年人接受年长者所提供的楷模和智慧,并且服从年长者的毋庸置疑的绝对权威。虽然柏拉图具有浓厚的长者统治论的思想,但是,他仍然把世代意识和代际冲突看做是政治变迁的一种偶然性机制。

柏拉图的学生,非常博学的亚里士多德把人生的发展过程划分为青年期、成熟期和老年期三个阶段。他对于青年人给予了许多高度的评价,认为在青年人身上表现出来的主要是美德,而在老年人身上表现出来的主要是缺点。因此,青年人与老年人之间不仅存在差异,而且是相互对立的。然而,亚里士多德却认为,具有最高品德的人是成熟期的人,既不是青年人,也不是老年人。特别值得注意的是,亚里士多德把代际冲突看做是政治变迁的根本动力之一。他断言,政治革命的原因不仅在于贫与富之间的斗争,而且还在于父与子之间的冲突。

可以说,代际关系或者说青年群体与成人社会之间关系问题,自古以来就一直受到经久不衰的关注,许多思想家对此作出过不同角度、不同方面、不同程度的探讨。然而,在工业革命之前,由于生产力发展水平低下所决定的传统社会结构的高度同质状态,使得社会之中世代的分化还不够显著,尤其是在工业革命之前,现代意义上作为一个特定社会范畴的青年这一社会群体还没有诞生,所以,在那些时代里形成较系统的世代理论的社会和历史条件都还不具备。

从 18 世纪下半叶至 20 世纪 20 年代,作为一种具体理论形态的世代理论的雏形逐渐地呈现出来。这是世代理论的形成阶段。

18 世纪下半叶发生的工业革命,不仅为作为一种特定社会范畴的青年群体(现代意义上的青年)的形成提供了直接的动力,而且也为青年一代在人类历史发展进程中扮演前所未有的重要角色创造了前提性条件。

正是在工业革命所带来的经济、社会、文化等方面影响的促进下,基于不同学科视野的一些学者或理论家对于世代现象、世代问题和代际关系的探讨和认识开始逐渐地深入化和细致化。

生活在18世纪中叶至19世纪初期的德国著名文学家、思想家J. W. 歌德尽管没有专门致力于研究世代这一主题,但是,他却发现,每个人根本的世界观是由其青年时代性格形成时期的经验所决定的。在生活过程中,同一代成员之间的相互理解成为将他们联系在一起的纽带,同时也会使他们与其他代人之间区分开来。

社会学创始人A. 孔德在1838年出版的《实证哲学教程》第四卷中,根据社会变迁的速率与人类世代的演替相关这一思想,提出了一种假设,即如果每一代人的生命周期越短,那么,社会的原动力就会越加强盛。他这一理论假设的含义是,青年是社会变迁的一种基因。尽管出于保守主义的立场,孔德反对青年一代对年老一代传统势力的改变,但是,他同时不得不承认,青年一代在整个社会的历史发展和文化变革进程中具有重要作用。

德国文化历史学家W. 狄尔泰在19世纪60年代的著作中最先发现,许多伟大的浪漫主义作家都诞生在同一个十年之中,这一情形向他表明了世代的存在及其所体现出的意义。狄尔泰认为,某一批人所共享的重要经验便构成了世代的纽带。从量上理解的年龄固然十分重要,但是,更关键的内容是通过历史的创造性因素去发现历史事件所被赋予的意义。因此,他把世代界定为一种从质上理解的、同时经历了某些重要历史事件及其影响的群体范畴。换言之,狄尔泰对于世代的重视之点,不在于源自纯年代学论据的同时期概念方面,而在于来自主体共有的主观历史经验的质的重要性。狄尔泰被看做是第一个对社会世代(social generation)进行了系统分析的人。他的思想启发了后来的许多世代理论家。

在世代理论的形成阶段,有两位重要的心理学家表现了他们特殊的地位和作用。一位是美国心理学家G. S. 霍尔,他是青年心理学的奠基者。在1904年出版的《青年期:它的心理学及其与生理学、人类学、社会学、性、犯罪、宗教和教育的关系》这部具有划时代意义的著作中,霍尔提出了青年期心理危机学说,把人的生命发展过程中青年期的来临看做是个体“新的诞生”,而经历这种成长裂变的个体将不可避免地处在一种“狂风暴雨”(storm and stress)般的状态之中,他们躁动不安、情绪反复无常、充满反抗冲动,因而与父母或成人世界之间的关系常常呈现出矛盾和对立状态。这些观点可以看做是心理学对于代际冲突或代沟问题根源的最早关注和分析,只不过是,霍尔的研究工作是从个体角度出发的,并且带有浓厚的生物学色彩。

另一位重要的心理学家是奥地利的 S. 弗洛伊德,这位精神分析学说的创始人对于个体在青春期的代际关系问题表示了特别的关注。在弗洛伊德看来,“里比多”(libido,即性驱力)是人的心理发生发展的基本动力,进入青春期的个体由于本能力量的高涨将会呈现一种急剧的骚动状态,因此,在人生的这一个阶段上,代际关系问题就表现为青年人至少在某个时期会出现对父母或其他权威人物的不满、抗拒甚至敌意。尽管弗洛伊德的精神分析学说在解释人的心理动因上,因夸大生物性因素的决定作用并忽视社会、文化条件的影响力量而招致了许多批评,但是,他关于代际关系的理论观点却深刻地影响了后来 E. 埃里克森、L. 福伊尔和 K. 凯尼斯顿等人的世代理论。

从 20 世纪 20 年代直至第二次世界大战结束这一时期里,世代理论作为一种独立的理论形态正式诞生了。世代理论的演进历程在这一阶段呈现的一个重要特征,就是出现了专门论述世代主题的一些经典性著作。这一标志意味着世代理论的发展进入了确立阶段。

法国学者 F. 梅特在其博士论文《论社会世代》中,使狄尔泰创用的社会世代这一概念在 20 世纪 20 年代得到了进一步的发展。梅特将一个世代定义为,某个与家系世代(genealogical generation)持续期相比延长了一个时期的人类群体所表现出的一种集体心态。他在代表着祖父、父亲、儿子延续继承次序的家系世代和以独特的“情操与信念”的发展为特征的社会世代之间进行了区分。梅特不赞成狄尔泰将社会世代视为是由政治事件过程所决定的这样一种观点,而主张社会世代的基础是根源于父与子斗争的对立性所产生的理性生活,并且他提出这样的假设:

世代具有一种规则性的节律，这种规则性的节律决定了各个世代的持续时间大约是30年，因为这是一个人有效社会行为的大致持续时期。由于一代人与另一代人斗争的越加激烈以及在一些时期比在另一些时期表现得更加明显，因此，世代与世代之间的间断是一种规律性的表现，而继承则是一种例外性的表现。

德国重要的社会学家K. 曼海姆在1928年出版的经典著作《论世代问题》中，划分了两种取向不同的世代理论观点。一种是实证主义的观点，把世代看做是特定的时间段，也就是说，将具有同样年龄的个人都归属于同一个世代，即便这些人的价值观念和行为方式各不相同；另一种是历史浪漫主义的观点，认为世代的归属取决于"内化时间"，即同样的历史经验感受，换言之，构成一个特定世代的纽带在于某种共同的精神风貌和行为准则，尽管这个世代的成员可能包括了不同年龄的个人。波兰著名社会学家F. 兹纳尼茨基的门徒J. 查拉辛斯基在20世纪30年代，对农村青年进行了阶级地位取向的世代研究。在四卷本著作《年轻一代农民》中，他不仅着重关注青年与家庭、学校、青年组织等方面的关系，而且充分揭示了放羊少年与上学少年这两种社会模式之间的对立性。这两种社会模式向那个时期的农村青年提出了根本不同的要求。大萧条时期，在一个资本主义制度不发达的农村，一个人口密度过大的乡村地区，农民青年面临着传统家庭的价值观与城市知识分子这一主要社会范畴的价值观之间的重大断裂。由于拒绝传统的农民生活模式而又在都市的职业和社会结构中找不到自己的位置，因此，农村青年产生了疏离感甚至反抗情绪。

自第二次世界大战结束以来，世代理论呈现出了前所未有的发展态势，出现了学说林立、观点纷呈的局面，同时也涌现出了一批来自不同学科的著名的世代理论家。这是世代理论的扩展阶段。

世代理论的扩展阶段的特征之一是，世代理论的主干在这一阶段变得更加丰富。

基于他自己的早期学说，曼海姆在20世纪50年代进一步发展了关于世代的理论模式。这种模式的一个关键性特征是为了说明,只有当主体共有的历史经验产生了对现实的相同感知和理解的时候,生物学意义上的世代才将成为社会学意义上的世代。曼海姆十分强调社会变迁过程对于区分世代的重要作用。他指出,社会与文化的变迁速度越快,一代人就越可以产生一种共同的世代意识,即体验到一种"具体的联系"或"参与一种共同命运"的感觉,与此同时,每一个接续的世代之间则越可能产生明显的"经验上的分层",其结果是,形成了独特的世代风格。而新一代的风格是否会有节律地出现,将完全依赖于社会与文化能否良性地发展。曼海姆强调,在社会变迁加剧、传统模式已经变得陈旧的时候,青年重新接触传统的价值观和准则之后所进行的反思,将会形成一种对于社会的更新作用。曼海姆对于世代理论的另一个突出贡献是提出了世代单元(generation units)的概念。他认为,世代单元是同一个世代中的不同亚群体,它们之所以会形成,其基本的原因在于各自对于共享经验材料进行综合的方式不同。因此,在一个世代之内可能存在着任何数目的拥护性或对抗性的世代单元。它们将会形成促进所属成员作出一致性反应的压力。

哲学家J. 奥尔特加・Y. 加西特(J. Ortega. Y. Gasset)在20世纪60年代发表的两部著作《当代主题》(1961年)和《人与危机》(1962年)中,对于世代问题作出了重要论述。他认为,塑造一个社会世代的因素极少是历史事件,而是理性思想,因为经济和政治的变迁终究要依赖于观念、趣味和习俗的变迁。在加西特看来,一个世代的成员都共同享有一种基本的命运。因此,他把一个世代的模式描述成一种社会现实,这种社会现实对于世代成员的生活会产生深远的影响,并且从根本上把他们与不同时期形成的其他世代的成员区分开来。加西特指出,每一个世代的生活都是以前一个世代的(信仰、观念、价值观)为依据的,同时又发挥了自身的创造性天赋。年长者与新来者这两种年龄群体之间的互动具有特殊的意义。当两者之间在一些基本准则上达成一致意见时,他们就会相互支持,提供一种和谐感和目的感,加西特称之为一种"积累性的时期”，而当两者之间意见不一致时，它们便会出现一种争论时期和青年方面的反叛性后果，这种情形意味着一种“消解性的时期”。

以色列著名社会学家 S. N. 艾森斯塔德在 1956 年出版的《从世代到世代：年龄群体与社会结构》一书中，把年龄段作为核心概念，并将青年在社会结构中的整合功能作为核心议题。他指出，年龄状态是人们的人格系统与他们所组成的社会系统之间最重要的联结点之一。年龄段包含着对一个人在某个特定生活阶段的义务与能力的广泛定义。通过与年龄段相应的地位体系，青年便获得了他们的生活、预期和机会的可能性，并且把自己放在适当的位置上。基于不同年龄段的客观差异，而在青年地位与成人地位之间作出区别的目的在于，维护成人教育青年一代的权威，以保持社会的连续性。年龄差异不仅是一种客观存在，而且是成人社会的主观策略的产物，其目的是为了培养青年站在社会顺应主义的立场上承担起成人的角色。艾森斯塔德的核心思想是把青年的年龄看做社会的一种稳定和平衡因素，将青年视为微观社会结构与宏观社会结构之间的一个联结部分。为此，他划分了青年年龄群体在其中可能表现出不同功能的两种社会类型：以僵化的形式传递文化的同质社会，以及以分化和专门化的形式传递文化并允许自律人格发展的异质社会。他着重分析了在异质社会中青年可能产生的分裂性功能。

德国社会学家 H. 谢尔斯基在 1957 年出版的《怀疑的一代》一书中认为，世代的概念具有历史时代的涵义，它影响着青年的基本希望，而这种基本希望又会促使青年处于某种特定的状态。他通过对第二次世界大战之后德国青年一代各种心态的考察，指出青年已经成为具有怀疑态度、不接近任何意识形态和社会政治的善于思考的人，换言之，他把这种处在由儿童角色向成人角色进行过渡的青年阶段的人们称作怀疑的一代。在谢尔斯基看来，尽管青年处于家庭系统与社会开放生活领域的结构性冲突之中，但是，他们将会在社会中构成一个自主性的青年世界，青年期的结束意味着作为一种社会独立行动阶段的开始。

新精神分析学派的大将 E. 埃里克森在 20 世纪 60 年代末期也对世

代问题给予了高度关注。在《同一性:青年期与危机》(1968 年)中,他指出,在青年期,生命历程与历史进程之间相互作用,这种互动之所以在青年期比在生命周期的其他阶段显得更加密切和更具深刻意义,其原因就在于,青年期是个体的自我同一性(ego identity)形成的关键时期。对于重要他人和意识形态的认同,会将这一时期的个体与更大的共同体以及不断发展的历史联系起来。埃里克森不仅把自我同一性的形成视为青年所面临的心理社会发展任务,而且还将自我同一性危机(ego identity crisis)看做一种世代问题。他认为,老一代提供的强有力观念必然先于下一代的自我同一性的形成,在这种情况下,青年人就会对一套具有严格规定的年长者的价值观进行反抗。埃里克森强调人格发展过程的后期阶段具有特殊意义,在这种阶段上,重要他人的影响力将受到重要观念和重要经验的影响力所补充。这种综合性影响力的范围并不限于个体的生命历程和小群体社会环境,而且还将构成一代人共同的历史命运。总之,在埃里克森看来,处于青年期的人们所特有的世代纽带表现为,他们开始形成新的地位,与其他年龄群体的关系处于半自主状态,被强烈的共同情感所渗透,还没有充分地承担社会责任。

当代法国社会学的重要代表人物 P. 布尔迪厄曾经作出过阶级取向世代研究的范例。在 1970 年出版的重要著作《教育、文化和社会的再生产》中,他根据对法国大学中社会选择问题的分析,把学生这种同一年龄群体划分为两种基本类型:一类是社会传统的合法继承者,他们的学业生涯被看做是生命历程中的一个正式阶段,并且得到了家庭的帮助;另一类是上大学被看做是一种奇迹的人,他们是工人阶级和农民家庭的子弟。布尔迪厄强调指出,对于一代人中各种亚范畴而言,高等教育并不代表一种相同的经历。通过在教育领域中对于阶级再生产过程长久性特征的考察,布尔迪厄相当于向世代经验的共同性提出了严重的质疑。

世代理论的扩展阶段的特征之二是,世代理论在这一阶段对于政治世代(political generation)给予了特别的关注。

在1951年,R. 赫伯勒就指出,政治观点和制度变迁节律似乎与世代变迁节律紧密相关。因此,在他看来,作为一种集体精神表现的世代不仅成为社会群体的基础,而且成为研究社会变迁的一种有用工具。赫伯勒断言,对于世代发展起关键性作用的因素是在人的性格形成期所形成的重要经验。年龄为40—65岁在政治上占主导地位的世代倾向于以不同于较年轻人们的方式来看待问题,所以,较年轻一代很可能就会处在了对立面上。此外,赫伯勒还指出,差异性的观点不仅存在于代际之间,而且还存在于世代之内。

20世纪60年代,西方社会中普遍出现的青年运动再度激发了不同学者探讨政治世代的兴趣。

B. 贝特尔海姆在1963年曾经指出,青年造反的根源在于代际冲突。在现代科技社会中,年长一代与年轻一代之间已经不再彼此需要。由于青年继续处在社会的边缘地位并被迫扮演了"无故造反"的角色,因此,他们使用了自己所拥有的一种权力资源,即"充当对于双亲在做父母方面成功或失败的起诉人和法官"。他认为,青年最幸福的时光就是当他们感到在为了达到那些可以被想像但却是前一代人未能实现的目标而奋斗的时候。

深受弗洛伊德学说影响的L. 福伊尔在1969年出版的《世代冲突》一书中认为,代际冲突是历史上一种普遍性的主题,它根源于人性最基本的因素,成为历史的基本动力。在分析青年运动的原因时,福伊尔指出,社会通常存在一种老人统治的秩序,而人们则认为老一代在一些方面已经失败并且丧失了权威性,同时他们也产生了一种政治冷漠情绪与无助感。但是,青年人却感到政治上的首创性是属于他们的,因此,福伊尔把学生运动定义为一种由他们试图以政治观点阐述的目标所激励并由对老一代人价值观失望和拒绝引发的情感反叛所感染的学生的结合体,而且他认为,参与这种运动的学生深信他们这一代人肩负着老一代人、其他的精英和阶级所未能完成的特殊历史使命。

M. 里泰拉对于政治世代作出了较为透彻的解析。在1974年,他指出，一个政治世代代表了一群在他们性格形成期经历了同一种基本历史经验的个体。在这一观点中实际上暗含了一个已经成立的假设，即在成年期的生活过程中个体的政治态度不会发生重大变化。里泰拉还认为，一个政治世代的边界和范围以及同其他世代之间的区别，是促使它形成的历史事件独特性程度所表现的一种功能。与曼海姆看法相一致的是，里泰拉进一步说明，那些性格形成期经验存在着根本性差异的人们，不可能成为同一个政治世代的成员。

世代理论的扩展阶段的特征之三是，在这一阶段文化人类学对于代沟理论作出了特别的贡献。

关于年轻一代与年长一代在价值观念、生活态度和行为方式等方面所存在的差异、对立和冲突，这种所谓的“代沟”现象，在第二次世界大战之后吸引了文化人类学家的高度关注，J. 戈若在 1948 年出版的《美国人：一项国民性研究》一书中，曾对代际脱节现象进行了探讨。M. 米德于 1970 年出版的《文化与承诺：一项关于代沟问题的研究》一书，对于代沟问题作出了最具影响力的分析与解释。作为文化人类学家，米德对于当今世界世代与世代之间的矛盾与冲突，不是从代际社会地位差异或政治观点差异的角度来进行归因的，也不是从生物属性和心理属性差异的角度来进行归因的，她认为，应该主要归因于文化传递方面的差异。基于文化传递及其差异性的视角，米德把人类文化划分为三种基本类型：前辈楷模文化、同辈楷模文化和晚辈楷模文化。前辈楷模文化，即老年文化，其特征是年轻一代向年长一代学习，这是一切传统社会的特征。由于社会变迁的速度缓慢，生活经验就成为最重要的财富，年长者成为社会行为的榜样，在这一类型的文化中，并不存在代沟现象。同辈楷模文化，这是一种过渡性的文化，它发生在前辈楷模文化衰落之时，例如在移民、社会变革之后，由于前辈不能再向晚辈提供生活方式，晚辈就必须根据自己的经验发展新的方式，并向同辈提供榜样。于是，产生了代表新与旧两种生活方式的两代人之间最初的矛盾与冲突。晚辈楷模文化，即青年文化，第二次世界大战之后科技的迅速发展，使得整个世界都处在急剧深刻的变迁之中,年轻一代由于自身具有的适应、接受和创新的能力,使得他们更善于扮演站在社会变迁前沿的角色,因此,年长一代向年轻一代学习便具有解决代际矛盾与冲突并且促进自身发展进步的重要功能。

二、1949年以来中国社会的若干青年世代

1949年新中国成立以来,至今走过60多年历程。在此期间,产生和活跃过许多世代,而每一个新产生的世代,无疑都是青年世代。对于60多年来中国社会发展进程中产生和活跃过的世代,研究者根据不同的理论视野或其他角度,可以作出不同的划分。以下只是一些划分方法。

第一,以年代作为主要依据的划分方法。将新中国成立以来出生的人们分为如下几个代:50年代出生人群、60年代出生人群、70年代出生人群、80年代出生人群、90年代出生人群。可以说,这种划分方法的依据是年代学的,而不是世代理论意涵的。

第二,以社会事件作为依据的划分方法。以国家发展的重大时期或重大社会政策作为划分世代的重要依据,将现在共同生活在中国社会的人们划分为五代人:第一代人即创建新中国的一代,第二代人即解放初期的一代,第三代人即上山下乡的一代,第四代人即改革开放之初时期的一代,第五代人(开始进入社会的)即独生子女的一代。

第三,以价值观、行动方式和社会人格特征作为划分世代的重要依据。如所谓的"新人类"一代,就是依据第五代人或独生子女一代身上极其突出的价值观、行动方式和社会人格特征,而将其称作"新人类"。

实际上,从上面划分世代的标准,可以看到社会变迁的一些结果。例如,前四代人,基本上是以国家发展的重大时期或重大社会政策作为划分世代的重要依据。然而,从第五代人开始,开始以价值观、行动方式和社会人格特征作为划分世代的重要依据。

第五代人/独生子女一代,之所以会被称为"新人类",这一情形表明

了今天中国社会生活中出现了很多和以往物质生活条件、文化生活环境区别较大的状况，生活方式和价值观念的变迁是极其深刻的，甚至这些变迁在一部分人身上以极端的、夸张的方式彰显出来。换言之，文化特征开始作为划分世代的重要因素。

这个重要转折点发生在中国现代化起飞阶段的今天，起始点则是改革开放伊始。从那时起，青年世代现象或问题便引起了中国社会的高度关注。因此，回顾一下改革开放以来中国社会对于世代现象和世代问题的认识轨迹，对于进一步认识中国社会未来发展进程中青年世代所将扮演的角色，是一件非常有益的事。

20 世纪 80 年代初，中国改革开放伊始，面对急剧的社会变迁，社会心理上还带有许多传统性特质。社会生活中出现的代际差异现象，使得人们在给予高度关注之时，又非常敏感和十分困惑，加之在当时，文化人类学家 M. 米德的《文化与承诺:一项关于代沟问题的研究》一书刚刚被译介进来，使得对于世代现象和世代问题的关注常常是从“代沟”视角展开的。应该说，当时整个社会对于代沟问题给予的重视程度的确是极其罕见的。

自那个时期以来，中国学术界对于世代现象和世代问题的关注和探讨，不论是涉及理论层面，还是涉及现实层面，更多的还是集中在代际之间的文化传递这一个领域。而在 20 世纪 80 年代以来有关世代现象和世代问题的研究中，对代沟的论争成为最重要的主题，以至于进入 21 世纪之后，关于世代现象和世代问题的研究综述，实际上也主要是一种关于代沟现象或代沟问题的研究综述。

但是，从世代理论的内涵与外延来看，它涵括了非常广泛的领域，而不止限于代际之间的文化传递这一方面。因此，可以认为，对于世代理论这一重要学术领域作出全面的、系统的研究和清理在国内学术界还是一项有待展开的工程。而在中国所处的当下时期，由于经济增长、社会变迁、文化转型，尤其是知识生产和信息传递的节律加快，世代现象和世代问题的出现与更替的节律相应地已经大大加速，而且表现出了许多与以往任何时代的世代现象和世代问题都颇为不同的规律与特征。于是，客观地、准确地认识世代现象和世代问题，已经成为客观地、准确地认识当今时代社会变迁与文化变迁的一种不可或缺的理论视角和分析途径。而对于世代理论的研究实际上也就被提到了一个十分迫切的议事日程上。

改革开放之后，中国社会对青年群体的认识，常常伴着对于世代的认识。最初往往始于对代沟现象的关注，如20世纪80年代末所产生的对于中国社会代沟现象的讨论；稍后一个时期则表现为对于青年一代特质的关注和讨论，尤其是改革开放之后出生的一代人成长起来并在社会生活中展露自身特质时，所引起的关注似乎是以另一种形式所呈现出来的早先曾经出现过的对于代沟的关注。因为它们都反映了在急剧的社会变迁过程中世代之间的某种差异性。

在具体地划分改革开放之后所出生的中国青年几代人之前，首先对划分世代的标准略加讨论。尽管世代理论中对于世代的划分标准已经有了许多知识积累，但是，在这里，我们仍然试图作出自己的一种探索。

在我们看来，划分世代的标准，在一定意义上，是以关于青年的本质规定性作为前提和基础的。根据当代社会科学一些学科对于现代意义上青年的研究成果，青年的本质规定性包含由生理、心理、社会和文化这几个从基础层次到更高层次逐级丰富的内涵方面。这种学术观点的获得并非一蹴而就，而是在人类社会历史进程当中，伴随青年不断地展现自身的主体特征，以及有关学科对于青年的研究进程不断地深化和发展的结果，换言之，是上述两个方面相互作用的产物。充分地体现出了在对于青年认识进程上历史的与逻辑的一致性。

在我们看来，正如青年的本质规定性包含了由生理、心理、社会和文化这几个密切相关的层面一样，在青年世代的划分标准上也包括了生理、心理、社会和文化这几个重要方面的内涵。换言之，这些规定性中的某一个方面都可能成为塑造或规定某一青年世代的关键因素或核心成分。

第一,以生理或年龄层面的内涵作为关键因素或核心成分所塑造或规定的青年世代,是最具有传统意义特征的世代。按照传统意义上对世代的界定,跨度为30年的人算作一代人。第二,以心理层面的内涵作为关键因素或核心成分所塑造或规定的青年世代,是更具有青年特征的世代。在现实中,如自我意识觉醒的一代。第三,以社会层面的内涵作为关键因素或核心成分所塑造或规定的青年世代。在现实中,如上山下乡的一代。第四,以文化层面的内涵作为关键因素或核心成分所塑造或规定的青年世代。在现实中,如朦胧诗的一代。但是,在现实生活当中,对青年世代的划分往往是从综合标准出发的,而不是以单一标准进行的。

例如,有的学者将生活在当今中国社会的人们划分为五代人:第一代人,他们出生于20世纪10—20年代,是缔造新中国的一代;第二代人,他们出生于30—40年代,是迎接解放的一代;第三代人,他们出生于50年代,是上山下乡的一代;第四代人,他们出生于60—70年代,是成长于改革开放环境中的一代;第五代人,他们出生于70—80年代,是独生子女的一代。虽然这种对于世代的划分似乎主要依据的是年龄层面或生理层面的标准,但是,这一划分在深层上却是以重大社会事件作为基础的,如缔造新中国、迎接解放、上山下乡、改革开放等。因此,在现实中,对于世代的划分常常是运用多重标准或综合标准进行界定的一种结果。

对于认识和分析改革开放之后所出生的青年而言,可以持有这样一个判断:如果要问我们的时代是一个什么样的时代?一种回答是,这是一个“代”的时代。今天的中国,划分世代的标准,已经不再停留于纯年代意义上了,更重要的是,应该而且需要从社会、经济、文化和信息的变迁节律来细致、深入、动态地加以界说。

由于经济增长、社会转型、文化更替、信息传播的节律加快,尤其是青年文化①周期的缩短,出现一个世代的时间跨度似乎正变得越来越短了。

对于改革开放之后出生的中国青年的分层认识而言,“70后”、“80

后”和“90后”是三个具有划分世代意义的术语。实际上,当社会变迁速率加快的时候,社会之中世代与世代之间的差异性就会被人们敏感地意识到,并且被提出来加以进一步关注。

1999年9月,《上海宝贝》一书的出版在社会上引起了争论,作者卫慧一时之间成为一个符号。随后文坛上出现了一批被称为“文学新人类”的作家,如卫慧、棉棉、朱文颖、周洁茹、金仁顺等。这些人大都出生于70年代,几乎都是女性。她们喜欢用第一人称写作,叙述的语言是私人的、感性的,所写的“我”大都是城市中的“边缘人”和自由职业者,她们孤独、绝望、激情、敏感。有评论认为,“文学新人类”的作品尽管还不完美,但对当代生活的真切而细腻的体验却是此前一些作家无法企及的。也有评论认为,与前辈作家比起来,这些70年代出生的作家没有重负,没有历史阴影,对生活却有惊人的直觉,对自己有着强烈的自恋,因而她们很少有禁忌,不受传统的桎梏,旁若无人地用感性语言讲述个人感受。总的看来,在一个时期里,对她们的负面评价似乎超过了正面评价。

2000年,《中国青年报》发表的《不和生于70年代的人交朋友》一文引发了巨大反响。相关的讨论从报纸一直蔓延到互联网。“生于70年代”的说法也借此首次登台并迅速得到普遍认可。到2003年和2004年,讨论70年代、80年代出生人的文章成为一个热点。

“70年代”这一概念尽管涉及十年时间,但却是临近中国改革开放伊始的准备时段,出生于这一时期的人,有一个最早的机会成长于改革开放环境当中,因此,必然与60年代出生人表现出很大程度的差异。第一,70年代出生人几乎没有亲身经历或深刻体验“文革”,至多是从父兄那里间接地了解“文革”。而当代对社会群体或世代划界的一个重要标志性事件就是“文革”,因为它确是中国半个世纪以来影响到普通人命运的最重要政治性历史事件之一。处于这一时期刚结束的70年代人也必然以某种独特方式受到影响,例如,也许会多一点成熟、多一分冷静来思考、对待社会和人生。

另一方面,70年代出生的人更有幸在他们人生成长的最重要阶段经历了改革开放这一新起点,感受了中国社会从传统向现代的深刻转型。他们的群体记忆始于改革开放,正如改革探索日益成熟一样,他们的人生经历也使其思想和人格日益走向成熟。

如果再细一点划分的话,那么,70 年代出生的人还可以分为两个部分:70 年代早期出生的人,经历了中国社会十年浩劫之后的百废待兴的创业起点。70 年代后期出生的人,则在自我成长最关键的时期,经历了中国现代化进程最重要的崛起之点。

改革开放 12 年之后,在 80 年代出生者身上,更能充分体现当前世代划分标志的一些质变因素的明显化。出生于 80 年代人,经历了中国的改革开放向纵深迈进的阶段。在他们成长的过程中,遇到教育体制并轨、高校扩招、新婚姻法实施、大学生创业等重大事件。连续数年的扩招使高等教育进入了由“精英教育”向“大众教育”转变的时期,使大学生的角色预期由“天之骄子”向“劳动大军”的转变。但是,随着中国社会发展从温饱阶段迈向小康阶段,随着社会文化世俗化进程的过度化,随着消费主义正以多少有些急促的步伐登上日常生活的舞台,80 年代出生者身上产生了一些时代和社会所赋予的鲜明特质。

但是,由于历史的局限性,社会舆论在一个时期对 80 年代出生者的评论并不是理性的、公正的。②社会舆论对 80 年代出生者的看法发生根本性转变的契机是在 2008 年,这一年中国发生了两个重大社会事件,其中,80 年代出生者都扮演了引起世人注目的重要角色。

2008 年 5 月 12 日,中国四川汶川发生特大地震。在这次地震中出现了很多的“第一”,其中就包括中国第一次涌现了大规模的来自民间的志愿者。据报道,截至 2008 年 5 月 19 日,报名注册参加抗震救灾的志愿者达到 106 万人,其中已有 21 万人在为灾区服务。来自全国各地的志愿者冒着余震等方面的危险奔赴灾区,忘我地投身到抗震救灾的工作中,形成了与政府组织、军队力量、医疗机构等方面共同抗震救灾的多条战线。志愿者们的行动和事迹,不仅感动了国人,而且震动了国际社会。志愿精神和志愿行动引起了全社会从未有过的极大关注和深刻思考。

有的学者和媒体认为这是中国公民意识觉醒和公民社会成长的标志。而在这些志愿者中,很多人就是80年代出生者。

2008年8月8日在北京召开的第29届奥运会举世瞩目。然而,就在北京奥运会开幕式第二天,韩国最大报纸《朝鲜日报》使用了"鸟巢一代"这个词,指中国受过高等教育、富有爱国心的青年人。他们成长于改革开放之后,比他们的父辈更加国际化,许多人为了成为奥运志愿者,认真学习英语和国际礼仪。

在北京奥运会上,这些青年志愿者的微笑征服了挑剔的外国媒体,被看做是未来中国现代化建设的主力军。这一个简洁、形象的词汇迅速席卷了网络和其他大众媒体。有评论认为,国际社会在青年志愿者身上看到了一个充满活力的中国,这些青年人被誉为"鸟巢一代"。但是,评论同时指出,在个别极端的批评者那里,"80后"和"90后"曾被喻为"迷惘的一代"。

有学者指出,对当今青年不能一概而论,称其为"迷惘的一代",或者,称其为"鸟巢一代",实际上都不免以偏赅全。独生子女受到过分的关注和爱护的状况会在无形当中限制他们的独立成长。而在四川汶川抗震救灾的过程中却可以看到,许多在家中不懂事甚至不知道如何处理自己日常生活起居的青年人,到了灾区之后却显现了出人意料的成熟和勇于担当社会责任的勇气。这说明经历重大社会事件对于青年的心理和人格成长是多么的重要。

经历过2008年北京奥运会的人们,对中国青年志愿者留下了深刻的印象,"鸟巢一代"的人们大多出生于20世纪八九十年代,因而,在世人眼中,他们就是改革开放20多年后,中国形象的一个重要代表,他们的精神风貌、行为举止更可能预示着中国未来的影子。通过奥运会,国际社会前所未有地能在如此短的时间里高频率地与中国青年一代面对面地接触,而中国青年也获得了一次珍贵机遇用自身的风采向国际社会展示中国的巨变成就。

直至"鸟巢一代"这一术语的出现,此前社会舆论对80年代出生者一直持负面评价的状况发生了根本性的转变。在经历一定的时间长度之后,人们逐渐认识到,在某些时点甚至时段上,不论是对于一个事物,还是对于一个群体,社会舆论所表达的看法往往是印象主义[③]的。而对于 80 年代出生一代的看法,就十分典型地呈现出这一特征。

可以说,要对一个世代在社会发展进程的角色、地位、作用等获得准确的认识,不仅需要从科学的、客观的、系统的角度进行研究,而且还需要放在历史的、辩证的、发展的视野中加以理解。

三、青年世代的社会人格在中国社会变迁中的角色

社会心理与社会结构之间的关系是一种互构关系。一方面,特定的社会结构是特定的社会心理的决定力量;另一方面,社会心理对于社会结构可以发挥能动的促进作用。社会心理中的价值观念、行动意向具体转化为社会行动的一个重要途径或中介因素便是社会人格。

在心理学上,从最一般意义上讲,人格或个性,是指构成一个人的思想、情感及行为的特有统合模式,这个独特模式包含了一个个体区别于其他个体的稳定而统一的心理品质。人格在外延上包括了个体人格、群体人格、民族性格(人格)等。后两者可以通称为社会人格。个体人格是指个人所特有的思想、情感及行为特征的核心表现,而社会人格则是一个群体或民族中多数人所共有的思想、情感及行为特征的核心表现。

正如一些社会学家和社会心理学家曾经基于研究所阐述的那样,社会人格类型的更替,或者说,在传统—现代—后现代这种时间和价值维度上的表现,可以深刻地反映出社会变迁的状况。

中国正处于一个从未有过的开放时代,因此,这也是一个需要社会成员以从未有过的开放心理来面对一切的时代。

在对 70 年代、80 年代出生的人进行评价时,有人曾使用“新人类”这一个术语。这仅只是一个新鲜一点的词汇吗?它对青年一代或几代人的看法中具有什么样的意涵?

“新人类”(这一术语以及这一术语所指称的社会现象)在中国的出

现，作为一种时尚、一种新奇引发人们的好奇心，甚至也引起一些人的不解，实际上证明了一个实质性的问题——中国正在发生深刻的变化，我们正处在一个社会剧变的时代。

“新人类”一词最早是由一位日本作家使用的。从一定意义上说，它与“垮掉的一代”及当今的“×世代”、“E 世代”等词语一样，在描述一个社会群体尤其是青年群体时，具有一种印象主义的特征，换言之，这类词很难说是对一代人或一个社会群体的严格界定，而是一种特征化的文学描述。在用这种词语来解释世代现象或社会群体的时候，应该持一种审慎的保留态度。

有的学者认为，所谓“新人类”应该符合这样几个条件：一是，出生于 20 世纪 70 年代；二是，接受过良好的教育；三是，生活在较发达的大中城市。这样的界说显得非常片面。从一定意义上说，“新人类”实际上是富裕社会的副产品。不论从西方社会还是从日本社会的情况来看，所谓“新人类”的出现似乎都是以社会发展到了一定富裕程度作为其基础条件的。20 世纪 50 年代美国进入了发达社会，正如社会学家 J. K. 加尔布雷斯在其《富裕社会》一书中所描述的那样。而一些社会学家则注意到，当时的美国就出现了一种很独特的“青年文化”现象，那时有的中学生对玩摩托等消遣娱乐活动的关注远远超过了对学业的重视，因而被认为产生了一种与成年人社会主流文化差异很大的亚文化，以至形成了独特的社会圈子——“青少年社会”。日本社会在第二次世界大战之后进入了加速发展时期，到 20 世纪七八十年代，日本社会已经完成了现代化。所谓的“新人类”就产生于那个时期。有人认为，中国有“新人类”出现的时间是 20 世纪 90 年代初期。如果把“新人类”理解为社会发展到一定程度才可能产生的事物的话，那么，它在目前中国社会出现的确是一种非常畸形的现象，似乎有些不符合常规逻辑。美国以及日本等国出现“新人类”，是在它们整个社会已经实现了现代化之后，而今天中国社会还远远没有实现现代化，整个社会还算不上富裕。

当然，由于今天中国处在一种多元时空当中，某些类似“新人类”的现象仍然可能出现。如果某些“新人类”现象已经在中国社会出现,那么,可以从下述几个方面来加以理解。从社会原因来看,这种“新人类”所处的是与前几代人差异很大的社会环境,这是最为深层的原因。有学者将今天共同生活在中国社会的人划分为五代,而把第五代人或独生子女一代称作所谓的“新人类”。对于这种把整个一代人都称作“新人类”的看法,我们很难苟同,因为现有对“新人类”的描述都是印象主义的,是一种化约性的特征勾勒,所以,很难具体判定现实中哪些人是真正的“新人类”。但是,与此同时,也不能否认有某些“新人类”现象的产生,毕竟今天社会生活中确实出现了很多和以往的物质生活条件和文化生活环境极其不同的状况,人们的价值观念和生活方式的变化是十分深刻的,只不过这些变化在一部分人身上以极端的、夸张的方式比较集中地彰显出来。

对于所谓的“新人类”现象,在根本上还是应该从社会变迁的角度来加以透视。自改革开放以来,中国社会正在经历从传统向现代的急剧而深刻的转型。从生存环境来看,可能产生所谓“新人类”的第五代人,在上大学的时候遇上了并轨、自费,在毕业分配的时候遇上了自谋职业,找到了工作单位又遇上了分流下岗,到了该结婚的年龄又遇上了停止福利分房……这一切的确使他们与先前任何一代人在生存境遇、价值观念和社会心态方面都发生非常明显的可以对比的差异。

此外,社会文化的变迁对青年一代的影响极其深刻。通常而言,文化模式的更替要比经济体制的转轨、社会结构的转型慢得多,社会学家奥格本将这种现象称为“文化堕距”。尽管有一些观念的变革可以成为社会变革的先导,但是,作为一种新型社会文化体系的建立,比之社会、经济方面变迁的完成将会滞后得多。在目前所处的这种转型时期,原有价值观念有所失效,新的价值观念尚未形成,从而造成了人们心理上的某种无所适从,行为规范上表现出“失范”状态。青年由此可能产生某种不确定感,甚至引起心理上的迷茫、困惑,甚至出现与原有的价值观念和行为规范相去甚远的现象,就不能不说有着社会层面和个体层面的双重原因。

被称作“新人类”的人，他们比较敏感、个性显著，可能用一种比较偏颇、独特的方式来表现自己的敏感和与众不同。实际上，这些表现在社会发展进程中都只是一瞬间的现象，的确不足为怪，更不必为之忧心忡忡。

引发某种“新人类”现象的另一个原因还在于，中国进行现代化的今天，所处的时代背景和国际环境是非常特殊的，虽然中国社会发展的总趋势是从传统向着现代转型，但是，今天所处的整个时代和国际环境则呈现出“时空交错”的特征。在中国社会的时空坐标当中，诸多性质特征不同的因素共同影响着社会成员的价值观念和行为规范，这些因素既有传统的成分、现代的成分（中国在朝着现代化方向努力），又有后现代的成分（作为环境因素的西方进入后现代社会）。西方后现代的一个重要特征就是消费主义向社会生活的渗透。消费者往往以消费的形式来彰显自己的价值，出现的所谓“新人类”现象在某种程度上就呈现出这一倾向。实际上，消费主义潮流有其很早的源头。在20世纪初，美国社会学家凡勃伦就分析过当时一些富裕起来的上等阶层人群中存在的“炫耀性消费”现象。这些人大概也可以归为当时的“新人类”。如果用简略化的方式来表述的话，消费主义的实质之一就是为了消费而消费。从生存需要—发展需要—心理需要这种逐级上升的人的需要层次来看，消费主义者不是为了满足生命机体中的缺失所产生的客观需求而进行消费的，而是为了满足个体心理上扩张的主观需求而进行消费的。消费似乎变成了一种在大众社会中张扬个性的手段，由此而获得心理上的极大满足。这一特点在所谓“新人类”身上确有体现。而一些评论者也正是因此将那些追求过分享受和高额消费的青年人称为“新人类”。

“新人类”一词的原意中含有沉溺于娱乐享受、对待工作漫不经心、两性关系较为随便等特征。可以认为，它在实质上是过度世俗化的产物。从世界历史进程来看，现代化发端的一个很重要特征就是社会文化的世俗化。正是世俗化的过程促进了经济的增长与社会的发展，这就是世俗化的积极面相。然而,如果是超前性的过度世俗化,则可能导致一种畸形的现象。从中国现代化进程应该经历的阶段来看,当前出现某些"新人类"现象,可以说,正是超前性的过度世俗化的表现。当然,一种事物的出现,除了有其内源性的动因外,还有其外在性的诱因。中国社会有某些"新人类"现象出现,一个很重要的原因就在于外来文化的影响。日本的"新人类"是其整个社会实现了现代化之后的副产品。现代化进程中存在很多悖论性现象,世俗化过程的另一种维度又表现为对人们精神世界中终极价值的削弱甚至消解作用。为什么一些宗教信仰现象在当今西方高度现代化国家出现了复兴,其原因就在于,在世俗化作用下的现代化进程中,工具理性的扩张使得人文精神尤其是终极关怀受到削弱,变得萎缩,人们更多地关注的是物质利益满足和当下感官享受,而忽略甚至放弃了信仰支柱的建立和精神家园的追寻。所以,可以认为,中国社会出现某种"新人类"现象的一个重要原因就在于,它是超前性的过度世俗化的产物,因为比照西方社会或日本社会的情况来看,这种"新人类"现象是在社会尚未发展到应有的富裕程度时就过早地或超前地产生了。

"新人类"现象成为一个热点,在媒体上频繁出现,这在很大程度上也是媒体进行商业性炒作的结果,或者说表明了媒体运作后面具有强大的商业动机。"新人类"现象"漫延"实际上可以带来很多经济效益,例如通过"新人类"的某一代言人,企业可以促销其产品,实质上是在为消费主义推波助澜。

怎样看待中国社会的所谓"新人类"问题?可以从两个基本方面来探讨:一方面,既便说"新人类"已经在中国社会存在和发展,那么,它还绝不是一种普遍现象。如果用社会学方法将"新人类"的特征操作化为一系列量化指标去加以分析,那么,符合"新人类"标准的青年人会有多少?完全没有必要存在这样的担忧:由于"新人类"的出现就会使我们整个民族丧失了创业精神,社会发展出现延缓甚至停滞。因为许多大样本的实证调查结果显示,当前青年在择业价值观方面越来越表现出这样的倾向：工作岗位能否发挥自己的潜能、实现自我的价值被排在首要位置；成才是青年在人生中最向往的事。这一切表明了他们在人生观上的进取心理和职业观上的成就态度。这些特征与“新人类”的标准似乎相去甚远。

第二方面，如果中国社会确已有“新人类”存在的话，那么，用一个外来术语来描述此现象，或多或少表明了其使用者在面对新事物或新现象时缺乏一种努力作出主动把握的积极心态，这一点可以引起深层的反思。“新人类”现象引发了两个重要问题：第一，怎样对待工作与娱乐、收入与消费之间的关系问题。社会提倡的价值观是通过艰苦奋斗和创业，去实现现代化，但是，同样应该注意到，在现代化进程中，人本身同样是极其重要的，社会发展应该充分满足人的需要，使人获得应有的满足感、幸福感，这是社会发展的人本目标。那么，在市场经济中怎样避免人变成了“经济动物”？在“技术社会”中，技术的开发和运用怎样实现更加人性化？在消费主义浪潮中，怎样保证人的反思能力不被作为商品消费掉？这些都是社会发展的终极目标问题。第二，在现代化进程中存在着另一个悖论：科技越发达、物质越富裕，人的个性、自由越会受到“物”的某种束缚和压抑。“新人类”的出现，同样引发了对于这个问题的思考。例如，现代化建设一方面是以发展作为主导的，它得益于“工具理性”的发展，突出地表现为发展和运用先进科学技术，建立等级严密的科层制度，完善各种法律法规，追求高效率高质量的绩效等，这一切都是实现现代化目标所不可缺少的。但是，根据发达国家现代化的经验，当工具理性这一方面特别凸显，压过了另一方面即价值理性的时候，就会发生可称之为“合理性的失衡”状态。其结果是，人在从事经济活动中变成了“经济动物”，在运用技术的过程中变成了机器仆人，在消费商品的过程中变成了没有思考能力的新消费品。“新人类”现象虽然并没有从理论上直接提出这些问题，但的确引起我们从现实的新角度去思考这些问题。“新人类”不能说积极地、有意识地但却是潜在地、超前地提出了中国现代化可能出现的某些问题——可预知的“陷阱”。

“新人类”现象的出现之所以引起较大程度的关注，至少说明它是当今人们尚未经历和遇到过的。而当人们在借用一个外来词语加以说明的时候，或多或少暴露了他们对于理解这一现象时的困惑与无力。

可以认为，对“新人类”现象大可不必抱悲观忧虑的态度。首先，不应将所有的独生子女或第五代人都视为“新人类”，担心当他们成长起来全面进入社会的时候，中国社会将出现如何不堪设想的局面。可以说，这纯属杞人忧天。作为一种简约性的特征描述结果的“新人类”，决不会是一代人的真实风貌，而且如果用科学的研究方法去加以调查分析，那么，将会发现现实生活中符合这种标准的青年人是极少数，而且只是某些人在人生某个时期的短暂现象而已。

更深刻的意义在于，与其说“新人类”现象是社会发展过程中某个时期某些变化的一种特殊反映的话，还不如说是处在这一时期的人们对于这种变化的暂时困惑和不解，从而反映了社会发展过程中有待解决的某些潜隐性问题。

在 20 世纪 80 年代初社会上出现了一个术语“新生代”。当时改革开放伊始，人们对改革抱有一种很质朴的兴奋、乐观和积极的心态，就像那时青年被称为“思考的一代”一样，“新生代”一词也被更多地赋予了积极的意涵和褒义的特征，在一定意义上用以表征社会发展的新希望。

“新人类”一词的出现，虽然不完全是贬义，但至少呈现出人们对这一现象感到的某种困惑，它反映了社会变迁中各种新异因素交互作用下所产生的人们的不确定心态。这是社会转型期较突出的特征之一，人们对什么都不是十分明确、很有把握。在以往的历史时期或改革开放之初，人们对事物的发展似乎还比较确定。由于社会发展的复杂性增加了，社会系统运行的时间、空间条件更加纷繁多样了，模糊心态或不确定心态便会滋长和漫延。“新人类”（以及人们对它的态度）实质上便是这种不确定性心态的一种特殊反映形式。

当今时代存在很多的虚拟现象。“新人类”及有关特征在某些方面也是一种虚拟，实际上，更多的是一种由媒体制作出的虚拟之物。如果用日本“新人类”一词的内涵来界说中国的“新人类”，对其存在的程度的确可以持极大的怀疑态度。

如果着意要用“新……”一词来界说和表征当今青年一代与前几代人所不同的特质，描述他们颇为不同的价值观念和行为方式，那么，“新……”是可以成为新一代的代名词的。因为在一个结构、文化、心理都处在急剧变迁的时代，与传统东西的差异和断裂程度是前所未有的。加上正处在全球化的背景中，媒体无处不在，接受外来文化的开放程度也是空前的。观念的宽松和心态的自由程度也是前人莫及的。在这种环境之中长大的一代人必然与前(数)代人在许多方面表现出差异，从这种意义上说，他们确实是崭新一代或具有全新特质的人。就以其生存发展条件来说，他们追求事业成功的机遇是从前没有过的，他们实现自我价值的方式是前人不可相比的。比如“星光大道”、“超女”等电视节目中的“模仿秀”，就因为在模仿比赛中获得成功，有的演艺或音乐制作公司就与其签约，这种“创业”方式在改革开放以前的中国是不可想象的。由于社会发展进程的深入，行业和职业的分化更加多样、细致，人们创业的渠道在拓宽、机遇在增多。改革开放之前，“子承父业”是一种较为普遍的现象，那时的青年人不可能像今天的一样按照自己的意愿来选择职业。在一个日趋多样化的现代社会中，各行各业从业人员的工作状态相差很大，就可能导致一些人员不仅有别于以往时期，而且也有别于其他职业人群的生活方式，例如，从事高科技产业的人，经济收入很高，但面临的事业风险较大、工作压力较大，可能需要在工作之余通过特有的消遣娱乐方式等来缓解紧张与压力，从而便会形成与其他一般职业群体有所差别的生活方式，这是不足为怪的。

就对于能够表征社会发展趋势的青年群体的从业样态和生活方式来说，“新生代”一词似乎更加具有概括力和表现力，因此，与其为“新人类”炒作，不如为“新生代”呼吁！

如果对于70年代出生者，有人用“新人类”这一术语来描述的话，那么，对80年代出生者似乎应该有更多的、变化着的称谓。

“80后”，是一个非常独特的代名词，指的是20世纪80年代出生的人群，实际上具体是指于1980年至1989年期间的出生者。在中国，“80后”是极富标志性意义的一代。他们出生于中国从传统社会向现代社会转型之始的80年代，成长于中国建立市场经济体系的90年代，成熟于中国加入WTO的21世纪初。从历史的角度来比较，可以说，他们是最具有改革开放特征的一代，由于出生和成长在一种全新的时空状态下，他们在价值观念、行为准则、生活方式、社会参与等方面都形成了与前面数代人区别较大的特征。可以说，正是从他们开始，中国社会在许多方面出现了“晚辈楷模文化”④的特征，青年文化对社会的“反哺”功能增强了，社会青年化的步伐大大加快。

20世纪70年代末中国开始实施计划生育这一基本国策。随着“独生子女”政策的广泛落实，80年代在城市中出生的孩子几乎都是独生子女。因此，80年代出生者成为“独生子女”一代的首批人。

不论称为第五代人或称独生子女一代，80年代出生的人们正以一个群体的身姿全面进入中国社会结构。他们在扮演时代和社会赋予的角色时，又表现出他们这一代人特有的心理品质或社会人格特征。

80年代出生一代身上最引人注目的地方就是他们内在与外在特质的多元性。首先，因为他们置身于一个“时空交错”的时代。这一情势无疑地增添了时代精神中的多样性、异质性和复杂性，也从一个独特角度表现了中国社会的文化发展过程中存在着不可避免的各种张力。

在具体环境方面，80年代出生者成长之时，社会开始了全面的世俗化进程。世俗化逻辑上要求人们在一切社会生活领域全面地理性化。由于个性的解放和主体性的张扬，人们的自我意识、实用观念和利益动机日益获得了合法性，并且表现出进一步强化的趋势。可以说，这种变化典型地表现出了理性化的特征。

80年代出生者在价值观念和社会心态上，表现出了比前几代人较为鲜明的世俗化倾向和一些崭新的取向。在他们身上，呈现出比较开放、透明的心态，具有接受新事物的较强能力；强调个性、平等意识和权利观念；具有普遍主义精神，尊重事实，注重规则；热心公益事业，具有更自觉的环保意识；表现出积极的休闲态度和广泛的兴趣爱好；喜欢直率的情感表露，不愿扭曲个性，厌恶形式主义等等。但是，与成长在富裕境况中和优越条件下有关，他们身上也表现出特有的弱势，如心理承受力不强、意志力欠缺、缺乏历史感等等。

80 年代出生者扮演着流行文化的积极创造者与享用者的角色。世俗化在社会文化领域的一种具体表现形式，就是流行文化的勃兴。

首先，80 年代出生者极其热衷于对时髦现象或流行事物的追逐。青年期的特性和社会文化变迁的急剧性，使他们对时髦现象或流行事物的追逐成为一种常态。他们迷恋新潮、追逐时尚，但却讲究情调、注重品位。“追星”热是他们之中最常见的现象之一。在 80 年代出生者身上，偶像崇拜已经全面地走向世俗化。与此前社会生活中崇拜政治型偶像、道德型偶像、神圣型偶像的情形相比，他们所崇拜的则属于成就型偶像、生活型偶像、个性化偶像。

其次，80 年代出生者更注重文化形式的消费性、感受性和愉悦性。比以往任何一代人更大的学习压力、生活压力需要释放，而生活质量的提高所带来的享受意识、休闲心态，导致了他们对于愉悦、享受的更加重视，甚至阅读习惯都出现了不同于传统的方式。于是，有了“卡通一代”、“读图一代”之称。

作为文化心态的符号表征，流行语成为他们表达社会感受或情绪的一种最独特方式。“酷毙了”、“帅呆了”、“哇噻”、“美眉”、“闪客”、“小资”、“飘的一代”等，有的既是他们创用的词语，有的又是指称他们自身的词语。

在 80 年代出生者身上，青年文化在很大程度上已经变成流行文化的先锋形式，各种“酷文化”层出不穷，正是其典型的表现。从机制上看，“酷文化”以及一切流行文化之所以能够大行其道，往往得益于消费主义这一“天然燃料”的助推。而消费主义又借助于流行文化之翼而风靡，从而构成了流行文化的一个显著特征：享乐文化的彰显。

第三,80 年代出生者的文化活动经常伴随着对高科技产品的愉快占用而进行。他们是高科技时代的宠儿。尤其是在互联网时代,他们又加上"一网情深"。尽管他们之中属于"网络英雄"和"IT 一代"的人物还只是少数,然而,更多的人已属于"e 人类",他们用鼠标、键盘和网线建构了一个新奇的世界。E-mail、BBS、QQ 等等则成为他们在这个世界中纵横驰骋的"交通工具"。在一个似乎虚拟的空间中,他们进行着最为真切的沟通、表达和宣泄。

可以说,80 年代出生一代,是两大类特质交织成的产物:一是,新时代、新境况、新信息塑造了他们心理层面与行动层面上新质的生长;二是,转型期的过渡性以及现代化的悖论特征对他们形成了难以规避的矛盾性。

社会结构处在转型时期,社会文化处在更新时期,社会人格处在变革时期。在这种情况下,就其自身的新质成长而言,80 年代出生的一代有其独特的、完整的一面。然而,从社会变迁角度来看,这一代人也是处在社会发展进程前后两个阶段之间的"中间人"。以往社会发展的历史经验表明,现代化从一开始就蕴涵着一些难以破解的悖论性特征,工具理性与价值理性之间、科技化与人本化之间、大众文化与精英文化之间都存在着难以超越的张力。

这些复合性情境作用于 80 年代出生一代,必然使他们的社会人格中既包含着未来取向的崭新层面,同时又包含着不可避免的矛盾因素。于是,这一代人,既崇尚自由,又尊重规则;既注重自我,又关怀他人;既追求自然质朴的生活状态,又热衷于高科技产品的使用;既喜欢率意而行、本性的自然流露,又乐于尝试新奇刺激、挑战自我局限;既追求独特的个性,又热衷于大众的潮流;既注重理想,又看重实际。总之,80 年代出生一代是更加务实的一代,又是更加人本的一代。

正是由于心理与行为上多重维度与层面的交叠,展现出了时代赋予这一代人的最凸显之点,即特质的多元性。这种特质的多元性则预示了这一代人身上的一种基本取向:寻求丰富的人生并感受高质量的存在。

每一代人都会有其独特的贡献和局限。对于某一代青年来说,如果社会在一个时期骂声四起,在另一个时期又好评如潮,这种情形至少表明了,社会评价这一代青年所使用的判断标准是有问题的,要么只看见了“点”而没见到“面”,要么只注重了常态而轻视了新质,要么只相信了稳定而忽略了变化。对于“80 后”以及这一代人之后的新生代,社会应该持有一种基于理性的开放心态和乐观取向来加以观察和判断。

从世代更替的角度来观察,历史的演进正是通过后一代人对前一代人的接替来完成的。世代理论认为,一代人的形成,既是社会结构发生深刻变迁的一种独特产物,同时又将对社会结构的未来变迁产生一种独特的影响。

在当前的中国,由于经济增长、社会变迁、文化转型尤其是知识生产和信息传播的节律在加快,世代形成的节律加快了,代际更替的周期缩短了,世代划分的生物学、年代学标准已经显得不大适用,社会发展阶段和重大政策的影响对于划分时间跨度较长的世代仍然具有独特的作用。但是,文化的影响对于划分节律较快的代际形成以及世代内的分化,将具有越来越重要的意义。在当下,世代发展呈现出的一个重要特征就表现为,世代周期缩短,代内分化明显。换言之,代代叠起,代内有代。更有意义的核心特征是,青年世代表现出许多与此前的世代都颇为不同的社会人格中的新质,即人的主体性的彰显。

中国社会对青年世代的关注,已经从改革开放初期的文化世代,20 世纪 80 年代末的政治世代,聚焦到当前的新世代——新型社会人格世代。这一态势反映了中国社会变迁进程的规律与特征,即社会系统更加开放化,社会文化更加世俗化,价值取向更加多元化,社会行动更加理性化。然而,这些方面的变迁又具有高度内在的历史与逻辑一致性。

因此,这种新型社会人格世代,在行动选择上是更加理性的,在价值取向上是更有人本关怀的,在主体特征上是更具公民素养的。“80 后”便是这种新型社会人格世代的一个代表。置身于中国社会所处的三维时空坐标之中和现代化起飞阶段的时段上,这一切为他们成为一种新型社会人格世代提供了可能性。

“80后”从其在社会中展示自身的存在那时起,就一直受到高度的关注,而且在一段时期内所得评价不高的原因主要在于:第一,当“80后”全面进入社会结构的时候,正值中国现代化进入起飞阶段这一关键时期,时代和社会赋予这一代人以重任,但与此同时,由于他们出生和成长在一种物质相对富裕和条件相对优越的环境中,因此,对于他们是否能够胜任这种重任,成人社会自然而然地会存在并表现出种种担忧。第二,在社会变迁加剧的背景下,社会主导价值观念的发展有时滞后于社会结构的变迁,与此相应的是,处在同一时期的不同代人的价值观念也会存在一定的差异性。因此,“80后”身上所表现出的新特质,如新的价值观念和新的社会人格,如果不能从新的角度来加以理解的话,就会导致某些误解的产生,并引起某些不必要的担忧。

独特的体验构建了一个世代,换言之,“80后”深刻地体验着中国现代化所带来的物质发展和文化变革的成就,他们对于更高层次的精神需求或文化目标的追求,尤其是对于具有重要社会价值的各种目标或行动的追求,自然地呈现逐渐增长之势。而当自身的合理权利、利益要求得到一定程度的实现之后,他们的社会责任意识将会逐渐增强,从而表现出对于他人和社会的关怀倾向,这一点逐渐成为驱动或支配他们社会行动的重要内在动因。

“80后”社会人格的新质得到社会承认的重要契机或者说转机在于,2008年中国出现的两个重大社会事件,即四川汶川特大地震和北京奥运会。

中国现代化进程中人的主体性的生长,是“80后”身上呈现出的最重要的特质,是他们新型社会人格的最重要表现。这一个新型社会人格世代的主要特征表现为:在社会维度上,以积极的经济参与和社会参与行动,有效地进入社会结构,从而有力地改变着青年的边缘性;在文化维度上,以对工具合理性和价值合理性的有机结合,倡导着绩效型的文化而非评价型的文化,倡导着行动文化而非观念文化;在心理维度上,由出自个体多样化的切身感受，而最终形成对于同一世代的认同感。因此，这种认同感不完全是被社会建构出来的，而在很大程度上是可以去建构同一世代的。

如果说，在改革开放之初，青年世代对于中国社会变迁的影响更多地表现为观念层面上的超前意识的话，那么，今天青年世代对于中国社会变迁的影响更多地表现为社会人格或日常行动层面上的具体担当或微观变革。

如果说，在改革开放之初，青年世代的社会行动主要表现出工具合理性取向的话，那么，今天青年世代的社会行动中越来越多地表现出了价值合理性取向，正是这一点，表现了中国社会发展进程中有序性和可持续性的一种重要促进力量。

注　释

① 青年文化(youth culture)是美国著名社会学家帕森斯提出来的一个重要概念，它所反映的是，由青年的价值观念、行动方式、生活风格等所形成的不同于成人世界的一种独特的青年社会或青年世界。

② 针对种种负面评价，80年代出生者也不甘沉默，庄丁余撰写的《"80年代后"惹谁了?》一文进行声辩。北京少女作家春树2004年2月2日上了美国《时代》周刊亚洲版封面，与韩寒、曾经的黑客满舟、摇滚乐手李扬等4人被认为是中国20世纪"80年代后"的代表，并与美国60年代"垮掉的一代"相提并论。至此，本就备受质疑的中国"80年代后"再次受到媒体的攻击。2004年2月26日的《中国青年报》站在客观的立场发出了疑问："80年代后是中国垮掉的一代?"对于中国年轻一代一时被社会舆论普遍不看好的情势，2004年9月在接受《财富》杂志记者采访时，沈杰曾指出：如果你用昨天的标准来衡量当今这一代的话，他们当然是不够格的——他们没有吃苦耐劳的习惯。不过，难道现在的中国最需要的是更多的能够吃苦的人吗？年轻一代有自己的优势，他们更加有创造性，更加有主见，更加勇于尝试新鲜事物。这难道不也是中国的希望吗？于是，至今在互联网上还能看

到当时风行的这样一段话："沈杰认为所有关于'80后'年轻人一代的报道都夸大了他们值得担忧的各个方面。"

③ 所谓印象主义(impressionism)，本意是指19世纪后半期至20世纪初期流行于法国、欧美乃至世界范围的一种艺术流派和文艺思潮。印象主义一词同时还指一种文学批评，称为印象主义批评，亦即感受式批评。这种批评拒绝对作品进行理性的、科学的分析，而更强调批评家的审美直觉，认为最好的批评只是记录批评家感受美的过程，至多指出这种美的印象是如何产生的，是在哪种条件下被感受到的。

④ 美国人类学家M.米德在《文化与承诺》一书中从文化传递的角度，将人类社会发展进程中的文化传递形式分为三种基本类型：长辈楷模文化、同辈楷模文化和晚辈楷模文化。长辈楷模文化是指晚辈主要向长辈学习的文化类型；同辈楷模文化，是指晚辈和长辈的学习都发生在同辈人之间的文化类型；而晚辈楷模文化则是指长辈反过来向晚辈学习的文化类型。通过对三种文化模式尤其是对晚辈楷模文化模式的分析，米德说明了在急剧的社会变迁情境之中，新的文化传递模式出现的历史必然性。在晚辈楷模文化模式那里，原先处于被教化者地位的晚辈却反过来充当教化者的角色，原因在于从来没有任何一代能够像他们一样了解、经历和吸收在他们眼前发生的如此巨大而深刻的社会变迁所带来的新异性。

参考文献

沈杰：《中国社会心理嬗变：1992—2002》，《中国青年政治学院学报》2003年第1期。

——，《中国现代化进程中的大众文化与青年社会化》，《中国青年政治学院学报》2002年第1期。

——，《中国社会转型时期的青年社会心理》，《北京青年政治学院学报》2005年第2期。

——，《中国现代化起飞阶段的青年成才心理》，《中国人才》2004年第2期。

——,《后单位单位制时代中国青年择业心理的多元化取向》,《中国青年研究》2002 年第 2 期。

——,《中国社会发展进程中的青年发展:一种宏观性的分析》,《青年探索》2003 年第 5、6 期。

——,《北京青年学生的消费心理与行为:兼对上海、天津和广州青年学生的比较》,《北京青年政治学院学报》2003 年第 2 期。

——,《特质的多元性:八十年代出生的一代》,《美术观察》2003 年第 2 期。

——,《北京青年的志愿行动参与意愿:一项对不同群体之间的比较分析》,《北京青年政治学院学报》2008 年第 1 期。

杨长征主编:《中国青少年流行文化现象报告》,中国青年出版社 2003 年版。

姜文:《文坛出现“新新人类”另类创作引起争论》,《扬子晚报》,2000 年 2 月 21 日。

多萝西·罗吉斯:《当代青年心理学》,张进辅等译,湖南人民出版社 1988 年版。

埃里克·H. 埃里克森:《同一性:青少年与危机》,孙名之译,浙江教育出版社 1998 年版。

F. 马赫列尔:《青年问题和青年学》,陆象淦译,社会科学文献出版社 1986 年版。

J. C. 考尔曼:《青春的本性》,杨高潮、杨新潮译,浙江人民出版社 1987 年版。

J. 米切尔:《青春论——青年期的特性》,张进辅译,广西人民出版社 1990 年版。

玛格丽特·米德:《代沟》,曾胡译,光明日报出版社 1988 年版。

迈克尔·布雷克:《越轨青年文化比较》,岳西宽等译,北京理工大学出版社 1989 年版。

联合国教科文组织出版办公室:《八十年代世界青年问题》,刘朴等译,中国对外翻译出版公司 1985 年版。

理查德·弗拉克斯:《青年与社会变迁》,陆建华译,辽宁人民出版社1989年版。

W.舒里安:《青少年心理学》,罗悌伦译,四川人民出版社1997年版。

A. Esler, "The truest community: Social generation as collective mentalities." *Journal of Political and Military Sociology* 12: 99—112,1984.

B. R. Wilson, *The Youth Culture and the Universities*. London: Faber, 1970.

C. Wallace and M. Cross,(eds) *Youth in Transition: The Sociology of Youth and Youth Policy*. Basingstoke: Falmer, 1990.

D. I. Kertzer, "Generation as a sociological problem", *Annual Review of Sociology*, 9:125—149, 1983.

G. Jones, "Integrating process and structure in the concept of youth" *Sociological Review*, 36(4): 706—731, 1988.

G. Jones and C. Wallace, *Youth, Family and Citizenship*, Buckingham Philadelphia: Open University Press, 1992.

G. S. Hall, Adolescence. New York: Appleton, 1904.

Jr. G. H. Elder, *Children of the Great Depression*. Chicago: University of Chicago Press, 1974.

J. S. Coleman, *The Adolescent Society*. New York: Free Press, 1961.

K. Mannheim, "The problem of generation"(1927), in P. Kecskemeti (ed./trans.) Essays on the Sociology of Knowledge. London: Routledge and Kegan Paul, 1952.

L. S. Feuer, *The Conflict of Generation*. New York: Basic Books,1969.

L. Chisholm, et al. (eds) *Childhood, Youth and Social Change: A Comparative Perspective*. London: Falmer, 1990.

M. Brake, *The Sociology of Youth Culture and Youth Sub-culture*.

London, Routledge and Kegan: Paul, 1980.

R. G. Braungart, "Historical and generational patterns of youth movements: A global perspective."in R. F. Tomasson (ed.), *Comparative Social Research*, Vol. 7. Greenwich, CT:JAI Press1984, pp. 3—62.

R. G. Braungart, "Historical generation and generation units: A global perspective." *Journal of Political and Military Sociology*, 12, 1984:113—135.

R. G. Braungart, "Historical generation and youth movements: A theoretical perspective." In R. E. Ratcliff (ed.), *Research in Social Movement, Conflict and Change*, Vol. 6, 1984. Greenwich, CT: JAI Press.

R. G. Braungart and M. M. Braungart, "Life-course and generational politics." *Annual Review of Sociology* 12:205—231, 1986.

R. G. Braungart and M. M. Braungart, "Political genration." in R. G. Braungart and M. M. Braungart (eds.), *Research in Political Sociology*, Vol. 4, 1989. Greenwich, CT:JAI Press.

R. Flacks, "The liberated generation: An exploration of the roots of student protest."*Journal of Social Issues* 23:52—75, 1967.

S. Frith, *The Sociology of Youth*. Ormskirk: Causeway Press, 1984.

S. M. Lipset and Jr. E. C. Ladd, "College generation-From the 1930's to the 1960's." Public Interest 25:99—113, 1971.

S. N. Eisenstadt, "From generation to generation" (1956) reprinted in H. Silverstein, (ed.) *The Sociology of Youth: Evolution and Revolution*. New York: Macmillan, 1973.

(作者　中国社会科学院《中国社会科学》杂志社 博士)

对青年研究与青年工作的思考

余逸群

长期以来青年研究与青年工作决策相互脱节的问题，未能从根本上得以解决，业已成为我国青年理论工作者和实际工作者都越来越关注的热点课题。例如，主管青年工作行政部门一些决策者认为，基层青年事务与工作的改革实践和有关青年工作决策难以得到青年研究的智力支持和理论指导，不少青年研究存在脱离青年工作实际的问题，不能有效地为青年工作决策和现实服务。同时，也时常听到一些青年研究理论工作者发出这样的感叹，社会对他们的研究工作理解不够，对他们的研究成果了解不多，得不到青年工作行政部门的认同和采纳。由此可见，当前我国青年研究领域和行政部门双方确实存在一定的困惑。造成这一状况的主客观原因自然有许多，但关键是人们对青年研究与青年工作决策关系的理解上仍有分歧。本文拟就围绕青年研究和青年工作决策关系的问题提出一些分析、思考和建议。

一

青年研究如何为青年工作决策服务，青年工作决策如何依靠青年研究。这是青年理论工作者和青年工作决策者所面临的共同问题。解决与处理好这一“服务”和“依靠”关系的问题，应注重解决一个思想认识上的问题，即如何全面辩证地认识青年研究的自身功能。我们在实际工作中一些认识上的不一致和看法上的矛盾,都与这一问题密切相关。这种认识和看法上的“不一致”与“矛盾”,已经严重地影响了青年理论工作者和青年工作决策者的合作,亟待对这一问题作出进一步的分析和研究。

笔者认为,青年研究具有两个层次上的功能:其一,哲学层次上的功能,一般称为青年研究的认识功能。它是指青年研究对青年工作实践的客观反映状况,其目的在于正确地说明和阐述青年工作实践的各种现象及其规律。其二,决策或实践层次上的功能,一般称为青年研究的应用功能。它是指青年研究对于人们进行青年工作实践的指导作用或为青年工作决策提供客观依据。青年研究的这两个层次的功能,既相互独立又相互联系,共同构成青年研究的整体。一般而言,具有认识功能的青年研究带有根本的性质,能够指导和制约应用功能的青年研究;具有应用功能的青年研究能体现和丰富认识功能的青年研究,并为实现科学的青年工作决策和指导青年工作实践提供依据。当我们论及青年研究和青年工作决策关系问题时,应从上述青年研究功能的整体意义上加以考虑与理解。

但是,在实际工作中,我们恰恰没能很好地注意并做到这一点,要么片面地强调青年研究的认识功能,要么片面地强调青年研究的应用功能。这些都给青年研究和青年工作决策带来不利的影响。就青年理论工作者而言,研究者往往更注重哲学层次上的研究,他们眼中的研究是一种“纯学术”的理论研究,为实际工作提供一种认识和规律。也正因为如此,他们对决策者的批评不服气,但他们也恰恰忽略了问题的另一方面,即应关心如何指导青年工作的火热生活与改革实践,而不仅仅是了解和认识青年工作实践。就青年工作决策者而言,他们往往更加注重决策或实践层次上的研究,把研究是否具有应用价值作为取舍的标尺,这也不能不说是一种偏颇 。事实上,青年理论和青年工作实践上的脱离现象主要表现在两个方面:一是理论研究脱离实践;二是实践缺乏理论指导。人们往往较多地注意到前一方面的问题,而对后一方面的问题忽视了。毋庸讳言,青年研究确实存在着对青年工作实践关注不够的问题，但同时也存在青年研究在不少领域业已取得了丰硕的理论成果，而工作决策者对此了解不够或孤陋寡闻的现象。

青年研究成果作为精神产品，在考虑它的功能和价值时，不应带有急功近利的功利主义色彩，而应具有一种长远的发展的眼光：研究成果不为工作决策者所重视或采纳，不能及时作为决策的依据，因而劳而无功，没有社会效益，这是不少青年理论工作者的困惑。笔者以为，对于青年研究成果的社会效益，比较准确的提法应该是：青年研究成果转化为青年工作实践。社会科学，尤其是既具应用功能又具认识功能的青年研究成果的社会效益，更多的是转化为青年工作的改革、发展的实际活动，包括为有关行政部门决策所采纳。据笔者所了解，近些年来各地有些青年研究成果，已经直接或间接地为青年工作行政部门的决策所采纳了。例如，北京青少年研究所等单位合作研究的"首都未成年人思想道德现状实证研究"课题成果、"北京第二代流动人口生存状况"课题成果，就已经体现在首都精神文明建设委员会"'十二五'首都精神文明建设发展规划纲要"和北京市计划生育委员会外来人口社会管理创新一系列文件与政策之中。前一个时期，各地的许多应用性的青年研究成果，诸如：关于当代青年价值观与政治信念问题的调研、有关青年志愿者行动和理论的实证研究、对大中学生进行社会实践教育的研究、关于当前青年社会心态的追踪调研、有关独生子女心理健康教育与咨询的实证研究、青少年网络健康与安全对策调研等等，以及某些基础性理论研究成果，如关于建立青年元科学的研究、当代青年政策与事务的研究、对社会转型期共青团组织理论的研究、青少年社团文化的追踪调研等，也或多或少、或直接或间接地体现于青年工作决策之中。当然，任何决策都不可能完全照搬理论研究的成果。任何理论研究的成果，也都只能为工作决策提供某些观点、思路或措施的参考。虽然有时有些研究成果对于掌握青年工作决策权的行政部门的影响似乎不大，但不能由此笼统地说不为行政部门所采纳。再说，并不是所有的研究成果都可能或应该作为决策者工作决策时的依据，然后才能转化为青年工作实践的。更多的青年研究成果，尤其是具有认识功能的青年研究成果，是为广大实际工作者的实践活动提供理论上、方法上的范式，间接地起指导作用的。如果一个观点、一种方法、一项建议、一条经验，能为广大实际工作者所欢迎，并在青年工作实践中起到积极的作用和影响，可以说就收到了一定的社会效益。同时，通过这种群众性的实践检验所获得的成功经验，最终也能有效地影响或促成有关行政部门的决策。由此可见，唯有全面地认识青年研究的功能，才能对青年研究成果作出客观、公正的评价。

综上所述，可见，在怎样看待青年研究成果的问题上，理论工作者与决策者的看法和认识是有差异的，但透过这种差异，又能察觉出两者的共同愿望和共同基础，即青年研究要为青年工作决策服务，青年工作决策要依靠青年研究。这又为两者消除认识上的差异，在实践中更好地合作取得了共识。

二

现代社会的科学决策活动是在一定的组织结构中进行的，其中最主要的是决策机构与智囊机构，只有这两者相互协作，相互尊重，才能形成多谋善断的决策能力，科学地进行决策。这表明青年研究机构和青年工作行政部门密切合作，对于青年工作决策活动是十分重要的。

（一）从青年研究机构来看

要充分认识青年工作决策的重要意义，不断调整自己的研究和服务方向。青年工作决策是否可行，取决于决策前的调查或研究；青年工作行政部门决策者工作繁杂，不可能事事都亲自调研和论证，这就迫切需要青年研究工作者当好参谋和助手。青年研究要想进一步争取决策者的支持和关心，不能光靠空口游说或老是抱怨，重要的是主动关心青年工作的现实和决策服务中的问题，能够拿出具有可行性的研究成果，做好咨询服务工作。据笔者所知，一些省市的青年工作行政部门之所以比较重视青年研究，重要因素之一就是这些地方的青年研究机构能够提供可行的研究成果或有效的咨询服务。所以，从青年研究机构来说，要为行政部门的决策做好服务工作，理论工作者应特别注意处理和把握以下问题：

其一，能否有效地为青年工作决策服务，研究课题的选择至关重要。青年研究不同于一般的“纯学术”的研究，应用性研究和理论性研究相结合，现实性研究和超前性研究相结合，是其重要特征。为了“言当其时，切中时需”，青年研究在不同时期应该有不同的侧重点.这就是通常所指的“短线”研究。为了准确地把握青年工作的发展态势，又需有一些预测性的课题，这就是通常所指的“长线”研究。正确处理好“短线”研究和“长线”研究两者的关系，对于青年工作决策的未来和现在都是极为重要的。现在的问题是，我国青年研究的短线项目比较强，长线项目比较弱。造成这种状况的原因是多方面的，但缺乏科学的课题选择和论证是一个不容忽视的原因。为了改变这种状况，青年研究课题的选择一般宜采取由上而下的形式，即行政部门根据青年工作实际和创新管理的需要，提出“短线”和“长线”的研究课题，提供给研究机构。这样的研究课题往往能够切合实际，研究成果也容易转化并为决策者所认同和采纳，便于推广和运用。前面提到的北京青少年研究所等单位合作研究的“首都未成年人思想道德现状实证研究”、“北京第二代流动人口生存状况”等课题成果就是这类研究课题。同时，一些本身具备选题能力的青年研究机构，可以根据客观形势的需要，提出一些决策者应注意但尚未注意到的“短线”和“长线”的研究课题，作为前一种形式的补充，使行政部门和研究机构相互统筹与协调，从而使青年研究工作的短线不短，长线更长。

其二，研究成果要想被青年工作行政部门所采纳以产生社会实践的效益，很重要一点是使决策者了解并接受整个研究过程，让他们以某种方式参与到青年研究中来。坦率地说，目前我国还缺乏适时将研究成果转化到青年决策的有效机制，为研究而研究、为刊物而研究、为经费而研究的问题依然存在。所以，在整个青年研究过程中，研究机构要主动与行政部门进行联系和沟通，理论工作者与决策者应建立对话机制，以逐步明确青年研究课题中的有关问题，沟通信息，从而取得共识。更为重要的是，对话机制可以使决策者参与到青年研究中来，这样研究成果也易于为决策者所理解。这种做法应该认真推广，使之日臻完善，尽快在青年研究中形成惯例和制度。

(二)从青年工作行政部门来看

首先.要高度重视青年研究工作。同过去相比，青年工作行政部门已逐步认识到新形势下加强青年研究工作的重要性。近几年，尽管编制不足、经费紧张，但青年研究机构和研究力量不仅没有被削弱，而且逐渐有所加强。目前全国各省市团委机关均设立了研究室，从中央到地方还有十多个省市成立了专门从事青少年研究的机构。一大批政治素质高、理论功底深、研究能力强、实践经验丰富的同志被吸收和充实到青年研究队伍中来 。此外，行政部门的重大方针、重大措施出台之前，均广泛吸收了青年研究工作者的意见，已经成为各级青年行政部门实现科学决策、民主决策的重要手段。青年工作的一些重要会议吸收青年理论工作者参加已经逐步成为我国青年工作的惯例。这些都表明，各级青年工作行政部门对青年研究重要意义的认识较之过去更为全面、深刻，所采取的措施更为具体、得力。但是，也应清醒地看到，青年研究作为青年工作行政部门的一个思想库、信息源、参谋部，还没有引起足够的重视，其功能也没有得到最大限度的开发。这样，致使我国青年研究仍处在粗放性阶段，其参谋、智囊作用还没有充分释放出来。在中国，开展理论研究，必须“当家、行家，专家”三家齐心协力。没有“行家”，容易脱离实际；没有“专家”，研究水平不高；没有“当家”，研究工作则很难开展。在这一意义上说，“当家”是关键。因此，青年工作行政部门要进一步重视和支持青年研究工作，充分发挥理论工作者的参谋与智囊作用。

其次，青年工作决策者要加强自身的学术修养，不断提高自身的理论水平。青年研究作为一门科学，其自身的运行、变化和发展具有很强的规律性。这就需要理论工作者和决策者具有较高的理论水平和学术修养。据笔者了解，近几年来有一些青年工作行政部门的领导亲自参加青年研究，写文章、编专著、搞研究已成为自觉。至于各地青年院校、团校的负责人热心支持并积极投入青年研究的就更多了，有的已成为当今我国知名的青年理论专家学者。现在，青年研究成果颇丰，哪些研究成果适合于解决青年工作的实际问题，其中就有选择、鉴别的问题，而正确的鉴别和选择又有赖于决策者自身的理论水平和学术修养。

为了提高青年工作决策者的理论水平，除加强学习外，应提倡决策者到青年研究机构中去兼职或挂职。国外管理学界"联结角色"理论对我们很有启发。所谓"联结角色"，是指在两个以上群体的重叠部位发挥联结作用的人才。如 A 和 B 是两个不同组织系统，A 为网络状系统，B 为金字塔状系统，这两种组织系统各有其利弊或长短。若使 A 中某个有机人才因子同时作为 B 中的某个有机人才因子发挥作用的话，那么这个人才便呈"联结角色"。这种"角色"位于两种组织系统交叉点上，既属于网络状系统的一个角色，又属于金字塔状系统的一个角色。这样，便可以扬两种组织系统之长而避其所短。具体而言，如果某人既是青年工作行政部门的决策者，又兼青年研究机构的研究员、理事、顾问等，那么，他既可把行政部门的有关工作的精神、信息准确地带到研究机构中来，便于青年研究工作者了解和掌握；同时，又能把从研究机构中得到的研究信息、成果及时带回行政部门，这不仅为其今后决策提供了理论依据，也为新的研究成果的普及和推广创造了条件，是"双赢"的事情。所以，应该大力提倡青年工作行政部门决策者到青年研究机构中兼职或挂职，这对于行政部门、研究机构的发展都是十分有利的。

参考文献

余逸群：《青年政策研究论纲》，《北京青年政治学院学报》2005 年第 2 期。

黄洁贞：《全球化背景下的青年与青年工作》，《中国青年政治学院学报》2003 年第 5 期。

黄志坚：《青年学新论》，中国青年出版社 2004 年版。

谢维和：《教育活动的社会学分析》，教育科学出版社 2007 年版。

裴娣娜：《教育研究方法导论》，安徽教育出版社 1995 年版。

（作者　北京青少年研究所所长 研究员）

全球化对青少年影响的文化研究

——概况、反思及应对策略

杨　晶

全球化对青少年影响的文化研究，应置于新兴交叉学科研究的范畴，主要涉及青少年研究、全球化理论、文化研究、社会学等多个领域，是在全球化的“新意识形态”下对全球化文化之于青少年影响的一次文化检视。从文化分析的角度探求青少年在全球化状态下的种种表现，并进而上升到检视青少年文化认同和文化意识的高度，企望在文化领域对全球化加之于青少年的负面影响进行梳理、分类、解析，以最终致力于在国家战略层面上，提出青少年应对全球化影响的文化策略，是这一研究的重要目标之一。

一、概况

目前，全球化对青少年的影响这一课题仍为新兴课题，研究者围绕青少年研究做了较多的比较和影响研究式的论文，大多数研究主要集中在全球化对青少年的价值观影响、青少年教育、青少年的民族认同感等方面。

（一）全球化对青少年价值观影响方面，主要着重于全球化对我国青少年产生影响的历史沿革、发展趋势、方式和手段及原因的分析，并力图在反思的基础上，期望掌握规律，构建应对全球化影响的青少年策略

《全球化背景下西方文化对我国青年价值观的影响》一文指出，“全球化是当代最重要、也是最迅猛的发展趋势，它已渗透到各国的经济、文化、科学、社会、政治等多个领域，已经成为国际社会最热门的话题。全球化趋势对中国青年的经济思想、政治思想和文化观念已经产生了深刻的影响”。该文在认知全球化背景的基础上，分析了全球化对中国青少年产生影响的四个方式：“大量现代学术思潮的传播、商业经济活动的方式、培养文化精英的教育哲学理念、文化艺术直接交流等四种形式”，认为“随着现代化大众传播手段和文化市场的发展，形成了社会文化信息多渠道、多方面作用于中国青年的局面。在多种渠道中，影响最大的一是网络，二是电影电视，三是流行音乐”。而对此的应对策略，则认为“应当努力提升中国文化的世界竞争力，构造当代中国青年成长的优势文化生态”，“迎接挑战，参与沟通，培养具有社会主义现代价值观的中国青年”，并且指出，“期望中国文化的现代化与世界化，走出一条‘左右逢其源，上下契其机’的路子，为全球化背景下的我国青年的健康成长，创造一个良好的精神环境和文化环境”。

《全球化与当代青年价值观的嬗变及其基本趋势》一文指出，经济、文化全球化的冲击是引起当代青年价值观嬗变的根本社会原因；价值取向多元化、思维方式多样化和价值理念丰富化是当代青年价值观嬗变的具体表现；面向新世纪，当代青年在实现自我的过程中，出现了更加实务的判断标准和理想现实化的趋向，又由于当代青年不断地调适自身利益与社会整体利益的矛盾和冲突，因而，他们的价值观与社会主导价值观之间的互动、趋近与整合的态势亦将更加明显。

综合而言，上述对全球化之于青少年价值观影响的分析基本指出了这一现象的趋势，对其中的原因分析较有新意。应对策略方面尚有进一步深入和开拓的空间，特别是对全球化影响下的新兴培育方式的探讨，未能进入研究者的视野。

（二）青少年教育方面，特别注重全球化背景的分析，研究范畴广泛，涉及德育、体育、流行文化、职业教育等众多方面

《关于全球化与青少年创新能力培养的思考》一文指出，“我国加入世界贸易组织以及全球范围内政治、经济、科技的竞争日趋激烈的客观现实表明:谁拥有具备扎实的科学知识和旺盛的创新能力的人力资源,谁就能拥有经济实力和强大的综合国力,谁就能掌握世界政治经济的命脉和持续发展的主动权”。并分析了青少年创新能力的培养的必要性,认为“培养具有创新能力的青少年一代是全球化时代的现实要求”,并且指出了培养具有创新能力的青少年的三个主要途径,即“营造有利青少年创新能力培养的社会环境、构建有利青少年创新能力培养的教育体制、树立能促进青少年创新能力培养的学习观念”。

此外,还有为数众多的论文探讨了在全球化背景下的青少年教育,如“国外学校意识形态教育的特点与启示”、“全球化背景下多元文化教育的发展走向”、“全球化视阈下人类理解的时代境遇及其德育路径”、“全球化与城市化背景下的职业适应型教育”、“全球化与教育”、“流行音乐全球化影响下高校流行音乐欣赏课的探讨”、“全球化语境中对传统武术发展的文化思考”、“论全球化与当代青少年同一性的发展”等等。

应该说,这些论文总体上对全球化背景给予了足够的重视,并且将全球化语境视为青少年研究的新趋势出现的必然条件,但对于什么是全球化及全球化的文化维度未能深入分析,这在论题的分析上有欠深度。

(三)在青少年的民族认同感方面,普遍对全球化影响下的民族文化认同有危机感,并对全球文化扩张产生的民族文化认同的弱化现象提出个性化的主张

《浅析文化主权与青少年国家民族意识》一文指出,我国的文化主权现在受到两方面的挑战:一是以美国为代表的西方发达国家的文化霸权主义,二是周边国家对我国传统文化资源的“抢注”与争夺”。在此基础上,认为“要维护文化主权、提升青少年的国家民族意识,需要在发展经济、建立社会主义先进文化、深入进行民族文化教育、保护民间文化、开展国际文化交流、建立文化安全预警机制等方面作出努力”。

《教育艺术》杂志在2003年下半年连续四期刊发了“全球化与当代青年价值观”系列文章,研究了全球化视域下当代青年民族认同感弱化、青年道德价值观变化、理性分析及应对之策等问题。此外，还有论文从文化自觉、道德重建等方面进行对民族文化认同的阐释。

青少年的民族文化认同问题在全球化进程中是一个非常重要的层面，全球化造成的后果或影响的主要方面即是形成“全球文化”，无论对所谓的全球文化做何看法，是同质化，还是异质化，还是第三种文化，民族国家的文化都会受到相对的冲击，加强文化认同是保护民族文化的主要手段之一。上述文章在这个方面的意识比较强烈，可对全球化的影响，或者更进一步说，全球化的文化维度或称之为文化全球化的理论开掘还处于表层，分析也有些流于宽泛之嫌。

二、反思

以上三个方面的研究总体上体现出文化研究与青少年研究的融合发展意图，也对全球化的影响有所关注，但无论从研究的深度、广度，还是对现有状况的反思力度来讲，上述研究存在一些仍可商榷的问题，主要表现如下：

（一）应用研究广泛开展，实践层面各有特色，但反思力度不足

在全球化背景下对青少年研究的领域涉及面较为宽阔，有青少年思想道德的培养、传统文化的认同、青少年的工作、创新能力的培养等方面。进入21世纪以来，在全球化社会背景下对于青少年的应用研究，得到了长足的发展，主要表现在青少年的工作和德育开展方面，形成了新特色——全球化与青少年的价值观、德育建设、民族认同等方面，突出其实践性质。但由于学界学者仅限于研究对象的现状、特征的梳理和总结，研究的深度和广度开掘不够，不能深入其里，对于论题的溯源性工作并没有真正入手，故而使此研究领域的工作显得仅限于泛泛而谈，反思力度不够。

（二）从研究对象来看，把青少年各个领域作为研究对象的较多，而从文化影响的角度切入青少年研究的较少

当下一些学者为青少年研究找到了一个共同发展的社会背景，即全

球化。全球化对青少年诸领域的影响成为学界讨论的主要话题。但是此论题的研究现状表现出一个重要的特点:视野开阔,深度不足,缺乏融通和内在理路。因而很难从总体上把握全球化对青少年影响的形成、发展,缺乏内在理路又使得这一研究湮灭于表现方式形形色色,实质却并无差别的研究范式之中。众多的价值判断和情感取向证明,全球化在文化层面上展开是最稳定、最持久、最具有解释力的,而对于青少年的文化影响进行分析,能复原于研究的学术理论语境中,检查其他学者是如何提出和处理的,最后尝试着找到问题的根源,并在爬梳问题的过程中,抓寻出文化这一具有本根性的思考脉络,从而使青少年研究更具有纵深性、更经得起拷问,而要做到这一点首先就要对研究方法和研究视野进行重新审视。

汤姆林森认为,"全球化(globalization)处于现代文化的中心地位,文化实践(culturalpractice)处于全球化的中心地位","二者是一种相辅相成的关系"。而且他坚持认为,"我们这个时代所经历的、由全球化描绘的巨大的转型式进程,除非从文化的概念性词汇去着手,否则就很难得到恰如其分的理解"。作为全球化研究的重要学者,他指出了全球化与文化的重要关系,同时,也为我们开辟了新的理论场域,即在文化维度上深入研究全球化的影响。青少年毫无疑问地处于全球化进程中,社会转型造成的巨大变革与落差将会一拥而上,对他们思维方式和对象进行清洗,这时候能够从文化的角度深入把握这一趋势或规律,将对青少年研究的深入大有裨益。

(三)研究的后果和对策性的问题提出较多,很少从影响的过程与途径入手来谈,而阐释和论证影响的过程,是解决问题的关键点

就众多的研究成果而言,对于论题的现状和应对策略提出得较多,但很少从影响的途径入手来进行阐释。近年来,置于全球化背景下的青少年研究一直行驶缓慢,研究方法单一,深度不足。一方面侧重于与青少年民族意识、文化认同的理论融合,另一方面偏重于对实践本身深度欠缺的分析。而常常忽视了对于文化背景和环境的考量,未能形成大文化视野。

从方法论角度而言，描绘事物或趋势的过程远比阐释其后果或展望其未来要复杂。对于全球化的影响这样的课题而言，更是这样。一方面，全球化本身就是一种复杂的联结。汤姆林森指出，相互联系和互相依存构成了现代社会生活的特征，而全球化指的就是快速发展、不断密集的相互联系和互相依存的网络系统。全球化的概念是一种非同寻常、容量丰富的概念，产生了远远超出完全是社会事实的思索、假设和强大的社会形象与隐喻。另一方面，对全球化进程中青少年的影响而言，涉及面广泛，可以表现在不同的层面上，如社会、经济、政治、文化，或者更为微观的层次，如传播媒介、文化认同、思想变革、行为方式、生活方式、消费理念等，从而形成杂乱无章的思想碎片和理解障碍，如果缺乏对过程的描写就会痛失把握形成因素的先机，只知结果，不知原因，最终提不出任何解决问题的办法。

三、应对策略

全球化涉及经济、政治、文化三个层面，文化作为社会共同体因子是最持久、最稳定、最具影响力的。电子媒介时代和“地球村”的应运而生，促进文化集中化的和零散化及碎片化，同时也加速了全球化的复杂性、多变性、流动性及不稳定性。面对全球化进程的加速，文化的解释力也随之增强。要想深彻地明晰全球化对青少年影响的过程、媒介、后果、对策等一系列问题，从全球化的文化维度入手进行文化研究是必然途径。一方面，这一领域的主要发生范围限定于文化范畴。全球化的影响在经济、政治、文化三个层面表现，而与青少年直接相关者为文化层面。鉴于文化概念的繁复性，无论是深层文化，还是表层文化，都与青少年紧密相关。另一方面，从已有的研究成果来看，研究方法多集中于“量性的研究方法”，也有一些学者试图通过问卷调查、数据分析等方法寻找影响青少年价值观的“确实因素”和“确实依据”，但这样的定性与定量研究从方法论而言难以满足全球化语境下的文化分析的要求，因此文化研究应当成为青少年研究重视的方法之一。

本文认为，研究范式的革新是应对当前全球化对青少年影响这一论题的重要手段。从全球化对青少年的影响入手，廓清其对青少年产生的文化影响及形成的过程、特点、机制，拓宽研究思路，达到在文化视野下对青少年文化的总体观照，进而为民族文化认同和青少年文化寻求更为宽广的路径和开放的空间，这是文化研究的题中之义。

众所周知，研究事物的发展过程和运行机制，其难度要远远超出一般意义上的定性或定量研究。其研究方法属近年来有新意的少数几种之一，涉及众多领域的知识，具有较强的创新性。

研究事物的影响过程和路径，是从本源上阐释问题的必要方法，能够使研究对象的探讨从更深层次、更准角度展开，对于问题的开掘较深，不但涉及问题的本根，而且具有极强的现实意义，这也是研究者进行研究的目的和动机。

本文所指的文化研究方法，意在通过对“全球化”对“青少年”的影响进行深彻的解析与探讨，把握全球化在文化维度上对青少年影响的路径、过程及影响事实，进而就青少年文化对全球化的形成和运行机制产生的作用，以及对全球化的反拨（如青少年与全球意识的形成，青少年与当下的文化认同问题），和全球化视野下的青少年研究问题进行开掘。

全球化对青少年的影响之一表现在“文化体验”层面。这种影响主要表现于文化体验带来“亲近感”和文化体验的时空性。从不同国别的青年文学（如游记、散文等）、与青少年有关的电影和先锋艺术中挖掘不同的文化体验，分析其中的差异和共同点，印证全球化对青少年在文化体验方面的影响，寻求其影响的特点是一个重要的研究途径。

全球化对青少年的影响在文化体验层面主要表现于日常生活理性化、殖民化和同质化。法兰克福学派和勒费弗尔就重点关注日常生活的商品化。哈贝马斯则详细阐述了系统世界与生活世界之间的差异，指出政治——行政和经济系统运用的工具理性行为侵犯并销蚀了日常生活世界解放性的沟通能力。赫勒把注意力放到了日常生活的异质性逐渐受同质化过程影响的方式上。因此，分化过程可能只是开始的一步，原来镶嵌在日常生活中的科学、艺术、哲学和其他理论知识过程在此过程中越来越相互分离，以使得日常生活理性化，殖民化和同质化。

全球化对青少年的影响之二表现为“审美经验”层面。从“非距离感”、“审美经验的泛化”和“差异性”、“民族审美经验的反抗”入手，探求其在审美层面上的表现。全球化带来审美经验的泛化倾向，但更促进了民族审美经验的反抗，这一点在青少年文学、青少年文化符号、与青少年有关的电影和先锋艺术的美学倾向中显露无遗。廓清全球化与青少年在审美经验层面的联结，将从哲学层面揭示出审美诉求成为全球化不断扩张的内在动力。

在当前全球化化的社会，青少年的审美发展深受全球化的影响。媒介一方面为青少年提供了多元审美内质，满足了其审美需求，拓展了其审美经验，提高了其审美能力；但同时，大众媒介又使得青少年的审美日益感官化、平面化，在审美内容上不断欲望化、消费化，并呈现出模式化、同质化的特征，从而在某种程度上演变成一种审美泛化。对此需要政府、社会、家庭、学校各方面共同努力、各司其职，以减少全球化的不良影响，积极推动青少年的审美发展。

全球化导致审美传播的泛化，媒质如音乐散文、诗歌 TV、动画卡通、网络游戏、网络广告、互动电视、水幕电影等等，刷新并冲击着人们的审美体验。审美对象的范围扩大了，审美对象已经拓展到了大众日常生活的方方面面，于是传统美学与生活格格不入的局面被打破，出现了所谓的审美的日常生活化，同样在大众媒介中，一切日常生活也都被赋予审美的关照。

全球化导致审美形式的变化即图像增殖。当前，随着图像的增殖和媒介传播的泛化，使得图像完美，电视、电影等视觉媒介外，甚至绘本、漫画图书均深受受众的喜爱，网络上的视频日益繁多，以影像为主的 MP4 大受市场的喜爱，手机屏幕可以接收图像信号。媒质不断深化着图像传播，数字化图像已经成为这个时代主要的审美表现形式。图像本身审美特性越来越泛化，数字图像技术冲击了图像的真实性。网络游戏通过3D技术将虚拟空间变成真实世界。图像能否再现现实已无关痛痒，重要的是图像本身的审美再现。

全球化对青少年的影响之三表现为“传播媒介”层面。从“电子传媒的网络构型”方面入手，可以在物质层面上探讨其联结问题。现代传媒技术加速了文化的交流，并在物质层面上促成了全球化的广泛扩张，而作为全球化的传播媒介除了既有的现代传媒技术外，青少年文化本身也是全球化的重要推手和载体，从全球化发生的几个时段来看，青少年文化作为媒介起到了重要的作用。

电子媒介导致了一系列新的现象，加速了全球化和本土化的进程，通过时空分离或时空凝缩，“地球村”应运而生。电子媒介通过编码和解码把信息和作为工具的媒介分离，大大提高了传播的速度和广度，也在很大程度上提高了传输的信息量，使媒介的传播从视觉空间下的单向传播恢复到了听觉空间下的双向传播，同时克服了时间与空间的掣肘，使人们在借助媒介的情况下重新享受“面对面”的交流。

在鲍德里亚看来，在当代社会中媒介的加速作用，即从现代生产领域堕落到后现代模拟社会。因而，对鲍德里亚来说，后现代是一个由符号、代码和模型控制的模拟的时代。现代性集中于物品——商品和产品——的生产，而后现代性则以激进的类制作和符号的激增为特征。此外，追随麦克卢汉，鲍德里亚将现代性阐释为一个商品化、机械化、技术和市场关系爆炸的过程，而将后现代社会看做一个内爆的场所，涉及高级文化与低级文化、现象与实在、传统哲学与社会理论所主张的每一种二元对立之间所有的边界、范围和差别。在鲍德里亚看来，伴随着符号和拟像在社会和日常生活的各个领域的快速传播，广播媒介，特别是电视的蓬勃发展，成为后现代性的一个构成要素。到20世纪70年代末期为止，鲍德里亚将媒介阐释为主要的模拟机器。这台机器大量产生出形象、符号、代码，而这些构成了(超)现实的独立领域并最终在日常生活和社会性的消除中起着重要作用。

应该指出，将全球化对青少年影响的文化分析作为主要研究对象，目前未见相关研究成果。将全球化理论与文化研究相结合，能够较为有效地避免文化研究的“巴尔干化”和不关注总体等弊端，对文化研究而言有理论上的补充和完善作用。以关系性思维贯穿本论题进行研究，在思维方法上有较强的创新意义，有利于全球化理论与文化研究理论的融合和延续。同时，开辟了青少年研究的新的理论视角，即从全球化理论着手，解析青少年研究的文化意义。从审美经验层面入手，对全球化的文化维度进行观照，探求全球化的审美内涵，本身是一项难度较大的创新工作。本文在此方面做了一些粗浅的工作，希望这一论题能够引起相关研究者的重视。

参考文献

言玉梅：《全球化背景下西方文化对我国青年价值观的影响》，《湘潭师范学院学报（社会科学版）》2003 年第 5 期。

孙召路：《全球化与当代青年价值观的嬗变及其基本趋势》，《陕西青年管理干部学院学报》2003 年第 2 期。

王淑玉：《关于全球化与青少年创新能力培养的思考》，《陕西青年管理干部学院学报》2002 年第 3 期。

汪国培：《国外学校意识形态教育的特点与启示》，《淮阴师范学院学报》2006 年第 6 期。

徐莉、何茜：《全球化背景下多元文化教育的发展走向》，《比较教育研究》2005 年第 12 期。

陈志兴、王丽荣：《全球化视域下人类理解的时代境遇及其德育路径》，《河南师范大学学报（哲学社会科学版）》2010 年第 1 期。

张颖：《全球化与城市化背景下的职业适应型教育》，《高等工程教育研究》2008 年第 5 期。

赵烁：《全球化与教育》，《河北大学学报（哲学社会科学版）》1999 年第 9 期。

段传娅:《流行音乐全球化影响下高校流行音乐欣赏课的探讨》,《高等工程教育研究》2008年增刊。

王震:《全球化语境中对传统武术发展的文化思考》,《体育文化导刊》2006年第5期。

潘绮敏、张卫、朱祖德:《论全球化与当代青少年同一性的发展》,《华南师范大学学报(社会科学版)》2004年第2期。

曹雁:《浅析文化主权与青少年国家民族意识》,《长春大学学报》2009年第1期。

郭海燕、刘艳军:《全球化与当代青年价值观——全球化视域下当代青年民族认同感弱化的原因探析》,《教育艺术》2003年第8期。

刘艳军、郭海燕:《全球化与当代青年价值观〈二〉——全球化视域下当代青年道德价值观变化的特点》,《教育艺术》2003年第9期。

郭海燕、刘艳军:《全球化与当代青年价值观〈三〉——全球化视域下当代青年人生价值观的特点及其发展趋向》,《教育艺术》2003年第10期。

刘艳军、郭海燕:《全球化与当代青年价值观〈四〉——全球化视域下的理性分析及科学的应对之策》,《教育艺术》2003年第11期。

赵永富:《全球化进程中的文化自觉》,《中国青年研究》2002年第3期。

——,《全球化过程中中国青年道德的冲撞与重建》,《广西民族学院学报(哲学社会科学版)》2002年第2期。

——,《嬗变与导向:全球化与中国青年价值观》,《广西民族学院学报(哲学社会科学版)》2002年第3期。

汤姆林森:《全球化与文化》,郭英剑译,南京大学出版社2004年版。

王丽娟:《我国青少年价值观研究三十年》,http://www.cycs.org/ArtCoList.asp? Category=1&Column=395.

(作者　北京青少年研究所 博士)

发展　引领　双赢

——再论“实际、实证、实效”的研究方法

宋国力

早在1991年8月召开的全国第五届青年工作理论研讨会上，本人提交了“九十年代青年研究发展思路”一文，阐述“三实”的论点(即：实际——青年研究的广袤土地，实证——青年研究的主干方法，实效——青年研究的生命之魂)。近20年来，我们始终坚持这个基本思路，不断地推进龙江地区青年研究的深入，比较好地实现了历史与现实、理论与实践、成果与应用的有机结合，在青少年成长、青年政策、青少年成长文化环境等方面发挥着青年研究优秀成果的助推作用。

当今，中国社会已经成功地走过改革开放30年的艰辛历程。与改革开放一同成长的新生代青年，开始了而立之年的新跋涉。此间，青年研究也开始了从激情型研究向理性研究转变，依托青年成长的社会文化背景，立足人本化的视角，加大了对中国社会未来人力资源素质、结构、需求、走向的综合研究，核心主线就是青年未来的发展。20世纪90年代初，中国社会科学院社会学所组织全国青年学者编写并公开出版了《中国青年发展报告》。第一次提出了“偏离”与“吸纳”的观点，从理论层面较好地回答了当时调整社会与青年的发展关系的问题，采取了理解、宽容、吸纳的策略，促进两者之间逐步走向和谐，青年群体直面冲击社会的事件锐减，参与社会事务管理和监督的情况增多，更多地体现了建设性。比如，在“98抗洪”、“5·12汶川地震”、“2008北京奥运会”、“上海

世博会"等重大事件与活动中都积极主动参与，志愿服务，彰显着"80后"乃至"90后"的爱国情怀和攻坚克难的主体气质。青年一代在关键时刻的表现，进一步验证了"吸纳"比"挤压"更有效。所以，在全面建设小康和谐社会的过程中，对青年的研究要更多地体现人本化的理念，坚持"吸纳"，倡导引领，促进发展。应当立足于青年的发展需求，从生活、生产角度切入，着重进行青年发展特征、青年权益、青年就业创业、青年事务与政策、青年成长、文化环境、问题青年管理、青少年组织作用等方面课题的研究。比如，"青年思想道德建设报告"、"21国企青年工人报告"、"十县百村青年农民调查"、"十校百班大学生调查"，以及垦区、油田、森工、煤矿的四大行业专题调查和研究，都为辖区内青年发展和青年工作创新提供了理论的支持，在此基础上形成了《黑龙江省青年发展报告》，为省委、省政府的青年事务决策提供了理论和现实依据。实践表明：只有坚持这样的思路，才能加速实现青年研究从平面到立体，从静态到动态的历史性演变。青年研究才能立足本土，增添持久的新鲜的生命活力。

未来30年，也就是到新中国成立100周年的前后，今天的"80后"、"90后"们将位居社会舞台的中心，如何在未来的30年间，引领他们健康做人、成功做事，应当成为我们研究探索的基点，也是实现青年研究社会价值的主杆路径。

一、围绕科学发展，入轨定位

经过30年的改革开放和现代化建设，中国社会取得了巨大的进步，综合国力大幅提升，人民生活不断改善，国际地位显著提高。中国人民尤其是年轻一代的面貌发生了历史性的变化。新中国成立后特别是改革开放后的几代青年，伴随着社会的进步，向往过上"好日子"的发展目标更加清晰，他们不断地"加油"、"充电"，找寻自主、自由、个性化的生活，只要抓住机会就敢于拼搏，不惧挫折，体现着内生性的自我超越的积极心态。21世纪的新生代青年群体，与主流社会强调的科学发展一脉相承。当然,由于不同阶层、不同区域、不同起点的青年群体之间,仍然存在着思想、经济、文化多方面的差异,在研究青年过程中切忌忽略差异因素,而应注重从青年个体中找寻共性,通过综合分析探索规律性的需求特征,服务青年乃至少年群体健康而和谐地成长。另一个应当引起重视的问题是,当代青年群体的结构发生了明显变化,世代家庭在减少,核心家庭在增多,过多的物化供给有可能导致一代人精神缺氧,体能、智能、心能发展欠缺协调,从而,有可能带来他们性格养成的缺憾。

二、立足亲民人本,引领实践

科学发展的显著特征之一就是亲民人本,这应当成为今后青年研究遵循的主要原则。当今世界知识和信息发达,科技应用大力普及,经济全球化趋势日益深入,国与国之间的综合国力竞争日趋激烈,竞争的核心焦点仍然是人才的竞争。资源资本、金融资本、人力资本三者交融中,人力资本处在主导地位,广泛开发人力资源将成为可持续发展之本。所以,深入研究如何引领民族未来的潜力资源——青年和少年成长成才,必然成为青年研究的重大时代课题。从理论层面理解,"引领"是"吸纳"的延伸,更具有时代特色。"引领"中包含教育、引导、开发、包容、惩戒,比"吸纳"更宽泛而富有磁性,是内生主体意愿和外力助推导向的有机结合统一。青年研究要着力研究"引领"之策、措施及方略,从制度安排上建言献策,更加有利于促进当代中国青少年政策进一步的发展和完善。"引领"的前提是立足国情,体现民本,眼睛向下,重心下移,带着亲民的情感去认识青年、了解青年、服务青年,在实践与理论的结合点上,拓展视野、深化研究、构建学科。

三、携手合作互动,共创双赢

当前,正在走向复兴的中华民族,其前途和命运已经融入世界格局,希望寄托在年轻一代身上。30 多年改革开放的伟大实践,使中国人民特别是年轻一代有了开阔的国际视野。研究主体对象和青年研究工作者之间的差距缩小，知识和信息的共享，加速着主体和客体关系的变化。适应变化的背景环境，有效地深化青年研究，必然要进行力量、资源、经费的整合，实行多学科、多领域、多层面的“大协作”。一是要敢于破除部门、区域的束缚，合作课题、互动交流、成果共享。二是要主动与青年工作实际部门实践结合，争取机会参加共青团、青联、少先队及教育、政法部门涉及青年的重大项目研究和调查，渗透青年研究的理论和方法，运用科学方法创新青年学科理论。三是要加强国际项目合作，以理性、开放、兼容的自觉心态，搞好课题协作，开展学术交流，促进世界各国及地区青年研究学者友好往来，通过合作提升研究水平。四是要进一步研究和完善中国青年发展指标体系，丰富内涵，使之更符合国情，具有可操作性。五是要构建青年研究学科体系，纳入社会学总体视野和框架。六是要注意运用现代媒体、网络实施社会调查，增强研究的时效性。七是坚持创新，注重保护知识产权，大力倡导原创性成果。在成果评估时要去伪存真，保护和激励原创性成果。八是要进一步整顿学风，创造平等、宽松、互动、交流的学术氛围。

总之，今后一个时期，我国青少年发展的走向决定着青年研究的路径。在青少年研究队伍新老交替的过程中，要继续坚持基础理论和应用对策研究并举的结合，坚持专业学者与兼职力量的结合，坚持学科体系建设与服务引领实践的双重效益，在青年政策、青年成长、青年文化、青年就业等理论方面有所突破，坚持理论研究与实际需要的协调发展，以量的积累促质的飞跃。

（作者　黑龙江省青少年研究所所长 研究员）

“数据当家”与实证研究

刘宏森

一、“数据当家”现象值得关注

“90 年代以来，我国的青年研究由‘80 年代’的‘学科建设热’，渐转到比较务实的实证研究，这是一个可喜的进步。不管是全国性的宏观研究(如《中国青少年发展状况研究报告 1992 年》、《中国青年发展报告》)，还是地区性、局部性的微观研究(如散见于各种青年研究学刊中的各种规模大小不等的调研报告等)，都无不折射出实证研究的光芒。”

这段文字来自于赵宪生先生 1997 年的论文《正视问题，找出差距，再创辉煌——谈我国青年研究的现状》。所以引用这些文字，是因为我觉得这些文字虽然写于 10 多年前，今天重读却并不感到过时。熟悉青年研究领域现状的人应该都会有一种共同的感受，那就是：高度重视实证研究确实是青年研究界近年来的一大特点。

实证研究是科学研究的一种范式和方法体系。实证研究注重通过对大量经验事实的科学归纳，形成某种具有普遍意义的规律性结论。再通过逻辑演绎等方法推导出某些结论，并将这些结论置于现实之中进行检验。其中有几个要点值得我们特别关注：一是注重以发生过的或者发生着的实际状况为研究对象，从实际出发，而不是从本本、概念出发开展科学研究；二是注重通过多种途径，开展调查，从发生过的或者发生着的实际状况中广泛搜集和把握调查数据、具体事实等第一手材料；三是注重以调查数据、具体事实等第一手材料为论据，通过归纳、演绎等逻辑方法，形成凸显实际状况本质的结论。

实证研究的主要方式包括问卷调查、个案访谈、随机采访、田野调查等。从这些年青年研究的实际情况看，问卷调查，特别是抽样调查最被倚重，运用最为频繁，其他方式难以望其项背。某种意义上讲，问卷抽样调查似乎已经成为实证研究的主体和代名词。许多学术课题推出之初，人们首先要做的往往就是设计、发放问卷，回收统计等等。这似乎已经成为一种风气。

然而，赵宪生在同一篇文章中还指出：“目前的青年研究出现重定量分析，轻定性分析……的现象。只要能够设计一套问卷，再做些统计分析，进行简单的归纳和结论，就可成为一种‘学术成果’。”翻阅这些年来各类青年研究学术期刊和学术会议论文集，往往满眼图表、数据、百分比。这表明，赵宪生当年所描述的现象今天同样普遍存在。

许多以实证研究面目出现的学术论文往往以调查报告为主要形式，以数据为提升文章学术价值的核心内容。这些文章通常简单交代一番调查的缘由、背景、方法等等，之后便以主要篇幅逐一展示得到的数据，再对数据的意义作一些简单的解说，最后，作一些结论，提一点对策，便大功告成了。有了数据，就有底气宣称自己直面了实际，避免了闭门造车；就意味着论文有了当家的内容和靠得住的依据。然而，一旦抽去数据，研究者思想的灵动、深刻与穿透力则往往无迹可寻。事实上，在提出问题、收集素材、分析材料、作出结论的每一个步骤背后，都离不开理论和思辨的引导支撑。缺少理论指导的实证研究是难以进行的。

这就是“数据当家”现象。“数据当家”有两层含义：一是把数据作为论文的核心和主干内容；二是把数据作为一种标签，显示研究的科学性和严谨性。学者们指出：“这种肤浅的、缺乏普遍意义和理论根据的调查报告充斥着各种学术研讨会和青年研究刊物，对青年研究的方向起着一定的误导作用：在青年研究中，似只有实证研究的成果才真正有价值，而定性分析和思辨性的理论研究则‘统统可以扔掉’。”（赵宪生）当然，这些年发表的许多调查报告是否都是“肤浅的、缺乏普遍意义和理论根据的”，自然不可一概而论，但把实证研究简化为问卷抽样调查，再进一步简化为获得数据，最终由“数据当家”的现象倒确实是存在的，值得高度关注。

二、“马赛克拼图”难以准确反映实际状况

数据来自于调查，主要是问卷调查。问卷调查中，又以抽样调查为主。这与被调查对象的范围比较广、数量比较大有着直接的关系。一般来说，穷尽所有被调查对象的全覆盖式调查，其操作性比较差，实施难度很大，很多时候也无太大的必要。这与归纳推理一样。现实生活中，更多的是不完全归纳推理，而完全归纳推理则极少。事实上，人类的知识主要就来源于不完全归纳推理。

抽样调查中，每一个样本都是一个点。抽样必然意味着形成样本的点阵，由此形成的数据群落也以点阵状呈现着被调查对象的状况。这种点阵状的数据群落，必然会形成“马赛克拼图”的效果。样本量越小，样本间的间隔便越大，“马赛克拼图”的“颗粒”便越粗，其反映被调查对象状况的实际效果也就离“细腻”越远，容易产生以下几个方面的问题：

点的分布及点与点之间的边际状况难以得到充分反映和体现。在具体的问卷调查中，样本的选择及其相互间的间隔，具有很强的专业性，是需要小心处理的问题。样本的代表性如何？样本之间的边际状况如何反映？面对众多未知的被调查对象，抽样调查一般都难以具体顾及样本分布和点与点之间的边际状况。

不同的调查者有不同的样本资源、不同的抽样策略。这也使得数据在反映现实状况方面，难以实现人们所期待和标榜的所谓客观真实性①。

因此，通过抽样调查，人们对被调查对象的把握常常是“大体上”、粗线条、难免朦胧模糊的。“马赛克拼图”往往只能远观，却不能近看。当然，我们要看到，问卷调查得出“马赛克拼图”的结果，也许是问卷抽样调

查方法的一个基本特征，本身很正常。问题在于指望“数据当家”，仅靠“马赛克拼图”式的问卷抽样调查，就宣称准确把握了被研究对象的实际状况，却是对实证研究的背离，有些天真和简单。

将实证研究简单化甚至等同于问卷抽样调查，等同于“数据当家”；将数据和图表当成实证研究的标签，如此非但不能充分发挥实证研究的作用，反而使实证研究走入了一个窄小的胡同。这正如把喜剧小品等同于赵本山的小品，难免使喜剧小品的发展之路越走越窄一样。“青年研究和其他社会科学的学科一样，需要将定性分析、定量分析和思辨研究的方式有机地结合起来，才能使局部的调查研究上升到整体的普遍意义，具有宏观的指导作用……如果我们在青年研究中‘罢黜百术，独尊实证’，不仅会造成理论上的偏差，而且更可怕的是会将青年研究引入一个狭小的、自我封闭的天地。”(赵宪生)

要准确把握被研究对象的实际状况，除了通过问卷抽样调查获得数据以外，我们还应该针对不同的适用对象和适用领域，灵活运用不同的研究方法。如果说抽样调查得到的数据具有非常重要的参考价值，有助于人们把握“点阵”构成的总体状况，那么个案访谈、随机采访、文献研究、田野调查等方法则有助于人们把握被调查对象极其具体的情况和十分微妙的情感律动，把握点与点之间边际状况的细微变化。几种方法配合使用，才能真正发挥实证研究的作用，帮助研究者更准确全面地把握现实状况。青年研究中同样如此。

三、“数据当家”难以促进青年研究的健康发展

青年研究 30 多年发展的历史说明，实证研究有助于解决此前青年研究中普遍存在着的内容空洞、论据不足、逻辑缺失等方面较为严重的问题。但是，实证研究具有很强的专业性，需要研究者经过系统的专业训练，熟练掌握抽样、调查、统计、访谈、分析等方面的专业技巧和能力；需要研究者具有较为深厚的理论素养、较强的思辨能力。实证研究不是问卷和数据的简单堆砌。

同时，实证研究也需要研究者预先对相关领域的现实状况具有广泛深入的了解、理解和把握。从某种意义上说，问卷调查更多的是验证人们对现实状况的直觉，校正人们对现实状况某些常识性认识的重要手段，而不是把握现实状况的最主要手段，更不是可以“一招鲜，吃遍天”的唯一手段。

之所以出现将实证研究简单化甚至等同于问卷抽样调查，等同于“数据当家”的现象，赵宪生认为，这与“我国的许多青年研究者往往为了图方便、省事，大都采取问卷调查，而不愿做艰苦深入的追踪访谈、参与观察和广泛的理论考证工作”有关。

图方便、省事，这一点在马德峰的研究中得到了证实。马德峰于2001年选取1993年至1999年中《青年研究》上发表的292篇社会调查报告进行了分析。分析显示：调查对象间比例分布不均衡。这与相当多的研究者为高校、科研院所的研究人员有关。他们对大学生、中小学生等比较熟悉、了解，研究起来比较容易，相对来讲，对青年工人、青年军人、青年农民接触和了解不多，故研究较少。笔者在近几年的编辑工作中也有同感。众多来稿中，调查报告一类的文章占一半以上，而调查的对象主要为大、中、小学生和机关青年。这与作者有“就地取材”的方便有直接关系。

相对而言，追踪访谈、参与观察和广泛的考证往往需要进行长期、深入、艰苦的研究和思考。这一方面需要研究者具有较高的理论素养和学术研究能力，另一方面需要研究者不断进行理论创新，对世界和人生形成新的认识和感悟。不少依靠“数据当家”的研究者也许恰恰在这些方面有所欠缺 。平时忙于各种事务，无暇思考和研究，到了职称申报、绩效考核之时，则心急火燎找选题、发文章。在理论和素材甚少积累的情况下，设计一套问卷，就近在身边人群中做些问卷调查，再做些统计分析，敷衍出一个“数据当家”的调查报告，便成为一条方便、省事地拿出“学术成果”的捷径。

“数据当家”式的“实证研究”，与学界推崇的实证研究有着很大的距离。“数据当家”式的“实证研究”似乎很实证很学术很严谨，却掩盖了调查者（研究者）理论素养方面的严重欠缺、理论直觉方面的不足、实证和理论表达能力方面的捉襟见肘。它难以帮助青年研究更准确地把握青年世界的鲜活现状，难以真正起到学术积累，促进青年研究健康发展和学科建设的作用。

“数据当家”的现象与青年研究队伍的人员构成有关。目前，青年研究队伍主要由三方面人员组成：一是社科院所的研究者，二是高校思想政治工作者为主体的研究者，三是共青团系统的干部和教师。这三方面人员中，高校思想政治工作者和共青团系统的干部、教师是目前“实证研究”的热衷者和重要力量。这些研究者中，接受过系统专业训练，熟练掌握了抽样、调查、统计、访谈、分析等方面专业技能的人较少。因此，其所推出的种种调研报告中，“数据当家”现象较为突出。尤其是一些高校思政工作者往往以自己管辖的年级和班级为抽样调查范围，设计一套问卷，取得一些数据后，便写出一份以“当代大学生……的调研报告——以××学校××专业××班级为例”为题的论文。社科院所的研究者普遍具有较强的实证研究能力，但他们往往难以全身心耗时费力地投入青年问题实证研究。近年来，一批具有社会学等专业背景的年轻研究者进入团属院校青年研究队伍。他们一般都受过较为系统的实证研究训练，也推出了一些有一定质量的青年研究领域的实证研究成果，但其在理论积累和对现实社会的深刻把握方面，尚处“革命尚未成功，同志仍需努力”阶段，因此，暂时还难以担起从整体上改变“数据当家”现象的重任。

另外，“数据当家”的现象也与现行的科研考核机制有关。只要许多单位求数量而忽视质量的“一刀切”的科研考核机制不改变，这种现象就依然会存在，“数据当家”的调查报告就依然会在各种学术研讨会和青年研究刊物上大行其道。而深入街角青年、深入各类青年组织进行费时费力的田野调查[②]，多年磨一剑式的扎实研究，则如沙漠喜雨般稀罕。

注 释

① 马德峰对此类现象作了比较细致的研究。参见马德峰:《社会调查方法在青年研究中的应用现状——对292篇社会调查报告的分析》,《青年研究》2001年第4期。

② 参见陈世海:《青年女性哭嫁习俗:在惯性中传承与断裂——鄂中地区哭嫁习俗的田野调查》,《青年研究》2009年第5期;周伦府:《熟悉中的陌生:一位80后返乡农民工的社区体验》,《青年研究》2009年第5期,以及黄海对长沙街角青少年的相关研究:《从青年研究到青年学——一种真问题与真学问相结合的文化人类学反思》,《湘潭大学学报(哲学社会科学版)》2005年第6期、《田野、叙事和结构:青年研究的人类学进路——兼论青年研究从对策性到解释性的转型》,《当代青年研究》2007年第2期。

参考文献

赵宪生:《正视问题,找出差距,再创辉煌——谈我国青年研究的现状》,《青年研究》1997年第12期。

马德峰:《社会调查方法在青年研究中的应用现状——对292篇社会调查报告的分析》,《青年研究》2001年第4期。

(作者 上海青年管理干部学院院长助理 副教授)

青年研究的动力与快乐

——在“青少年研究队伍的代际更替与青少年研究的发展”研讨会上的发言

杨长征

非常感谢逸群兄、纪老师邀请我来参加这个会议。会前，沈杰博士给我出了个题目：“谈谈几代青年研究者的特征。”我想了想，感觉没有研究，不敢乱说。说实话，我来参加这个会议，主要是来学习的。这绝对不是谦虚。客观地说，我不是一个青年研究者，而是青年研究界的一个编辑。在座的都是我的老师，我是拜读着、编辑着各位老师的文章大作走过来的。当然，这一走就走过了将近 30 年。编辑工作做长了，好处是或许比别人看的文章更多一些、更细一些，坏处是容易落下眼高手低的毛病。反正文章是越来越不敢写了。下面简要谈一点感受，把时间更多地留给新生代的代表——中国青少年研究中心青年研究所的副所长邓希泉博士。

昨天和今天上午，听了各位老师的发言，很受益，也很感动，使我回忆起以前的许多人、许多事。我从 1982 年开始在中央团校从事《团校学报》的编辑工作，之后该刊改为《中国青年政治学院学报》，再之后改为《中国青年论坛》，1989 年 6 月之后停刊。1990 年，我被我的恩师黄志坚老师招入《中国青年研究》杂志，一干又是 13 年。2003 年至今，到中国青少年研究会工作，创办“中国青少年研究网”和“中国青少年发展论坛”，编辑工作依然是我的主业。

从一个编辑的视角看，30 年来，由于社会时代背景的变迁，我国青年研究界的风貌是不同的，是有差异的。我的总体感觉是：20 世纪 80 年代的青年研究界似乎更有激情、更有才华、更加原创，也更有责任感和使命感。进入 90 年代，我强烈地感觉到青年研究界的疏离与离散之感，一些很有才华、风格和水平的研究者不见了。别的不说，仅北京青年政治学院来说，比如英年早逝的葛铁林老师、北京青少年研究所的第一任所长谢维和老师，都相继离开了我们。这不是个别现象，而是一种普遍现象：在东北、上海、四川、广东、天津等地，都消失了一批才子。但大浪淘沙，也留下了一些铁杆骨干，支撑着青年研究这片刚刚被开垦的年轻的疆土。进入新世纪，新一代的青年研究者正在崛起。他们给我的感觉是：受过良好的系统的教育，思维活跃，视角开阔，功底扎实，当然也很务实。就我所看到的文章来说，我认为，由于新生代的加盟，在总体上是大大提升了我国青年研究的水准。这是我想谈的第一个问题。

第二个问题，近年来，“青年研究危机论”、“青年研究何去何从”等，不绝于耳。记得 2007 年，上海《当代青年研究》召开的那次理论研讨会上，大家争论得也很激烈。这反映出一些研究者不满现状与欲开拓进取的反思意识，以及欲承前启后的胆识，当然也有说怪话的、发牢骚的，但还是反映出要回归理论研究、元研究、研究之研究的倾向。对此，我本人还是很关注的，也很兴奋。因为，没有反省和反思，就不会有实质性的进步。

争论的焦点：一是青年学科建设的问题，二是学术理论研究与现实问题研究的关系，三是青年研究的科学性与学术规范的问题，四是党团政治与青年研究的关系问题。这些问题，我个人感觉背后可能涉及现有体制、人员队伍构成、社会资源的占有与分配，以及利益驱动和原动力的不同。不同体制下、不同社会角色与职业的需要、不同资源背景与利益分配下的青年研究者，对这些所争论的问题肯定会有不同的观点和答案，并非单纯的政治与学术、理论与现实、学理与范式、内容与方法的问题。

有人将青年研究的问题概括为两个“没有”:一是“没有青年”的青年研究(即“青年”不在场),二是“没有研究”的青年研究(即“研究”不在场)。我想再加一个“没有”,即“没有思想”的青年研究。能不能出思想,可能是更加关键的。思想,才最终决定着青年研究的生死存亡。

最后一个问题,也是我最感兴趣的,这两天有的老师也已经提到的,即“我们究竟为什么要搞青年研究”? 作为个人来说,从事青年研究的原动力究竟是什么? 是工作、职业的需要? 是社会角色的需要? 是评职称的需要? 还是社会发展的需要? 党、国家、共青团工作的需要? 还是学术理论研究的需要? 社会科学发展的需要? 还是青年的需要? 当然这些都是需要的,或许也是重要的,并由此构成了青年研究的主动力。

但除此之外,还有没有跟个人更具本质关系的别的需要呢? 即纯粹的个人兴趣、爱好的需要,对未知世界探索的需要? 除了“官方”与“学院”的青年研究之外,会不会出现“第三种力量”? 有没有“第三条道路”可走? 即个人化的、民间性的青年研究。其动力是非功利的。其指标只有一个,即是否快乐? 是否能够带来研究的快乐、思维的快乐、创作的快乐? 由此,青年研究的动力或许才能持久,才会不受外界的干扰,不因外部条件、社会角色、职业需要的变化而变化。作为青年研究界的一个编辑,我很期待、很渴望能够拜读到由此动力和快乐而产生的青年研究的成果。

就谈这么多,谢谢各位老师! 请大家拍板砖!

(作者　中国青少年研究中心科研管理部主任)

我国青少年健康幸福感测评指标问题研究

周华珍

一、问题的提出

“生活本身的目的是获得幸福，追求幸福让众生殊途同归。”（安妮·富兰克林语）幸福是全人类共同关注的一个主题，追求并获得幸福是人类的终极目标，也是当下人们为之奋斗的主要目标。当前社会各界正在讨论幸福、幸福感、幸福感测评指标等问题，特别是我国政府拟将幸福指数作为丰富考核地方政府行为的评估体系，这是值得庆幸的一件好事。但由于人们对幸福、幸福感及其测评指标、影响因素等尚未完全理解清楚，如果盲目行动很有可能会产生一些偏差。为了更好地促使政府制定保护青少年健康发展权益、增强青少年幸福感的计划和政策，我们有必要梳理青少年幸福感的概念、相关理论以及测评指标，以期为我国政府制定提高青少年生活质量、提升幸福感的相关政策提供科学依据。

国外对青少年幸福感的研究始于对儿童福利指标的研究，经历了从儿童福利指标研究转向儿童幸福感指标研究的过程，其间经历了以下阶段：第一个阶段是20世纪40年代最早创建的“儿童国家”报告的出版；第二个阶段是现代儿童幸福感指标的研究，主要来源于20世纪60年代社会指标运动，20世纪最后数十年才开始对儿童幸福感进行研究。儿童基金会自1979年以来出版的世界儿童状况报告、“欧洲儿童工程”各项措施都对儿童幸福感指标进行了论述，对儿童幸福感指标的研究兴趣部分是来自问责制的公共政策和家庭生活的迅速变化。

自从 1998 年时任美国心理学会会长马丁·赛里格曼(Martin Seligman)将积极心理学作为心理学一个新的领域提出来以后,人们在对幸福感进行研究时也逐渐开始关注积极心理对幸福感的影响。之后各国开始从心理健康视角对青少年幸福感进行研究,代表性的作者是 Candace Currie, Samdal Oddrum, Yossi Harel-Fisch, Antony Morgan, Asher Ben-Arye。2010 年 6 月在以色列召开的全球青少年幸福感科学大会上,Yossi Harel-Fisch 教授对青少年幸福感研究从 70 年代至今的情况作了简要概述。他指出健康幸福感是指"一种心理、生理、社会和精神总体状况的幸福感,而不仅仅是没有疾病或虚弱"。他认为健康幸福感决定性因素有重要的成年人、学校经历、自我价值感和社会联系。学校的积极体验包括归属感、安全感、成长、兴趣、能力、创造快乐、成功和赞赏,这些积极的情绪体验对青少年的幸福感产生直接影响,建立安全区是青少年之间相互尊重和关怀的内心需求。对具有挑战性行为问题的有效干预手段是聚焦青少年每个人的强项或优势、提高教师对有效管理班级日常事务的积极经验、提升自我价值、创造一种感觉,我能促进社区—我被需要、聚焦在我擅长的事上、表现我的才能和强项、成功并被接纳。社会联系包括有亲密体验、有意义和支持性的友谊、被同伴接纳(不感到孤单和被关系拒绝)、保持一种创造性的、积极的、平衡的社会生活。HBSC 研究模型关于青少年幸福感影响因素的研究概括为四个主要方面:家庭因素、社会因素、人口变量因素及个体心理因素(李志、谢朝晖,2006)。此外,生活事件也是影响青少年健康幸福感的重要因素。

国内近 30 年关于青少年幸福感的研究主要是应用国外理论及相关量表,大量集中于对主观幸福感和心理幸福感的研究,但从健康视角研究青少年幸福感的极少见。推动我国学界更深入地研究青少年幸福感,对于为政府制定促进青少年健康成长的政策,为教育管理者、教师、家长和青少年提供一些建议和措施具有重要的价值和意义。因此,本文将介绍国际青少年健康幸福感的研究模型以及测评指标,以期为我国深入研究和探讨青少年幸福感提供一个崭新的视角。

二、研究对象、研究方法

(一)研究对象

2010年3月至5月，中国青年政治学院青少年健康促进研究所的研究小组成员，对包括我国北部、东部、南部和西部四个不同区域的北京、内蒙古、黑龙江、江苏、福建、湖北、湖南、广东、海南、重庆、四川、陕西、甘肃13个省、自治区、直辖市不同类型学校的15000名11岁、13岁、15岁学生进行了问卷调查，有效问卷14920份，有效率达99.4%，其中男生49.5%、女生50.5%，11岁占36%、13岁占30.5%、15岁占33.5%。

(二)研究工具

“世界卫生组织—学龄儿童健康行为”(WHO-HBSC)研究是一项与世界卫生组织(WHO)合作对中小学生健康状况和健康行为方式进行跨文化调查研究的项目。从1982至今已经有57个国家和地区成为HBSC成员国，HBSC的研究工具是一份所有参与国共同使用的国际标准化调查问卷，该调查问卷经过近30年的发展已经非常成熟，其信度和效度非常高。按照国际合作协议，所有参与国必须向国际HBSC研究中心提供数据并递交国际研究报告。HBSC国际报告反映了各国青少年健康行为数据的相互比较和未来发展趋势，这些报告对政策制定者具有重要的参考价值和意义，因为可以与其他国家青少年健康数据进行比较，不仅评测青少年的健康行为和结果，而且比较影响健康的决定性因素。HBSC调查研究提供了基本的监测作用，目的是提升对决定青少年健康成长的综合因素及其发展过程的理解。我们引进HBSC项目就是希望借鉴该项目国际上青少年健康幸福感研究成熟的理论模型，来分析中国青少年健康和健康行为的现状及对未来健康存在的潜在危险，HBSC的研究模型包括社会环境、人口因素、经济状况、国家政策和社会信息对青少年健康的影响。

本次调查问卷题目主要由三部分构成，一是2005/2006 WHO-HB-

SC全部必答数据包的题目；二是结合三次问卷调查的结果以及我国青少年实际存在的健康问题，从2005/2006 WHO-HBSC可选数据包中选出的一些题目；三是结合我国健康政策制定者、从事健康促进教育研究的专家和学者提出的一些与青少年健康相关的重要问题编制的题目。

三、青少年健康幸福感的测评指标和影响因素

HBSC指出，“青少年健康是最广泛而敏感的，包含了身体、社会以及情绪方面的健康”。（Currie C，Samdal O，Boyce W and Smith R.，2001）联合国经济、社会和文化权利国际公约第12条和《人权法案》、《欧洲共同体条约》第152条款以及联合国《儿童权利公约》都赋予了每个人有权利享受较高标准的生理和心理健康。青少年是人类的未来，拥有积极心理的青少年拥有解决问题的技巧、社会竞争力以及使命感，这样的使命感能够帮助他们从挫折失败中恢复过来，能够在穷困的环境中幸存下来，避免风险较高的行为并继续自己丰富的人生。HBSC指出幸福感对青少年积极健康行为的发展至关重要，对于青少年一生的健康发展，除了需关注身体健康和一般健康行为模式之外，还必须考虑青少年的心理、情绪和社会适应能力。

（一）青少年健康幸福感的测评指标

HBSC健康幸福感是主观幸福感、心理幸福感、社会幸福感模型的综合，是积极心理健康模型的综合运用，包含生活满意度、正性情感、负性情感、健康关注、友好关系、利他行为、社会认同等测评指标，其中生活满意、正性情感、负性情感这三个目标变量所测量的是主观幸福感，它们构成了主观幸福感分量表；自我价值、健康关注、友好关系、利他行为目标变量所测量的是心理幸福感，它们构成了心理幸福感分量表，包括情绪是否稳定、是否容易接受批评、是否能够独自承担挫折、是否自信；社会认同、社会贡献、社会实现、社会和谐目标变量所测量的是社会幸福感，它们构成了社会幸福感分量表。

1. 社会支持指标包括家庭氛围、学校环境、同伴交往。（1）家庭氛

围包括亲子关系、家长对学校活动的参与、家庭经济条件、家庭结构。(2)学校环境包括对学校的整体评价、对学校规范的感受及学生的参与、师生关系、同学关系、学业表现及学习感受。(3)同伴交往包括向朋友倾诉困扰、关系较好的同学数量。2. 心理指标包括情绪是否稳定、是否容易接受批评、是否能够独自承担挫折、是否自信。3. 身体指标包括整体健康状况、是否有头痛、胃痛、背痛及失眠症状、是否认为自己体型适中。以上测评指标从社会支持、心理、情绪和社会适应能力四个方面检测青少年健康现状以及预测他们未来生活的满足感。

(二)青少年健康幸福感的影响因素

社会关系是指社会中人与人之间的关系，与健康状况以及健康行为密切相关。社会关系在青少年健康发展中发挥着关键作用，它不仅仅对青少年时期有影响，还对他们整个人生起作用。首先，青少年是人生中一个非常重要的阶段，它代表了一种环境的转换，从以家庭为中心的限制性环境到更易受同龄人和非家庭成员影响的更广阔环境。社会互动对青少年影响深刻，他们此时比任何时候都需要社会关系。第二，概括来说，青少年健康问题较大程度上受社会关系的影响。第三，社会关系是影响青少年健康行为的主要因素，行为模式会在这段时间内形成并会继续影响到成年时期。第四，青少年时期缺乏或者没有足够的社会关系(或者行为模式)，都可追踪到成年时期存在和累积的健康问题，这种累积暴露出其缺乏社会支持和人际交往。社会关系功能包括社会支持和社会紧张，社会支持是其他人提供的资源数量。因此，研究社会支持对青少年健康影响具有重要价值和意义，下面结合本次问卷调查结果分析社会支持对青少年健康幸福感的影响。

1. 家庭氛围对青少年健康幸福感的影响

家庭是儿童完成社会化最重要的代理人，孩子能够在家庭中养成为社会所接受的行为，也能够学会将与之相关的规范和价值转化成为自己的一部分。此外，家庭也是能够对儿童和青少年关于健康行为、态度和观念产生影响的最重要因素。

(1)亲子关系。在心理健康方面,数据显示与父母关系亲密、经常交流、易倾诉的青少年情绪更稳定、更易接受批评并且更加自信,但独自承担挫折的能力较低。在身体健康方面,与父母关系亲密的青少年报告健康状况好的百分比(97.4%)高于关系疏远的青少年(92.4%),头痛(37.4%)、胃痛(30.8%)、背痛(30.9%)及失眠(37.5%)的百分比低于与父母关系疏远的青少年(分别为55.2%、45.6%、46.5%及54.6%)。

(2)家长对学校活动的参与。在心理健康方面,家长积极参与学校活动的青少年情绪稳定(75.0%)、容易接受批评(71.6%)、自信(37.0%)的百分比高于家长不积极参与学校活动的青少年(分别为63.2%、62.8%、27.7%);独自承担挫折的百分比(41.6%)低于家长不积极参与学校活动的青少年(52.6%)。在身体健康方面,家长积极参与学校活动的青少年报告了头痛、胃痛、背痛以及失眠症状的百分比更低,并更多地认为自己体型适中。

(3)家庭经济条件。在心理健康方面,家庭经济状况好、家庭富裕程度高的青少年情绪稳定(75.2%)、容易接受批评(71.1%)、独自承担挫折(49.3%)、自信(37.5%)的百分比高于家庭经济地位低的青少年(分别为61.3%、65.1%、41.6%、27.8%);饿着肚子上学或睡觉、父母没有工作的青少年报告独自承担挫折的百分比更高些。在身体健康方面,家庭社会经济地位较高的青少年报告头痛(49.5%)、胃痛(33.4%)、背痛(33.5%)及失眠症状(40.1%)的百分比更低些,并更多地认为自己体型适中些。

(4)家庭结构。在心理健康方面,独生子女情绪稳定(73.9%)、独自承担挫折(45.9%)以及自信(38.0%)的百分比高于非独生子女(分别为71.1%、42.1%、32.5%),但能够接受批评的百分比(69.8%)略低于非独生子女(70.3%)。在身体健康方面,非独生子女头痛(43.3%)、背痛(35.7%)及失眠症状(43.2%)的百分比高于独生子女(分别为39.2%、33.7%、40.3%);非独生子女认为自己体型适中的百分比(42.6%)高于独生子女(37.2%)。

上述结果表明积极良好的家庭氛围在促进青少年健康满足感中发挥着重要作用。当青少年长期生活在和谐的家庭氛围中时，他们更会易感受到积极的情感体验并对生活作出更满意的评价。家中良好的交流对于促进儿童健康满足感具有十分重要的意义。良好的沟通能够使青少年在成长过程中，面临风险与挑战时能从父母那里获得及时的帮助，遇到困扰时以更积极的态度应对。而父母积极参与学校活动的青少年更容易适应学校的生活，在学校内感到安全、有归属感。数据表明，来自富裕家庭的青少年有较高的生活满足感、幸福感以及较少的健康问题，他们能够以更加自信的态度面对生活中的问题，情绪更稳定。同时，由于富裕家庭的青少年能够获得更好的照顾，降低了头痛等健康问题的发生率，进一步提升了青少年的健康幸福感。

2. 学校环境对青少年健康幸福感的影响

学校应当提供充满快乐的学习经历来预防青少年可能产生的消极体验，享受学校生活的青少年更自信并报告拥有较高水平的主观幸福感。相反，不喜欢学校的青少年更可能表现出不满意并可能由此导致压力感。积极的学校观念以及其他积极变量能够降低青少年产生问题的风险因素，感觉与学校之间有关联（学校关联感），包括喜欢学校以及与老师、学生保持积极的关系。本次调查结果显示学习成绩好、参与学校活动、参加课外活动以及父母参与学校活动的同学有较强的学校关联感。我们的结果用来评估以下五个领域的观点：对学校的一般看法、对校规和学生参与的观念、对师生关系的看法、对同学关系的看法以及学习成绩和出勤率。

（1）对学校的整体评价。在心理健康方面，喜欢学校的学生情绪稳定（79.0%）、容易接受批评（74.9%）以及自信（39.4%）的百分比高于不喜欢学校的青少年（分别为 56.9%、57.6%、26.3%）；不喜欢学校的学生独自承担挫折的百分比（49.3%）高于喜欢学校的青少年（42.2%）。同样，在学校有安全感的青少年情绪稳定（78.6%）、容易接受批评（74.7%）、自信（39.1%）的百分比高于在学校没有安全感的青少年（分别为63.8%、62.7%、29.3%）；在学校没有安全感的学生独自承担挫折的百分比（46.7%）高于有安全感的学生（41.9%）。在身体健康方面，认为学校不是一个好地方的学生报告了更高的头痛（49.0%）、胃痛（39.1%）、背痛（43.1%）及失眠症状（46.8%）的百分比，认为自己体型适中的学生百分比（35.4%）低于对认为学校是一个好地方的学生的百分比（42.8%）。

（2）对学校规范的感受以及学生参与制定校规。在心理健康方面，有份参与制定校规的青少年情绪稳定（75.7%）、容易接受批评（73.0%）、自信（39.1%）的百分比高于不能参与制定校规的青少年（分别为69.8%、67.0%、31.6%），但独自承担挫折的学生百分比（39.9%）低于不能参与制定校规的学生（47.1%）；认为学校校规不严厉的青少年情绪稳定（74.9%）、容易接受批评（72.0%）、独自承担挫折（44.9%）和自信（35.1%）的百分比高于认为校规严厉的青少年（分别为68.4%、65.6%、42.4%、34.8%）；认为校规是公平的、对课堂里如何运用有发言权、在决定做什么活动时有发言权的青少年情绪更稳定、更易接受批评并更自信，但报告了更低的独自承担挫折的百分比。在身体健康方面，在学校拥有高自主性的学生报告头痛、胃痛、背痛及失眠症状的百分比更低，认为自己体型适中学生的百分比高于在学校自主性低的学生的百分比。

（3）师生关系。在心理健康方面，老师鼓励表达自己观点的青少年情绪稳定（77.3%）、容易接受批评（73.5%）、自信（39.6%）的百分比高于老师不鼓励表达自己观点的青少年，独自承担挫折的百分比（41.1%）低于老师不鼓励表达自己观点的青少年（48.8%）。认为老师对待学生是公平友善的、与老师关系亲密的学生情绪更稳定、更易接受批评且更自信，但独自承担挫折的百分比较低。在身体健康方面，与老师关系亲密的青少年头痛（35.3%）、胃痛（28.9%）、背痛（28.6%）及失眠症状（34.5%）的百分比低于与老师关系不亲密的青少年，认为自己体型适中的百分比（43.3%）高于与老师关系不亲密的青少年（37.6%）。

(4)同学关系。在心理健康方面，同学相处愉快的青少年情绪稳定(78.1%)、容易接受批评(73.6%)、自信(39.0%)的百分比高于同学相处不愉快的青少年，但独自承担挫折的百分比(41.8%)低于同学间相处不愉快的青少年(51.0%)；被同学接受的青少年情绪稳定、容易接受批评及自信的百分比最高，分别为80.1%、74.9%、42.9%。在身体健康方面，同学关系良好的青少年报告了更低的头痛、胃痛、背痛及失眠症状的百分比，认为自己体型适中的百分比高于同学关系不良的青少年。

(5)学业表现及学习感受。在心理健康方面，学习表现好、未感到课业压力及难度、没有逃课经历的青少年情绪更稳定、更易接受批评、独自承担挫折且更自信，但感到作业令自己疲倦的青少年更能独自承担挫折。在身体健康方面，学业表现及学习感受积极的青少年报告了更低的头痛、胃痛、背痛及失眠症状的百分比，且认为自己体型适中的百分比高于学业表现及学习感受不良的青少年。有过逃课经历的青少年头痛(52.1%)、胃痛(42.3%)、背痛(44.9%)及失眠症状(51.6%)的百分比明显高于从未逃课的青少年(分别为37.0%、30.6%、30.9%及38.0%)。

数据显示，当青少年在学校中拥有积极体验(喜欢学校、在学校有安全感及归属感、参与校规制定、与老师、同学关系和谐、学习成绩好、没有因为学校作业而感到压力)时，他们报告了更高的健康水平和更好的生活满足感，且健康问题较少。优秀的学习成绩能够使青少年在学习过程中感受到更多的积极体验，而学习压力则对青少年健康幸福感带来消极影响。良好的学校环境与健康的自我评价以及生活满足感相关，在学校中来自老师、同学的社会支持是促进学生在学校满足感的重要因素，青少年能够借此体验到更多的积极情感，提升生活满意度，与积极的健康幸福感相关。

儿童能否在学校中获得积极或者消极经历受到很多变量的影响。已经发现消极的学校观念和产生问题的风险行为之间存在着关联。经历了不愉快的学校环境的学生倾向于报告较高的心理抑郁比例，并面临着更多的健康风险，例如吸烟、喝酒、暴力和欺负。有消极学校观念的学生更容易参与不良行为，如喝酒、吸烟以及食用毒品，由此导致一些不良心理问题。在学校中感受较高压力的学生更多地自我陈述健康问题（例如头痛、肚子痛、背痛和头晕），他们感受到难过、紧张和暴躁易怒这样的心理问题，学校健康报告了压力水平较高，对生活不满意的青少年其心理满足感水平较低。

3. 同伴交往对青少年健康幸福感的影响

青春期是青少年探求自己“成人身份”的关键时期。同龄人的重要性和社会交往的状态对青少年的健康和发展会产生重要影响。值得注意的是，同龄人群体能够产生积极和消极的影响，在一周内花几个晚上时间和自己的同龄人朋友在一起玩，通常被认为对健康（社会的、心理的以及情绪的）有益。尽管如此，在外面待的时间过长也增加了外部社会环境的影响，从而导致一些不良的后果（同龄人压力、吸烟、欺负这样的风险行为）。我们根据对同龄人相关项目即拥有同性和异性朋友的数量、业余时间与朋友娱乐、与好朋友谈困扰自己的问题三个维度的考察，得出如下的调查结果：

（1）关系较好的同学数量。在心理健康方面，朋友多的青少年情绪更稳定、更易接受批评并且更自信，但不易独自承担挫折；其中女性朋友数量较多的青少年健康幸福感更高。在身体指标方面朋友数量不同的青少年之间没有显著差异。

（2）与同伴共度课余时间。在心理健康方面，与同伴共度课余时间不同的青少年之间差异不显著。在身体健康方面，一周有5天以上晚饭后与同学好友在一起或进行联系的青少年报告了更高的头痛、胃痛、背痛及失眠症状的百分比。

（3）向朋友倾诉困扰。在心理健康方面，易向朋友倾诉困扰的青少年情绪稳定（73.9%）、容易接受批评（70.5%）、自信（36.0%）的百分比高于不向朋友倾诉的青少年，但独自承担挫折的百分比（42.6%）低于不易向朋友倾诉的青少年（61.2%）。在身体健康方面，易向朋友倾诉困扰的青少年头痛（40.8%）、胃痛（33.5%）、背痛（38.6%）及失眠症状（41.6%）的百分比低于不易向朋友倾诉的青少年（分别为40.8%、38.3%、38.6%、45.0%），在对自己体型看法上两者没有明显差异。

上述数据表明，良好的同伴交往能够增加青少年的归属感、自信心，使他们的情绪更加稳定。获得同龄人喜欢和接纳对青少年健康发展极为重要，与朋友相处可以促进青少年的社会交往技能，使青少年在面对生活困扰、学习压力时能更积极地应对，从而促进青少年的健康幸福感。

这些研究结果与国际调查结果基本一致，但是也有一些差异，最明显的是我国青少年幸福感指数明显低于全球水平，我国青少年自我健康评价等级、自尊程度普遍低于国际平均水平。在与国际数据进行比较研究过程中，我国青少年自信的百分比较低，仅有35.7%的学生在调查中选择了“有自信”。而11岁、13岁、15岁的中国青少年认为自我健康一般或较差的百分比分别为28.5%、32.5%、41.5%，高于国际平均水平（分别为12.0%、15.0%、19.0%），并且随着年龄的增长，健康状况呈现下降趋势。同样11岁、13岁、15岁中国青少年对生活满意的百分比（45.5%、48.5%、54.0%）也低于国际平均水平（88.0%、84.0%、82.0%），生活满意度呈现随年龄增长而下降的趋势。11岁、13岁、15岁中国青少年认为自己太胖的百分比分别为75.0%、32.5%、41.5%，明显高于国际平均水平的25.0%、15.0%、19.0%。我国青少年自我报告贫穷的比例明显高于全球，而生活满意度、自我健康评价等级、自尊都是测评青少年幸福感的重要指标。也就是说，我国青少年与全球青少年健康幸福感相比要低，这可能是多方面的原因造成的，比如经济发展水平、社会保障、应试教育、计划生育政策以及我国学生个性差异等。

四、结论及启示

通过对我国青少年健康行为调查问卷结果研究发现：一是家庭关系积极的青少年情绪更稳定、更易接受批评、更自信且身体更健康，但其抗挫的能力较低；二是对学校整体评价好、师生关系融洽、同学关系良好的青少年健康幸福感高于对学校评价差、师生关系、同学关系不良的青少年；三是拥有能够倾诉困扰的朋友数量多的青少年其健康幸福感更高；四是心理积极、情绪良好、社会适应能力强的青少年幸福感更高。可见家庭支持、学校环境、同伴交往对青少年的健康幸福感有非常重要的影响。基于上述分析，本人对我国青少年健康幸福感作以下几点思考：

首先，努力营造良好的家庭文化氛围。家庭文化氛围对孩子的生活习惯和生活方式的养成具有重要作用。父母的教育程度、经济收入、社会地位、价值观念、生活方式、生活态度对青少年的生活方式会产生直接的影响。因此，家长需积极努力，从物质、精神、心理各方面为孩子的健康成长提供条件，增强其生活满意度和心理满足感。

其次，积极改善学校环境。儿童和青少年白天八九个小时都是在学校中度过的，学校环境对青少年的健康成长起决定性作用。青少年时期的一个重要任务是逐步实现其社会化。学校的教育质量、日常管理、师生关系、同伴交往、学习压力等都直接影响青少年对学校的安全感、归属感、成就感、自尊和自信。这些不仅影响青少年的身心健康成长，而且直接影响青少年的幸福感。因此，教育管理部门和教师应提高教育管理水平，为积极改善校园环境努力。

再次，多方面培养学生的交往和沟通能力。青少年在与同伴交往的过程中相互学习、相互模仿，在整个儿童、青少年成长过程中逐渐形成认可、接纳、互助、分享、信任、友谊、欣赏、赞同等观念和意识。因此，同伴交往直接影响青少年的情绪体验和社会适应能力，这些对其生活方式的养成以及生活满意度、心理满足感都会产生非常重要的影响。可见，增强对青少年交往沟通技能的训练，提高其社会交往和适应的能力，对于提高其社会化程度具有非常深远的价值和意义。

最后，各级政府、教育、卫生、团中央、妇联等部门应关心青少年的健康成长，联合起来制定促进青少年健康成长的政策和措施，动员社会各界积极运用社会资本给儿童、青少年进行各种生存技能培训，增强其自信心，培养其积极心理，为改善青少年社会环境和文化氛围积极努力。

综上，提升青少年幸福感的根本方法和措施是从改善青少年生活环境和文化氛围入手，因此，促进青少年身心健康成长，改善其生活质量，提升其幸福感需要全社会的共同努力。

（本文为“青少年健康行为研究”课题的结项成果，该课题由中国青年政治学院资助，立项时间 2007 年 12 月，课题编号为 1890147）

参考文献

李志、谢朝晖：《国内主观幸福感研究文献述评》，《重庆大学学报》2006 年第 12 期。

Currie C, Samdal O, Boyce W and Smith R. (eds): Health Behavior in School-aged Children: a WHO Cross-National Study (HBSC), Research Protocol for the 2001/2002 Survey, Child and Adolescent Health Research Unit (CAHRU), University of Edinburgh.

（作者　中国青年政治学院青少年工作系 博士）

建立青年发展指标

——青年会全人康健指标的经验分享

萧婉玲

一、发展指标的意义

一项指标标志着一个实体的发展状况，青年发展指标是通过界定一系列与青年发展状况有关的参数进行测量、计算、描述乃至宏观地进行推论，以全面地了解青年的状况，包括选定参数所能够反映的规模/比例/水平，出现的规律/趋势/速度。一套客观、科学化的发展指标会成为我们规划青年政策的重要依据，亦可明晰政策推动的情形。它可以发挥以下功能，第一，它可以作为社会现状的说明/描述，指出社会问题的存在，反映社会关切和有兴趣的主题；第二，它可以反映过去的变动，依照过去的动向，评估/预测未来的可能发展，作为规划政策、预估目标及规划实践方案的参考；第三，它可以作为分析社会一些看法与说法是否合理的根据；第四，它有助于评估政策的绩效，对社会趋势具有启发性意义，作为比较标准，指出各样发展的趋势，何种政策的成就较大。（林水波、张世贤，2008）

二、香港青年发展指标的发展

国际之间都重视青年发展指标，以了解国民青年的发展现况。以香港为例，香港特区政府青年事务委员会从 1988 年开始进行香港青年统计资料概览计划并出版报告(Commission on Youth，1997，2002，2003，2005)，统计资料概览六方面的描述，包括：第一方面是与文化资本有关的内容，涉及青年文化和闲暇活动的参与、对家庭/国家的信念及价值观、文化知识的醒觉和状况(例如不同语言的运用能力)；第二方面是与社会资本有关的指针，涉及人口特征(如婚姻状况)、家庭背景/相处/凝聚力、青年行为/态度/价值观等；第三方面则是与人力资本有关的内容，涉及教育水平、辍学情况、健康等；第四方面涉及青年失业的情况，包括就业/失业/就业不足率/待业情况；第五方面涉及青年滥药的内容，包括吸烟/滥药、犯众等数据；第六方面则反映青年贫穷状况，包括领取经济援助数字、入息中位数等等。本年度的指标尚待公布。

而一个规模较大的项目则是由香港社会服务联会所进行的香港发展指数计划(香港社会服务联会，2002，2004，2008，2010)，有关报告从2002年开始发表，约两年发表一次，指数涵盖14个领域共47项指标，包括公民社会力量(如参与职工会人数比例)、政治参与(如投票率)、国际化(如国际会议数目)、经济(如家庭收入)、环境质素(如循环再造之都市废物量)、文娱活动(如本地制作电影数目)、康体活动(如公共设施数目)、科技(如科学学术著作)、人身安全(如交通意外死亡人数)、教育(如教育程度分布)、房屋(如住屋开支比例)、卫生健康(如自杀人数)、治安(如暴力罪行人数)及家庭团结(家暴数目)。2010年最新一期的指数显示，香港经济和社会发展强劲，但与民生息息相关的家庭团结、康体、政治参与、房屋等指数却有所倒退，似乎良好的社会环境未完全有利民生，相反不平衡的发展模式令家庭功能逐渐丧失，住屋问题加剧，种种情况值得我们反思。

除上述团体之外，香港大学民意调查中心从1997年香港回归时推出社会指标，作为收听民众对社会发展的声音的工具，研究的领域包括12项主要指标，包括民主、自由、繁荣、安定、公平、文明、廉洁、平等、效率、福利、治安和法治，而自由和法治又分别衍生出10项与自由有关的次指标和2项与法治有关的次指标。前者包括言论、新闻、出版、游行示威、结社、罢工、出入境、学术研究、文艺创作和信仰，而后者则包括司法制度公平程度和法庭公正程度。指标研究现时每半年进行一次，每次搜集超过 1000 位 18 岁或以上市民的意见，各项指标以 0 至 10 分或 0 至 100 分作为时每项指标的看法和评价评分。最近一期（2011 年 4 月 26 日）公布的一项指针结果，则显示市民对整体新闻传媒表现的满意率就同步下跌 10%，继续低于市民满意新闻自由程度的比率。大部分市民都认为新闻传媒有充分发挥言论自由，但亦同时有误用或滥用新闻自由的情况。

综观以上提及的发展指标，内容多元化，涉及青年人从生理至心理的状态（如身体和心理健康情况）、从个人状况（如婚姻就业情况）至环境情况（整体经济趋向）、从行为（犯罪情况）至信念/价值（如表述人生意义）、从自评个人与系统的关系（评价家庭凝聚力）到各系统情况陈述（如整体离婚率）均囊括在内，照顾众多影响到青年成长的因素和当中的复杂多变，综论而言，简单的指标并不能完全反映青年发展的情况，相反需要糅合和整合从不同角度构思的指标，才能发挥描述、预测、分析和监察青年发展的全面功能。青年会为一个服务机构，在拓展专业的服务惠及青年之外，重视科学化的精神，思考如何提供到位的服务。故此，对应种种服务介入和程序活动均作评检以检视服务的成果和成效。而针对机构的长远发展，亦定期通过内部管理层及外间专家/董事/委员的顾问意见规划发展策略。为了追求以更科学化的数据支持，和配合本会服务愿景的整合性数据内容作为规划服务之用，引发我会推动青年指标性研究工作。

三、青年会青年发展指标

（一）青年会推动青年全人发展的愿景成为构建指标的基础

香港中华基督教青年会于 1901 年成立，在港服务已有 110 年历史，我们致力倡导及培育青年肩负社会责任、关怀祖国、放眼世界，通过本会 40 多个服务点，包括综合青少年服务中心、外展服务工作队、学校社会工作队，以及入校的工作等等，推展各项有意义的事工惠及青年让他们能作全人发展，并对社会弱群有承担，并达至个人至社会修和。简而言之，我们积极推动青年完成个人发展任务，并对个人体系以外，包括家庭、社群、国家和世界作出承担。机构的服务理念成为我们建立康健指标的基础。

(二)指标充当检视青年会服务的导航器

青年会建立的指标主要发挥实用性功能，指标的建立视为服务的导航器，导引我们的事工方向和定立明确的目标，要达到怎样的成果和改变，被视为我们规划服务的参考之一。指标的内容包括了我们服务的目标和内涵，计划之中将定期进行，邀请本会服务受众填答，以分析他们的发展情况和趋势，同时作为我们观察服务成果的一个把脉器。与此同时，将本会服务受众的指数与小区群众的指数进行比较，将可作为本会服务成效的指标之一。

(三)发挥学术研究与社会工作的跨专业协作

全人康健指标在2008年首次推行，并通过香港浸会大学和香港城市大学教授协助进行指标内容的建构，大学发挥学术研究的专业优势，进行相关文献回顾，设计指标量化题目，而本会则充担操作性的工作。在设计指标的过程中，研究员透过焦点小组访问现职老师、社工，从他们日常接触青少年的过程，探讨能更好地反映青年发展状况的信息，作为构建本指标的参考性基础之一。

(四)扎根全人发展基础，奠定全人康健(wellness)的概念

本会自建会至今，一直履行倡导青年全人发展的概念，寄望他们在德、智、体、群四育有健全的成长，发展指标亦指向上述四育的目标。综观各中外理论，指标的设计主要参考美国北达科他大学及加州大学河滨分校对平衡生活模式的健康概念，包括以下六个方面的内容：

1. 体魄方面：除了指身体没有病痛外，更涵盖多种健康行为，包括足够的运动、均衡的营养、充足的睡眠、弃绝不良恶习(例如：吸烟、酗酒和药物滥用等)。

2. 人际方面：指个人的社交能力，包括能够运用良好且有效的沟通技巧、关心别人、尊重别人、帮助别人，与重要的人（例如：亲人、朋友、同学、同事）建立及维系亲密且和谐的关系。

3. 志向方面：指个人会主动了解自己的工作兴趣、能力和潜能，为自己订立既合理又具挑战性的目标，为实现理想而努力不懈，并从工作中得到满足感。

4. 思维方面：指个人需要透过持续学习，反复思考，培养开放式的批判思维；另一方面，愿意运用创意和想象力突破既有的思考框架，并能作多角度思考。

5. 信念方面：指个人有正面的自我价值，主动寻求生命的存在意义，明白自己与他人的关系及相互影响，以建立整全的道德价值观，培养并实践良好的品格。

6. 情绪方面：不单指个人能够有效地应付生活压力，更要经常保持乐观积极的心理素质，能向人表达内心不同的感受，以及适当地处理负面情绪。

（五）定期操作性计划以检视趋势发展

就 2008 年本会首次公布的指数，并以小五至中五年级的学生为对象，指数平均约 60 分，由于暂时只存在首年数字，故此尚未发展一个绝对值以判断指数的高低标准，相反将六项指标进行比较，则凸显青年在信念和志向两方面存在匮乏，表现较为逊色，两者指数分别为 50 和 48。另外，通过不同的年龄组群之间的比较分析又发现，升上中学的学生的指数呈现下降的趋势，值得我们注视升中后的生活，自主权增加诱使更多偏离规律性的健康生活和更具压力的成长期望促成他们在六个指标范畴都出现倒退情况。本会计划约三年进行一次大型的跟进研究，以进行趋势分析。即今年将会进行第二次的研究，以分析指数的趋势，以及其中不同年龄组群、性别、地域的青年发展的差异。

（六）指标的未来发展

1. 指向机构配合 21 世纪推动的核心事情

著名趋势学家约翰·奈比斯特曾在其 2009 年著作《中国大趋势》中

提出，中国将成为世界重要的经济体系，并将缔造一个龙的世纪，要面向世界的竞争并对世界肩负领袖角色和承担世界公民的责任，21 世纪的接棒人需要装备有关的核心能力、思维和价值。全人发展的概念亦被带动加入相关元素，以指向 21 世纪的社会对青年人成长的期许。而青年会的事工亦不断加入新元素，提供更多机会予年轻人装备成为领袖和与世界接轨的才能和视野，综观而言，包括以下焦点：

(1)世界公民。在全球化的影响下，国与国之间的政治、经贸、民生、环境等正处于一个牵一发动全身的状态，全球化带来危机的同时亦带来契机。人类的身份亦由一个国家的公民推进为世界公民，我们有义务去承担建立一个公义和文明的世界，亦同样可以争取更多的发展机会。本会认为他们必须从态度、技巧和认知三方面的基础扎根，装备世界视野和触角，并有一个平等和公义有爱的价值和思维，针对不同种族、不同条件/背景的人，都能表现尊重，有能力充担参与和改变世界的公民角色。在 2010 年本会进行了以世界公民为专题的调查“谁是世界公民?”调查的测题包含对青年人关心世界的视野和动机的测量(如阅读国际新闻)，以及他们对四项受到世界关注的社会问题的认知和实践行为，包括和平、可持续发展与环保、多元文化、贫穷。有关测量将纳入全人康健指标，成为我们监察青年在充当世界公民角色上的发展。

(2)品格教育。品格教育源于我会全人发展内德育的概念，社会的进步为人们提供了更多的发展机会和更富庶的生活，但同时亦可能造成社会、家长和青年本身忽视对品格的塑造和实践。参考美国青年会近百年的品格教育工作，借用当中的四大核心价值——尊重、诚实、关怀、尽责，成为本会品格教育事工的基础。2010 年本会亦开展一项名为“教出好品格”的专题调查，针对上述每项品格价值，调查均设定具体行为测题以厘定受访者在每项品格上的表现，通过运算利用得分以评估受访者的品格表现。该项调查结果显示，受访者的整体品格良好，唯关怀一项品格则处较低水平。

(3)环保教育。环境破坏和能源短缺成为世界关注的议题，世界要得到可持续发展，除了追求社会的进步和经济发展之外，同步需要注意环境的保护，全人康健追随的目标已超越天、人、我，即人与超自然/宗教（天）、人与他人（人）、人与自己（我）的均衡关系发展，而同时关注人与物质/环境（物）的人生境界。本会通过种种倡导事工和教育工作，将环保概念 4R——循环再用、减少使用、物尽其用、取代使用，灌输予青少年，诱导他们实践低碳生活模式。依此，本会于 2011 年亦进行以此为专题的调查“低碳生活观念和实践”，通过一系列的与环境保护及指向低碳生活的价值取向和行为有关的测题，以衡量青少年的环保意识和实质参与行动。结果显示，本地青年具备环保价值观，唯发现部分未能做到知行合一，在行动上尚有进一步倡导和改善的空间。

上述专题调查是以全港青少年为抽样样本，现阶段作为先导方式进行，稍后将计划将部分测题纳入全人康健指标之中，考虑的原则是重要性、必要性、效度和信度。通过定期进行有关指标研究，作为本会检视青少年群在聚焦的专题工作上的发展情况。

2. 检测机构服务受众的发展趋势作为规划服务的参考指标

全人康健指标是作为检视我会服务成效之用的，现阶段以先导形式进行，并以全港样本进行分析，用以评估本会服务受众之发展情况及趋势，在操作上尚有多方面要考虑的因素，例如指标适用的年龄、配对样本（pair group）追踪调查的可行性等等。首年进行的指标研究主要针对小五至中五学历的青少年，配合本会青少年服务年龄层主要由 6 至 24 岁，按青少年发展阶段分为少年、青少年和青年，每个阶段的发展复杂多变而不同，指标应呈现不同的焦点，测量的内容亦须配合不同的内容，此点为我们需要跟进处理好的。

3. 开展跨地域指标比较研究

眼下世代被喻为龙的世纪，全球化的带动下中国在世界担当更重要和更具影响力的角色。面向全国 13 亿人口，30 多个省/自治区/直辖市/特别行政区，因着不同生活环境而出现发展的差异，通过指标发掘彼此间出现的差距，更重要的是跟进探讨差距背后的原因，实有助不同地区的政策制定，做到取长补短，推进地区青年并全中国青年人力资本的发展。不过要考虑的是，因着日益频繁的经济文化交流，当中有些地区的发展出现相近的趋势，而欠缺趋势比较的价值；但部分地区由于存在截然不同的发展条件，自然有完全不同的发展步伐，而欠缺共通性，难作比较。故应选取哪些城市进行跨地之比较仍需进一步探讨。

4.重视青年参与成为指标建构者

如果说青年发展指标是作为了解青年发展并规划青年政策的工具，青少年参与构建指标实不能忽视。青少年被照顾和肯定的同时，他们的权益也应该同样受到尊重，他们作为第一身份的演绎和分享，从人力资本角度看他们对社会的贡献，或从生存环境角度由他们评价社会、家庭等等，将能够提供第一手和贴身的数据。

全人康健指标于 2008 年首年推行，通过焦点小组学术专家、社会工作者、教师三类身份者表达他们对指标内容的意见，未来我们将邀约青年参与其中，让指标的内容更具代表性和全面性。

参考文献

林水波、张世贤：《公共政策》，五南图书出版有限公司 2006 版。

——, Commission on Youth, Youth in Hong Kong: A Statistical Profile 1997

——, Youth in Hong Kong: A Statistical Profile 2002。

——, Youth in Hong Kong: A Statistical Profile 2003。

——, Youth in Hong Kong: A Statistical Profile 2005。

香港社会服务联会，“社会发展指数 2002”。

——，“社会发展指数 2004”。

——，“社会发展指数 2006”。

——，“社会发展指数 2008”。

约翰·奈思比特、桃乐丝·奈思比特：《中国大趋势——八大支柱撑起经济强权》，侯秀琴译，天下远见出版有限公司2009年版。

香港中华基督教青年会:《谁是世界公民调查研究报告》，(2010)(内部报告)。

香港中华基督教青年会:《教出好品格研究报告》，(2010)(内部报告)。

香港中华基督教青年会:《碳出个未来——学生在低碳生活的观念及实践调查新闻稿》，(2011)(内部报告)。

(作者　香港中华基督教青年会知识管理及策划科干事)

青年研究的问题意识

纪秋发

中国严格意义上的青年研究或者说将青年研究纳入社会科学领域，至今已走过了30年的历程。在老中青几代学者的努力与坚守下，中国的青年研究取得了不少成绩，著作出版与论文发表的数量在不断增加，这是不容置疑与否定的。但是我们也要清醒地看到，目前青年研究方面的论文质量普遍不高，存在着大量低层次、重复性的研究与拼凑文章，以至有学者发出"如果研究只是旧内容的洗牌，表面的喧哗不过是学术的末路"(陈亮，2003)的警示。更为重要的是，青年研究的学科化、专业化的发展一直没有得到解决，成为困扰着从事青年研究的一些学者挥之不去的心头之痛。对于那些致力于青年研究学科化、专业化发展的学者的探索精神与勇气，除了向他们表示敬意外，也不得不指出的，学科化、专业化的问题不独是青年研究领域在发展过程中存在的问题，中国的其他学科在发展的过程中也或多或少经历过这样的困惑。况且，就当前青年研究的队伍而言，要担当起青年研究学科化、专业化的建设的重任，还需要长期的、脚踏实地的探索、积累，不可能一蹴而就。本文仅就青年研究中受到忽视的问题意识谈一些个人看法。

一、问题与问题意识

问题是科学研究的起点和归宿。科学研究有各种目的、各种类型和方式，但它们都是从一定的问题出发，都是为了增进对某一未知领域的了解，问题指出了研究的目标和方向，可以指导观察资料的收集工作。爱因斯坦曾经说过："提出一个问题往往比解决一个问题更重要，因为解决一个问题也许仅是一个数学上或实验上的技能而已。而提出新的问题，新的可能性，从新角度去看旧的问题，却需要有创造性的想象力，而且标志着科学的真正进步。"（爱因斯坦、英费尔德，1998）

国内学术界对于"问题"的讨论，始于20世纪80年代中期，当时的讨论主要是在哲学或认识论、科学逻辑层面上进行的。"问题——某个给定过程的当前状态与智能主体（人或机器）所要求的目标状态之间存在的差距；问题求解——设法消除给定过程的当前状态与所要求的目标状态之间的差距；疑难（puzzle）——求解的理想与目前能力的差距。'疑难'也是一种'问题'。如果我们把目前的能力看做是过程中的'当前状态'，而把求解的理想看做是'目标状态'，那么任何疑难就都可归化在问题的定义之下。只不过它是表明主体能力与求解理想存在着差距的那一类问题。……所以，正是这类疑难才真正构成了所谓'科学问题'，这种科学问题的提出本身就意味着知识的进展，甚至它本身就构成了科学中的'发现'（发现问题），它在科学发展中有着重大意义。"（林定夷，1988）按照林定夷的看法，所谓"问题"，可以概括为两类，一类是对科学知识背景无知的"知识性疑难"，另一类是产生于对科学知识背景分析的"科学探索性疑难"。有学者从认识论范畴对"问题"进行探讨，将"问题"表述为"主体意识到自己在某一方面无知的结果，是主体的知与不知的矛盾统一体"，进而将"问题"分为"研究的问题"和"学习的问题"，前一类"问题"中所反映的无知是对于社会而言的，即对这种问题，社会尚无相应的答案，或被认为社会尚无相应的答案。因此，对这种问题的解答是为作为社会知识的信息总库增添新的成分。后一类"问题"中所反映的无知对于社会整体来说已经排除，但对于社会中的某些个体依然存在。对这种"问题"的解答不导致对社会知识之总量的增加，它们是通过从社会知识之总库中提取、掌握某一部分而得到解决的。（童世骏，1991）还有学者从人类认识活动的基本类型的划分出发，认为科学问题是在一定的科学知识背景下，科学认识主体所确立的探索性认识目标，并以科学问题的结构分析为基础，进一步区分出科学问题下的正确的科学问题与错误的科学问题、常规问题和非常规问题。（李祖扬，1996）从这些学者的观点来看，在科学研究中，所谓的“问题”就是需要进一步探索、研究、解答的疑难，是认识主体在知与不知的矛盾中，所确立的探索性认识目标。因此，“问题”是相对于现有的“知识库存”而言的，是现有的“知识库存”不能解决或解答的问题。（仇立平，2010）

从问题出发，这是社会科学研究的一个重要意识，科学的、理性的怀疑首先与问题意识有关。对于什么是问题意识，目前学术领域还没有一个为学界所接受的、明确与规范的说法，且多是从教育学、哲学的意义上理解问题意识的，如“所谓问题意识是指人们在认识活动中，经常意识到一些难以解决或疑惑的实际问题及理论问题，并产生一种怀疑、困惑、焦虑、探索的心理状态”。（姚本先，2001）“问题意识是指主体在进行认识活动时，通过主体对认识对象的深刻洞察、怀疑、批判等多种方式，产生了认知冲突，经过深入思考后仍困惑不解时，出现了一种具有强烈的探索情境的真实问题或想作出发现式创新的一种心理状态。”（房寿高、吴星，2006）“所谓问题意识，是指主体思维活动对各类科学问题的一种敏感状态，是指在进入科学研究过程之前，对科学问题的种类、发现问题的途径、评价科学问题的规则以及表述问题的方法等的预先准备状态。”（康琼，2003）显然，这些理解只是问题意识的一个方面。对于科学研究来说，更为重要的是问题背后的理论意识。正如当代国际关系批判理论学者罗伯特·科克斯（Robert Cox）所阐述的，问题意识虽然仍以问题为基本内容，即原有理论和客观事实之间的矛盾，但是它更是一种客观事实作用于某种特定环境中的主观意识的产物，具有更强的意识能动作用和行动者的阐释因素，问题意识是在特定历史时期对某些问题或事件的意识。（Robert Cox，1986；秦亚青，2005）科克斯的问题意识深化了对“问题”的认识，即问题不仅是“科学探索性疑难”，也不仅是强烈的对问题的探索欲望，更为重要的是理论对于问题的能动的阐释，即问题意识是建立在研究者提出问题的理论背景基础上或者能动地选择一种理论观照一个社会问题，因此，任何问题的产生都和特定的理论或方法论有关。

二、青年研究需要怎样的问题意识？

与自然科学将世界自然作为研究对象的中心不同，人文社会科学的研究对象以人及其社会文化为中心。社会文化的主体是人，是人创造、传承、演绎社会文化。社会文化问题归根结底是关于人的问题，人文社会科学所研究的问题最终都是在研究人的问题，也就是对人的特性或本质及其在特定社会时空下的实践问题进行研究。以青年为研究对象的青年研究也不例外。

对于人的特性或本质，马克思提出两个著名的观点，即在《关于费尔巴哈的提纲》中提出的“人的本质，不是单个人所固有的抽象物。在其现实性上，它是一切社会关系的总和”。以及在《1844年经济学哲学手稿》一书提出的“一个种的全部特性、种的类特性就在于生命活动的性质，而人的类特性就是自由的自觉的活动”。马克思关于人的特性或本质的规定，对人文社会科学或者说青年研究的启示意义在于，人的本质既不是单个人的特性，也不是固定的和抽象的，而是群体的、社会的、具体的、变化的，人的问题存在于具体且变化的社会生活之中。而且，人的类的特性是自由的自觉的活动，不是固化的抽象物，人的问题就在于人的一刻也不停止且瞬息万变的活动之中。人的“自由的自觉的活动”之外显方式就是以社会实践为核心的“生活世界”，其结果就是不断地建构出由变动不居的社会关系编织而成的复杂多样的社会文化之网。“不论众多的学科、庞大的队伍、各异的方法、汗牛充栋的研究成果所提出的问题数量如何多、差异如何大，若略做抽象概括而求其荦荦大者，人文社会科学林林总总的问题却又可归入两大类型：一类是直接面对或研究焦点为社会文化实践问题，近到当下出现或学者身边的经验事实，远到上古或异国他乡的事件和人物，具象到各种个案研究、实地研究、民族志研究、经济运行分析、应用对策研究，抽象到马克思当年研究的阶级冲突和剩余价值等，都是对特定时期特定社会生活中存在着与发生着的实践问题的研究；另一类是直接面对或研究焦点为社会文化实践研究的方法问题，宏观到辩证法、历史唯物主义、现象学、结构主义以及各种理论学派研究，微观到访谈方法、问卷设计、数据收集、文献查询、验证方法以及某个思想家或学者的研究，涉及的都是学者如何研究的问题。前者的研究可以称之为'实践问题'或'经验问题'，后者的研究可称之为'方法问题'或'元问题'。……发现、解释、回答人及其社会生活的实践问题，是人文社会科学的根本目的和职责；而方法论问题则是为了让人们更全面、更准确、更深刻、更有效地认知、发现、解释与回答社会生活的实践问题而已。"(何明，2008)因此，在人文社会科学领域，无论是研究实践问题还是研究方法问题，问题都直接或间接地来源于社会文化。换言之，社会生活的问题就是人文社会科学研究的问题。既然人文社会科学的问题来源于社会生活，那么，无论是直接研究社会生活的实践研究，还是研究如何更有效地认知与研究社会生活的方法研究，都应该把目光转向社会生活即"生活世界"——接触、感受与思考生活世界的状态，发现、提炼、解释与回答生活世界存在着或提出的各种问题。显然，这既是青年研究的问题来源，也是青年研究所需要的问题意识。

尽管30年来，青年研究的成果不少，但也充斥着相当多低水平的、重复性的、粗制滥造的文章。之所以如此，既与受制于职称评审、年终考核、硕士博士答辩资格对公开发表论文数量要求等体制性因素有关，但也与研究人员缺乏问题意识有关。"环顾当今中国学术界的现状，大多数人文社会科学研究者长期盘桓于自己狭小的书斋，忘却了人文社会科学的研究对象和根本目的，不愿也无力审视问题丛生的生活世界，失去了直面、感受和言说生活世界及其问题的能力而陷于麻木不仁和'失语'，醉心于概念演绎的抽象世界，致力于'纯思'的逻辑推论，只能挖空心思或无病呻吟地闭门'制造问题'和自说自话，学术研究与其'真问题'的产生方向渐行渐远甚至南辕北辙。与此同时，那些源远流长、意涵丰富、地域和民族差异显著的社会文化命题及其急剧变迁过程中迫切需要深入研究与理性解释的现实问题，却又难以进入学者的视域而被尘封在学界之外!”(何明,2008)与人文社会科学其他学科或研究领域相比，问题意识的缺失在青年研究领域更为明显、更为严重。

有研究者指出，在反思改革开放以来的青年研究的文章中，问题意识受到关注的程度远低于学科化问题。“可以说青年研究的问题意识源于研究的自主性或者说研究者的主体意识，源于对研究对象的关注。从研究对象出发，对研究对象的持续关注和思考，是问题意识的源起，而在研究对象中发现需要探讨和分析的问题则是问题意识的表现。因而，青年研究所需要的问题意识，是以真诚关注青年群体为基础或青年本位的问题意识。”(陆玉林,2007)田杰先生更是犀利地指出:“青年研究的科学化与学科化最重要的关节点不是某些或借用或独立的科学方法、概念、范畴等的确立和应用，甚至在整个过程中所谓的科学方法、概念、范畴等所起的作用都是有条件的而不是绝对的，重要的是研究者能够在中国现代性语境及与社会、青年的对话、沟通中真实而富有逻辑意义地回答‘谁是青年’和‘青年是谁’的问题，这是所谓青年本体论问题的第一道门槛，然后再进入‘什么是青年’的认识论论域，从而对青年一系列问题或论题作出比较科学、可信、有用的解释。……青年研究要对社会的变化(包括历史的和现实的)及其对青年的影响作出敏感的反应……青年之于社会，往往并非社会变革的主体力量，与其说青年是社会变革大潮中的弄潮儿，毋宁说他们的生存状态永远是在社会剧烈变革或‘现代性的旋涡’中挣扎、奋斗、反抗和求索。青年研究的学术关注亦将永远是对青年这种生存状态的描述和阐释，而是否能够站在所谓的学术最前沿，亦即看学术对这种状况反应的敏感程度和说明力度。”这里提出的一个共同的关注点是，中国的青年研究应以青年为本位，深入青年群体的“生活世界”，真心地关注青年的日常生活实践，关心青年的所思所想所为，并对青年的真实生存状态作出客观的描述与分析，从而抛弃那些脱离青年的真实生活所主观臆想出来的或信手拈来大众话语中“再现”出来的“青年”及其所谓的问题。这也是摆脱没有青年的青年研究和青年研究中看不到青年的出路所在。

三、怎样提高青年研究的问题意识?

“国内人文社会科学界的问题意识淡漠主要表现在两个方面:一方面,仅只在自己的主观世界中想象学术问题和从学者之间的互动中去拟构学术问题,而不善于也不愿意直面生活世界中的社会文化实践去发现学术问题;另一方面,‘画地为牢’并‘鸵鸟觅食’地在各自的学科辖区和材料内去爬梳学术问题,而忘却了解答‘人的问题’的根本目标,不愿与其他学科合作为了共同目标携手并进。”(何明,2008)显然,这种状况在青年研究领域更为凸显,因此,田杰先生在对青年研究进行反思时呼吁“在目前状况下,应该更多关注和思考的还是如何打开青年研究的学术视野,拓展学术领域,促进青年研究在相关学科中的孕育和孵化,如果有可能的话则是进一步协调、组织相关学科的学术力量,共同策划和落实有关青年的专题学术研究。”

提高青年研究的问题意识,就要深入青年的生活世界,思索青年是如何感觉、理解、诠释自己的生活在什么环节上遇到怎样的问题,又是采取怎样的行动面对与处理自己的困惑、遭遇并赋予这些行动以什么样的意义,在此基础上提出研究的“真问题”,而不是蜻蜓点水式地提出一些常识性的问题甚至“伪问题”或“假问题”。“问题意识大致应包括以下几个环节:发现问题、界定问题、综合问题、解决问题、验证问题,这些环节构成了一个完整的问题意识。非常重要的一点是,在发现问题时必须不断地去鉴别我们发现的问题是真问题还是假问题。恕我直言,当前中国的学术文献中有相当大的比例是属于假问题。假问题既害人又害己,我们不应去研究假问题,要坚决地抛弃。任何一个真问题必须满足两个条件:第一,逻辑上能自洽;第二,实践中能举证。凡是满足这两个条件的就是真问题,缺少任何一个条件则是假问题。所谓逻辑上能自洽,就是指能成一家之言,也就是我们通常所说的言之成理、持之有故。这是很高的标准,它要求立论要公允,材料要翔实,理论不能有破绽,逻辑不能有错误。而所谓实践中能举证,就是说在生活中可以找到例证,是一个有意义的问题,而不是天方夜谭,不是谎言谬见。”(劳凯声,2009)

“问题意识”的形成以及真问题的提出,依赖于研究人员的知识结构,尤其是理论知识结构。没有理论,就不可能有科学的、理性的怀疑。因此,“问题意识”又是和“理论意识”密切关联的,即在一定的理论概念下思考和分析特殊的社会现象。同时,怀疑是建立在对社会生活观察的积累之上,是在对社会生活的观察过程中提出自己的疑问。但是,提出疑问还不够,还必须考察这样的疑问在人类的“知识库存”中是否得到解释。从现有的“知识库存”中获得问题的具体方法就是文献述评。(仇立平,2010)因此,深入青年的日常生活世界、观察青年的真实生存状态,在此基础上进行缜密、细致的文献梳理与研究,是提高青年研究的问题意识的重要路径,也是提升青年研究学术成果质量的有效方式。

青年研究领域的一个致命的现象是文献梳理与研究工作的严重不足。很多论文、调查报告在提出自己的所谓研究主题或问题时,很少或几乎从不涉及他人对相关主题或问题已进行的研究状况。尽管青年研究还缺乏如教育学、法学、社会学等一些较为成熟学科所具有的、为学术共同体一致接受的基本概念、理论、方法,但这并不意味着就可以忽视或无视他人在相关主题或问题上已作的研究。如果每一项研究都漠视文献的梳理与分析,青年研究的学术知识积累就很难形成。相当部分的青年研究论文或调查报告撰写人自鸣得意地以为自己的文章是在开辟一个新的研究领域,其实完全是在重复已有的研究,与现有的知识库存中的内容是没有多少不同的。科学研究需要充分地占有资料,进行文献的梳理与研究,以便掌握相关的研究主题或研究内容的动态、进展,了解前人已取得的成果、研究的现状、存在的不足等,这是科学、有效、避免重复、少走弯路的必经阶段。综观青年研究领域公开发表的成果,真正花时间、精力在文献的梳理与研究上的少之又少。相当一部分青年研究方面的调查报告总是从概念入手,从不或很少对前人或他人的研究成果进行介绍或评述，自然也就无法确定研究所据的起点，无法知道自己的研究与他人的同类研究的异同，也无法证明自己的研究在哪些方面有新意或突破。学界这种缺乏文献梳理与研究的风气既违背了学术研究应遵循的基本规范，更反映了研究人员的惰性与急功近利的浮躁心态。当下真正能够静下心来深入到青年中去，倾听青年的声音、观察青年的行为、感受青年的思想的研究人员即使不能说没有，恐怕也是凤毛麟角。既不愿意深入青年的生活世界，又不潜心做文献梳理与研究的案头工作，这样生产出来的成果对青年研究领域的知识积累的价值是有限的，对理解现实生活中鲜活的青年个体甚至某个青年群体所能起到的帮助作用也是有限的。任何一项具有真正价值的研究成果都必须对青年研究的知识积累作出贡献，对青年的认识与理解有所加深，也唯有出现更多这样的研究成果，青年研究的学术水平才有望得到提高。

注释

① 在 20 世纪 80 年代，中国社会科学界有一种很普遍的学科现象，即元理论研究。这种研究的目的并不是为了增加新的知识，而是为了自我确证。即便如在中国发展比较早、比较成熟的教育学在那时也发出教育学是不是一门科学、教育学如何能够成为一门科学的疑惑。这种现象反映了一百多年来的学科发展中，人文社会科学一直在为自己的科学化和规范化而求索。见劳凯声的《人文社会科学研究的问题意识、学理意识和方法意识》(《北京师范大学学报(社会科学版)》2009 年第 1 期(总第 211 期)。

② 目前青年研究的队伍主要以共青团系统(团委研究室或相关部门以及各级团校系统的教师)、高校系统(从事学生工作或思想政治教育工作的教师、在校的大学生硕士博士)为主，而社科院系统尤其是一些高水平的社会学者很少甚至从来就没有关注更不用说从事过青年研究。不是妄自菲薄，当前青年研究队伍的专业能力还是需要有一个极大的提升。

③ “生活世界”的概念借用胡塞尔的定义：“通过知觉被实际地给予的、被经验到并能被经验的世界，即我们的日常生活世界。”见胡塞尔的《欧洲

科学的危机和超验现象学》(张庆熊译,上海译文出版社 1988 年版,第 58 页)。

参考文献

陈亮:《青年研究从质疑开始》,《浙江青年专修学院学报》2003 年第 4 期。

A. 爱因斯坦、L. 英费尔德:《物理学的进化》,周肇威译,湖南教育出版社 1999 年版。

林定夷:《科学中问题的结构与问题逻辑》,《哲学研究》1988 年第 5 期。

童世骏:《作为认识论范畴的"问题"》,《 学术月刊》1991 年第 7 期。

李祖扬:《科学问题辨析》,《自然辩证法研究》,1996 年第 8 期。

仇立平:《社会研究和问题意识》,《江苏行政学院学报》2010 年第 1 期。

姚本先:《问题意识与创新精神》,《中国教育报》2001 年 2 月 21 日。

房寿高、吴星:《到底什么是问题意识》,《上海教育科研》2006 年第 1 期。

康琼:《问题意识与创新能力》,《湖北招生考试》2003 年第 22 期。

Robert Cox, Social Forces, States and World Order, in Robert Keohane (ed.), *Neorealism and Its Critics*, New York: Columbia University Press.

秦亚青:《国际关系理论的核心问题与中国学派的生成》,《中国社会科学》2005 年第 3 期。

《马克思恩格斯选集》第 1 卷,人民出版社 1995 年版。

《马克思恩格斯全集》第 42 卷,人民出版社 1979 年版。

何明:《问题意识与意识问题——人文社会科学问题的特征、来源与应答》,《学术月刊》2008 年第 10 期。

陆玉林:《青年研究:学科逻辑与问题意识——论对改革开放以来青年研究的反思》,《当代青年研究》2007 年第 5 期。

田杰:《"谁是青年"与"青年是谁"——关于青年研究的几个问题》,《当代青年研究》2007年第5期。

劳凯声:《人文社会科学研究的问题意识、学理意识和方法意识》,《北京师范大学学报(社会科学版)》2009年第1期(总第211期)。

仇立平:《社会研究和问题意识》,《江苏行政学院学报》2010年第1期。

（作者　北京青少年研究所 研究员）

《浙江青年发展报告》课题研究有感

汪　茵

《在风起潮涌中铿锵前行——浙江青年发展报告》(2009)是共青团中央立项的2008—2009年度青少年和青少年工作规划课题,由浙江省团校历经近两年时间组织实施并完成结题。课题研究通过对浙江青年这个群体进行了抽样问卷、面对面个案访谈和小型座谈等形式,比较客观地再现了浙江省的青年公务员、科教体卫等事业单位青年、企业青年、外来务工青年、青年浙商、农村青年、学生青年(高中、大学)这七大类青年群体形象,分析了这些青年群体既体现共性的、又体现各自区别的青年发展需求、发展路径、发展空间、发展特征,提出了相关的政策建议。这项研究填补了浙江省级层面青年发展状况研究的空白。回顾整个研究过程,对以下几方面深有感触。

一、课题研究的出发点要立足于浙江实际

(一)浙江青年是浙江改革开放发展的中坚力量。在浙江改革开放30多年中,浙江青年紧跟党和政府,勇立潮头,开拓进取,积极投入改革开放和现代化建设。一批又一批的杰出青年,活跃在浙江经济社会发展的各个领域,以他们的聪明才智和卓越的业绩,为浙江省经济社会的发展作出了重大的贡献。全面了解浙江青年的整体情况,有助于进一步发挥浙江青年在浙江省科学发展、和谐社会建设的新征途中的作用,成为浙江省在全国率先实现全面小康,稳健推进基本现代化的总体目标的主

要力量。

（二）浙江共青团工作一直以来走在全团工作的前列，在新的历史条件下，浙江共青团如何继续走在前列，也需要对浙江青年的现状作一全面的了解和客观的评价。

本课题研究的主要问题是：在多元化激变的社会大背景下，浙江各行业或各阶层的青年在改革开放进程中、在特定环境中所形成的浙江青年的特点；浙江青年对浙江经济发展的作用；浙江青年具有鲜明时代特色的成长状况、特质及基本走向；新时期浙江青年在不同的生活、工作环境中成长的模式及需求。通过撰写《浙江青年发展报告》，既可以了解浙江青年群体的整体状况，又可以发现浙江青年的独特精神和核心品质，既为我省党和政府的青年事务决策提供信息资讯和科学依据，更为制定今后一个时期浙江省共青团工作的创新和发展提供支持。

（三）进入新世纪以来，一些省市已陆续编制了各自的青年发展报告，而浙江作为一个经济文化相对发达，改革开放走在前列的较发达省份，还没有全省性的青年发展报告，所以编撰一本具有浙江特色的青年发展报告十分必要。

二、课题研究对象群体的划分要体现浙江特色

对浙江青年群体的划分，我们认为要在比较全面地囊括全体浙江青年的同时，更要重点体现比较有浙江特色的青年群体。因此，我们将浙江青年划分为：青年公务员、科教体卫等事业单位青年、企业青年、外来务工青年、青年浙商、农村青年、学生青年（高中、大学）这七大类青年群体，其中外来务工青年、青年浙商是较具有浙江特色的。

把外来务工青年、青年浙商这两个青年群体作为较有浙江特色的青年群体，是因为这两个青年群体在浙江经济发展中发挥了重要的作用。

在浙的外来务工人员占全省总人口的五分之一，其中绝大多数是青年，他们生活工作在浙江，在为浙江经济作贡献的同时，正逐渐融入浙江城乡的这片土地。了解这一群体的工作生活状况，了解他们的所需所

求，力所能及地为这一群体提供在浙工作生活的良好环境，对构建浙江省的和谐社会作用很大。

浙江是民营经济发展相对较强的省份，民营经济的迅速发展，使浙江省较早地形成了比较完善的市场体系，促使国有企业较早地进行市场化改革，也为国有企业的改革创造了有利于资产流动重组和吸纳安置下岗职工的外部条件。浙江民营经济的快速发展有力地推动了浙江人口、资金等要素的流动和集聚，将农民从土地上不断地解放出来，加快了农村小城镇建设和城市化的进程。民营经济成为浙江经济的重要力量。而在浙江的民营经济中，青年浙商占将近一半以上，且许多早期创业发展的民营企业家都面临下一代的接班问题。在新的发展时期，了解新一代青年浙商在继续创业创新过程中面临的困难和需求，为省委、省政府促进民营经济在浙江的新发展提供决策依据具有重要意义。

三、调查问卷的设计要秉承科学而求实的原则

进行青年发展报告的研究，首先要对浙江青年的现状作调查研究。问卷调查是必须采用的方式。问卷设计必须要从浙江特定的经济社会发展的大环境中去把握，秉承科学而求实的原则，不夸大优点，也不掩盖问题。

对青年现状的分析要以数据为本，事实为根。言之有据，任何结论都必须有据可考，言之有度，数据的解释尽量恰如其分，不欠不过。对青年问题的研究要突出重点，体现地方特色，特别要反映区域文化和“浙江精神”对浙江青年一代成长成才的影响。以青年发展为主线，明确重点，综论专论，各有所归。对青年状况的调查应直面浙江青年的生活。既要展现浙江青年的整体现状，又要反映各类青年群体的不同特点，体现共性和个性的统一。

我们采用结构化设计问卷，样本问卷内容涉及物质生活、精神生活、社会生活三个层面，并体现观念、行为、现实三个层次的联系。

对青年人生发展过程中的共性需求，如学习、就业、政治意识、婚恋、

价值观、时尚消费等，设计共同性样本测题。同时对外来务工青年、青年浙商、农村青年、学生青年（高中、大学）、青年公务员、科教体卫等事业单位青年、企业青年这七大类型青年群体的个性需求进行专项调查。在此基础上的调研，既能对不同行业、不同生活环境的青年群体需求特征进行整合和比较分析，又能深入发掘和分析不同类型群体特有的问题。

本次研究我们问卷调查设计的主要问题和指标：

一是基本情况。包括性别、年龄、教育程度、经济收入、职业、婚姻状况及家庭的一些情况。

二是工作与学习。职业青年主要了解他们的工作特点、工作环境，对工作业绩的评价、工作目的、职业流动状况以及业余学习等状况。学生群体主要了解他们学习时间的安排、学习目的和动机、学习负担、对学校管理和思想政治工作的评价以及大学生的未来就业取向等。

三是日常生活。包括婚恋生活、经济生活、人际交往和与消费方式、闲暇有关的价值取向等。

四是理想、信念、道德和其他价值观念。在理想、信念和道德中，主要涉及对共产主义理想和社会主义信念，党的领导，爱国主义，马列主义、毛泽东思想、邓小平理论、“三个代表”重要思想和科学发展观的认识以及作为基本行为规范的道德意识。其他价值观念中，主要有与市场活动和行为相关的个体独立意识、法律意识、竞争与风险意识、职业精神，以及科学、民主、合作、开放意识和创新思维等现代性素质。

四、课题调研的方法要综合运用

做青年发展报告的课题，要进行较大规模的调查，问卷调查无疑是主要的调查方式，但只问卷调查就会有一定的局限性，如问卷调查的结果可能会广而不深、调查结果的质量不能完全得到保证、问卷调查的回收率有时也会得不到保证等，因此我们在问卷调查的基础上，辅之以访谈和座谈会的形式。对有明显地域特色而问卷数据又难以充分反映的事实，进行个案调查和分析。通过对各个行业领域青年的个别访谈和小型座谈，了解青年所思、所想、所求、所盼，为课题研究提供更翔实的材料。

对问卷调查的数据分析，我们采用了描述统计、差异比较和相关分析等方法。描述统计以反映青年的一般现状为目的，主要通过百分数、平均值、标准差、中位数等统计特征值来说明问题。差异比较用于揭示不同群体间（问卷样本间）的差异或群体内在个人背景变量上的差异。相关分析主要关注不同调查内容或变量之间的关联性、主要因素荷重、相关系数、回归系数等统计值，以说明问题。

五、课题研究后续问题的探讨

《浙江青年发展报告》课题研究已完成，成果也已成书出版。然而总结分析整个课题研究的过程，我们认为在做青年发展报告这类较大型的课题方面，还有一些值得探讨的问题：

（一）关于被调查对象抽样的合理性问题。科学的问卷调查取决于被调查对象的合理抽样。虽然我们可以合理设计抽样方案，但在具体调查过程中，由于缺少基层调查网络，且受时间、经费投入、组织体系等影响，我们对抽样的各类群体的调查问卷和访谈，主要是通过各级共青团组织系统进行的。基层团组织受人员、经验、时间等的限制，很难完全按照我们所要求的抽样对象去进行问卷，从而存在被调查的青年对象不一定具有较合理的代表性的问题。为了操作方便，基层团组织在协助课题调查时，往往选择他们容易组织到的人员，如外来务工青年的调查，可能会集中在一些外来务工人员较集中且团组织较健全的一些大企业或单位，而对于团组织覆盖不到的大量分散在第三产业特别是服务性行业的外来务工人员就难以调查到。对青年浙商的调查，更多地会将对象集中在青联委员或青企协成员，而大量中小型企业的民营企业家就会被忽视。因此，问卷对象是否完全符合科学抽样要求难以把握。虽然有个案访谈和小型座谈会作补充，但参与个案访谈与座谈会的人员同样是通过基层团组织帮助选取的，因而也存在同样的问题。当然要保持抽样调查对象的合理性，请专业调查机构来做会更好些，但这需要较高的资金投入,这对团属青少年研究机构来说,较为困难。如果能将此类课题纳入政府层面的研究课题,以政府购买方式来操作,相对可以保证按合理的抽样对象来调查。

(二)问卷内容设计的科学性问题。青年发展报告类课题研究的核心价值在于:通过调查以真正反映被调查者的客观情况,问卷内容设计是否科学是关键因素。在问卷设计过程中,要解决三方面的问题:一是问卷内容设计如何做到既能较全面反映青年现状,又不使问卷的题量过多。对于多数被调查者来说,回答问卷喜欢简洁明了,题量不多。但问卷内容设计过于简洁或题量过少,则容易出现问卷调查数据统计结果的简单化。二是问卷设计的内容如何使青年在答题时,能确实真实地表达自己的思想。无论是程度性的问卷题还是选择性的问卷题,都不可能穷尽对所调查问题的所有定论,答题者很多只是选择相对表达自己思想的回答项,不一定是自己真实的思想。三是问卷内容的设计如何避免设计者的主观倾向,特别是政治思想、道德观、价值观等要体现思想倾向的内容设计上,往往容易从调查者主观方面所想了解的角度来设计,这就难免会使被调查者不愿按自己真实的想法来回答。所以问卷设计后进行一些预调查,根据预调查情况对问卷进行多次修改,尽量使问卷内容的设计更科学。

(三)课题研究的延续性问题。青年发展报告的课题研究具有时限性,一次发展报告的研究只能静态反映这一时期的青年状况,而缺少了解青年群体的动态发展。随着社会经济的发展,青年群体的现状也会不断地发生变化,要真正把握青年成长发展的规律,就需要有每年的跟踪研究,不断进行深度的对比分析,才能逐渐探索出青年发展的规律性,真正使这一类课题研究为党和政府制定青年问题政策提供有益的参考,这样才能体现这一类课题研究的真正价值。但要作这样的研究,需要有政府层面的支持,主要是资金支持,没有政府的支持,对于一个团属的青年研究机构来说难度较大。

(作者　浙江青年专修学院原院长 教授)

国有企业基层共青团组织直选模式研究

——以浙江省电力公司团委为例

汪　慧　张　波　卫甜甜

一、课题研究概述

所谓直接选举，就是召开团员大会，由该组织内的团员直接投票选举团组织的领导成员或出席上级团代表大会代表的选举方式。国有企业的团干部直接选举，就是改变上级党委和团委直接提名和委任企业团委班子的模式，在上级党团组织的指导下，由企业团员公开推荐或自荐候选人，然后由全体团员直接差额选举产生团委书记和委员。它是我国基层民主政治建设中一项重要的制度实施，体现了人民当家作主的社会主义本质特征，比间接选举更能体现团员本人的意志，选出的团组织领导成员和代表更有群众基础，能进一步激发国有企业团组织的活力。按照团章和团的基层组织选举办法规定，团的支部和总支的选举，应召开团员大会，由所属的全体团员直接选举产生。所属团员住地比较集中，便于组织召开团员大会的基层团委，应采取直接选举的办法。近年来，团中央希望团的各级组织能积极创造条件，逐步扩大直接选举的范围。

（一）国有企业基层团组织直选模式研究的背景

1. 国有企业共青团工作面临的主要问题

改革开放以来，特别是在建立社会主义市场经济体制进程中，我国经济社会生活发生了深刻的变化，国有企业共青团工作也面临着难得的历史机遇和严峻的挑战,概括起来有四个方面:一是发展社会主义市场经济扩大了共青团的组织依托和组织影响。随着社会组织形式的多样化和经济主体的多样化,增加了共青团组织一些新的依托,青年对组织的选择空间和自由度也增大了。二是建设社会主义法治国家,为共青团参与国家政治社会提供了广阔舞台,共青团组织根据党的要求、政府和法律的授权在管理青年事务的各方面将发挥更大的作用。三是新技术革命拓宽了共青团组织的空间,社会生活的变革拓展了共青团工作的领域和内容。四是对外开放增强了青年工作的开放度和组织适应性。

2. 浙江省开创了共青团内民主建设的先河

陆昊书记在共青团第十六次全国代表大会的报告中指出:"应积极发展团内民主。要把发展团内民主作为增强基层组织活力、选拔优秀团干部、提高领导机关决策水平的重要方式。尊重团员在团组织中的主体地位,保障团员民主权利,拓宽团员参与团内事务的渠道,积极推进团务公开。稳步扩大基层团干部直接选举范围,积极探索扩大团内基层民主多种实现形式。"

团的基层组织直选于 2002 年 6 月至 7 月,率先在浙江省台州市椒江区委洪家街道建试点工作,它创新了全国基层团组织直选的先河。同年,团省委在总结试点经验的基础上,要求全省各地普遍采用"海选"的方式产生团支部(总支)书记,积极探索由团员大会直接选举产生基层团委班子。

2004 年,湖州市长兴县和金华市武义县以"公推直选"的方式选举产生了团县委书记。全省试点探索的积极推进得到了省委的高度重视。省委在《中共浙江省委关于加强和改善党对新世纪新阶段工会、共青团、妇联工作领导的意见》浙委[2004]10 号文件中明文指出:"乡镇一级工会、共青团、妇联采取直选办法当选为专职书记或主席的,在职期间作为选聘干部并享受相应待遇。"一是数量上进一步增加,争取到年底全省乡镇(街道)团委班子直接选举工作的试点单位超过 100 个,努力创造条件使每个县(市)都有一个以上的试点单位。二是领域上进一步拓展,探索将直接选举的做法向高校、企业等其他类型的基层团委推广，探索县及县以下团代表直接选举。三是程序上进一步规范，在总结各地试点经验的基础上，制定颁发《浙江省乡镇（街道）团委班子直接选举试点工作暂行规则》。四是制度上进一步配套，重点探索团代表常任制的实现形式，更加科学地发挥团员代表会议对直选产生的团委班子的评价、监督和考核作用。五是政策上进一步优化，争取组织部门的重视和支持，在直接选举产生的非行政编制的团委书记的政策保障上取得新的突破。

2008 年下半年，为贯彻落实团的十六大《关于开展“团建创新年”活动的通知》精神，团浙江省委在全省组织实施“团建创新年”活动，确立以“大力开展团内民主建设　推进团的基层组织创新”作为重点工作领域进行探索，分别在城市社区、乡镇、学校、机关事业单位、“两新”组织等 5 类不同类型的团组织开展基层团委书记（团委班子）公推直选试点工作。

2009 年 10 月，在总结团县委书记和乡镇团委书记公选经验的基础上，在浙江省长兴县开展了团县委书记公推直选工作，打破身份界限，拓宽选人用人视野；完善竞争机制，确保优秀人员脱颖而出；坚持党管干部，确保好中选优。公推直选把团员青年推向前台，由团员做“伯乐”、当“裁判”。

截止到 2011 年 3 月，浙江省采用此种做法的乡镇（街道）数已达到 346 个，团支部（总支）数量已超过 50%。积极探索团代表大会常任制，已在全省 73 个县（市、区）、884 个乡镇（街道）推行。试点工作的成功，对推动基层团的民主化建设，创新基层用人机制产生了积极作用，进一步活跃了基层工作。

3. 国有企业改革改制对团工作的影响

随着改革开放和市场经济的发展，国有企业在不断改制的压力下，发展的步伐也在不断加大，市场竞争国际化、产权结构多元化、治理结构规范化、劳动关系契约化的趋势越来越明显，竞争程度日益激烈，加上青工队伍日益庞大，且文化程度越来越高（如电力系统每年都会从大学校园招聘一定数量的优秀毕业生充实到员工队伍中），这使国有企业的共青团工作面临着新的问题、新的挑战，急需改革与创新。

(1)组织机构设置虚化与团干部待遇落实难

在国企改制中，随着资产所有权的变更、人员的大幅调整、组织关系的变化，团组织不可避免地受到影响，而且，无论改制采取何种形式(如管理层控股、个人资本收购、股份制改造等)，企业新的领导阶层首先关心的肯定是资本运作、重大人事安排、产品结构调整、管理制度调整等与企业运行最直接关联的一系列问题，团组织的设置、调整以及团干部待遇落实等往往放在第二或第三步来安排和考虑。这导致团的组织工作面临着巨大的压力。首先是团的组织机构设置趋向虚拟化，有名无实，不能起到带领广大青年团员在社会主义市场经济建设中创新立业的作用。企业改制后在团干配备方面很难得到保障。专职团干人数的减少和兼职团干从事团的工作的时间精力减少，直接导致了团的活动的减少和开展团工作难度的加大。其次是团干部的待遇难以保障。因为没有比较明确的规定(或执行不到位)，使得团干的待遇没有有力的保障，随意性较大。如葛化集团公司中目前已进行了改制的企业(有团组织的)为四家，只有一家企业团干的待遇得以落实。祥龙电业公司于2003年进行了制度改革，工资分配权利全部下放到基层单位，原先工资体系全部重新确定，在公司团委做了大量协调工作后，能有待遇体现的直属团干也仅占50%左右。

(2)管理模式与团干部专业工作能力相对弱化

随着市场经济的快速发展，在团组织工作中原有的指令成分较多的管理模式，已经越来越不适应新形势的要求。指派式的团干部难以得到国有企业基层广大青年团员们认同。加之国有企业论资排辈相对严重，基层团干部由于自身资历、地位等客观因素，在单位内往往属于弱势群体。此外，很多国有企业都是业务性很强的单位，担任团委书记的大都是从业务骨干提拔使用的，缺乏从事共青团工作的实践经验，创新能力有限，有的团干部深知搞好团工作的重要性、必要性，但缺乏主动性，不是通过勤学苦练来实现由“外行”到“内行”的转变，而是出现畏难情绪，这就很难在企业青年中起到引导及模范带头作用。

(3)活动方式与现代生产不适应

首先，改制后的国有企业管理日趋严密、规范和科学，工作节奏加快，岗位竞争加剧，团员青年的时间和精力更多地投入生产经营过程中，这样，原有的活动时空减少，大型集中性的活动难以开展，许多基层团组织只是被动地参与上级团委安排的活动，很少能根据本单位的实际开展创造性的活动。其次，科技进步特别是信息技术发展对团员青年的生活方式、行为方式、交流方式和聚集方式带来了深刻影响，过去传统的空间聚集方式、行政化组织体系中的聚集方式受到了严峻挑战。这要求我们大胆探索和创新团组织建设的有效载体和途径。

(4)划拨给团的活动经费缩水

加强基层团组织建设和基层工作一靠制度条件，二靠内容设计，三靠干部队伍，四靠活动经费。国有企业改革意味着各项行政管理费用的大幅压缩，使得团组织主要依靠行政划拨的经费来源变得狭窄起来。经费的减少势必影响团活动的开展。面这种状况的改变既要积极争取党建带动，也要注重发挥团组织自身的创造力，

(二)国有企业基层团组织直选工作的必要性及现实意义

改革开放以来，经济和社会生活中出现的“四个多样化”使青年群体结构和社会分布发生了巨大变化，同样，也对国有企业团的基层组织建设产生了深刻的影响。在新形势下，开展基层团组织直选换届对于加强基层团组织建设，提高团员青年的民主意识，推进团内民主化进程，增强基层团组织的吸引力、凝聚力和战斗力，巩固和扩大党执政的青年群众基础，具有深远的意义。

1. 有利于巩固和扩大党执政的青年群众基础

首先，由团员代表大会选举产生的国有企业基层团的领导班子和团干部，是适应国有企业民主的不断发展与完善的需要的。如果不是由全体团员直接选举产生的，则团干部在广大团员青年中的基础就会相对比较薄弱，容易造成对上负责多，对下负责少的局面，从而直接影响了党在青年中的群众基础。而由广大团员直接选举产生的团领导班子和团干

部，不仅维护和实现了团员青年的民主权利，而且能使当选的领导班子和团干部，面对广大的团员青年时有责任意识，为团员青年的服务意识也显著增强，促使他们更好地把对上负责和对下负责相统一，把履行工作职责和接受团员监督相统一，在完成同级党组织和上级团委的工作任务的同时，积极带领企业的团员青年参与企业各项工作和团的活动，有效地服务团员青年成长成才，维护企业广大团员青年的根本利益，进一步巩固和扩大党执政的青年群众基础。

其次，党和政府基层自治制度的变革和创新，在逐步摸索、逐渐展开、渐至成熟的过程中不断发展和完善民主建设。共青团作为党的助手和后备军，就要做好新形势下党的青年群众工作，最大限度地把青年紧密团结凝聚在党的周围，不断巩固和扩大党执政的青年群众基础。而国有企业团组织班子直选工作的推出，就是要求各级团的组织以更为民主化、社会化的方式来推进国有企业团的工作，在国有企业党的组织尚未开始直选的情况下，先实践，先探索，在不断适应国有企业民主的发展和完善的基础上，为国有企业民主提供更大的实践舞台。

2. 有利于推进基层团组织内在的生机与活力

当前共青团组织在国有企业的各项建设与国有企业党建的要求还不相适应，与国有企业青年的需求和发展还有差距，存在许多亟待解决的问题。要实现凝聚和覆盖，必须重新激发国有企业团组织的内在活力，全面活跃团的基层组织建设，而民主则是一个有效的途径。国有企业共青团组织通过基层班子直选，能进一步增强基层团组织的向心力、凝聚力和亲和力，通过思想凝聚、组织凝聚和服务凝聚来覆盖和影响最广泛的青年群体，激发企业广大团员青年积极参与团的活动的热情与主动性。

3. 有利于推进基层民主政治建设

民主选举是民主政治建设的关键，是推动基层民主政治建设的有效载体。随着社会主义政治体制改革的不断推进，企业职工的民主意识逐渐增强，尤其是电力企业的广大团员青年，基本上都受过高等教育，知识文化水平高，民主意识浓厚，参政议政意识、能力强。如国有企业青年对自治管理的认同感和责任感不断提升，诉求不断更新，并呈多元化和多层次发展，他们关注企业发展，更关心自我意愿的表达，重视自我价值的实现。国有企业团组织直选的开展为青年自觉参与国有企业的建设，提高自我管理、自我教育、自我服务的能力找到了切入点，广大团员就能通过公平民主的方式主动参与到企业的团组织建设中来。

实施基层团组织直选，一方面抓住了团组织在民主政治建设中制约少，便于先行的优势；另一方面，又抓住了青年这一今后民主政治建设的主体，有很强的针对性。让广大团员直接参与对基层团的领导班子的抉择，充分发扬了团内民主，确保了广大团员的民主权利。而作为今后民主政治建设主体的广大团员青年，通过参与竞选、答辩、投票等环节，一点一滴地培养了自身的民主意识、民主习惯、民主思维方式，初步学会了民主的运行规则。通过这些具体的民主实践，切实提高了广大团员青年的民主素质，有利于推进基层民主政治建设。

（三）国有企业基层团组织直选模式研究的目的、原则

本课题研究的目的，是通过对国有企业基层团组织直选模式进行研究，积极探索换届直选对加强国有企业基层团组织建设，扩大基层团组织团内民主，实现基层团组织规范化的重要意义，并以直选换届工作为契机，大力推进团内基层民主，不断夯实团的基层基础建设，为开创国有企业共青团工作新局面奠定坚实的组织基础。

本课题旨在探索初步搭建切实可行的团的基层组织直选实际操作规范，不断扩大国企基层团组织覆盖青工和影响青年的重要力量，吸引凝聚企业中各层次青年参与团组织活动，切实拓展国有企业团工作领域，延伸国有企业团组织管理和服务的手臂，为打造一支堪当重任的青工队伍提供一定的制度保证。

为使本项目在以往研究的基础上有所创新，在课题设计和操作过程中应始终遵循以下原则：

1. 课题研究应科学而求实，不夸大优点，不掩盖问题

尊重事实，做到一切从实际情况出发，严格按照实际情况进行课题

设计和操作，严格按照课题研究的事实成果进行分析。对于在国有企业基层团组织班子直接选举模式的研究，所进行的试点以及调查工作中值得推广沿用的优点进行如实分析阐述，不夸大不炫耀，踏踏实实做好后续工作；对于其中出现的问题不遮不掩，加以剖析并从中吸取教训、得出结论，总结妥善的处理方法，将劣势转化为优势，争取为以后的直选工作提供可行的借鉴。

2. 体现课题的共性和个性的统一

对国有企业基层团组织直选工作开展过程中的各种问题进行分析与总结，设计共同性样本测题。同时针对不同群体对国有企业基层团组织直选工作的态度进行专项调查，从而做到在个性中把握共性，在共性中体现个性，实现两者的统一。

3. 课题问卷设计结构化

样本问卷内容将涉及团组织建制、直选情况、直选评价、直选态度、直选意义等，并体现观念、行为、现实三个层次的联系，在最大限度上实现优化设计，直面国有企业基层团组织直选工作开展的情况和存在的问题。

4. 课题研究以“数据为本，事实为根”

课题研究应言之有据，任何结论都必须有据可考，言之有度，数据的解释尽量恰如其分，不欠不过。

5. 课题研究突出重点，体现地方和行业特色

共青团组织直选模式目前在学校、街道、乡镇、社区中开展的较为广泛，而在大型国有企业开展较少，由于体制不同，在课题研究操作过程中必须抓住国企基层团组织区别于学校、街道、非公团组织的特点，探索适合国企特点的基层团组织直选模式，制定直选的指导意见书，并制定相应规范。

(四)国有企业基层团组织直选模式研究的理论依据

1. 我国党委、工会和共青团组织等顺应改革形势，积极推进直选工作

(1)党的基层组织直选工作

《党章》第五章党的基层组织第二十九条中指出：“总支部委员会和

支部委员会由党员大会选举产生，提出委员候选人要广泛征求党员和群众的意见。”这一规定是开展“公推直选”工作的制度基础；而胡锦涛总书记在党的十七大报告的第十二部分《以改革创新精神全面推进党的建设新的伟大工程》中指出：“改革党内选举制度，改进候选人提名制度和选举方式。推广基层党组织领导班子成员由党员和群众公开推荐与上级党组织推荐相结合的办法，逐步扩大基层党组织领导班子直接选举范围，探索扩大党内基层民主多种实现形式。”这段论述较为明确地提出了在基层党组织中推广“公推直选”。

公推直选是近年来基层党内选举制度的全新实践，经过在四川、江苏、河南、广西、上海等省、自治区、直辖市的一些地方探索和试点后，党的十七大对公推直选给予了充分肯定，同时，也为进一步改进和完善基层党内选举制度指明了方向。学界和理论界对各地公推直选探索和试点的主要原因、主要成效、面临的问题等进行了研究，并提出了相关对策建议。

对于公推直选原因的分析，中央党校王长江教授认为，基层党内的改革是积极应对执政党变革之重担的表现。处于改革前沿的地方和基层各级组织，直面问题，替党分忧，推进实践，党自身改革的各种探索和尝试如火如荼，展现出勃勃生机。

中央编译局周红云对四川省进行的公推直选原因分析认为：四川试点的改革，主要是因为行政区划不合理、乡镇机构臃肿、职能弱化、干群关系紧张、乡镇运转难以为继以及基层党团组织无力等。

中央党校博士李美玲认为原因有四个方面：一是农村社会利益关系的深刻变化，二是基层党团组织权力的分化与转移，三是原有党团的基层组织存在的局限性，四是全球化引发了党内民主的新思考。党内民主改革和创新过程，对于基层组织的发展功不可没。

李羚和王丽娟在对四川宜宾高县花庄村的公推直选研究后认为，公推直选体现了三个统一：一是党管干部与群众投票推荐的统一，二是党员参与选举与群众信任投票的统一，三是党内民主与村民自治的统一。

辽宁师范大学的孙立樵认为，公推直选与以前的选举方式相比较，其成效主要是：一是还权于民，充分发扬了党内民主；二是班子直选，创新了基层选举制度；三是程序优化，保证了选举和管理质量；四是发现人才，提高了干部工作积极性。

中央党校博士王金柱强调了三点：①乡镇直选是发展基层民主的起点和基点，②乡镇直选是对基层民众的“练兵”，③乡镇直选是推进基层民主的“破冰之旅”。

(2)工会组织直选工作

中国工会十五大提出了“健全和完善基层工会民主制度，发挥会员主体作用，进一步激发基层工会活力”的要求，上级工会对直选工作提出的明确要求，特别是通过直选主席给基层工会组织带来的活力，极大地激发了工会推行基层主席直选工作的愿望。

为推动工会组织自身改革与发展，不断推进基层工会组织的民主化、群众化、法制化建设，增强基层工会活力，在新形势下更好地维护职工合法权益，协调劳动关系，为构建和谐社会发挥出工会组织应有的作用，是工会工作的基本目标。然而现实情况是，部分基层工会主席年龄偏大，文化程度不高，干部队伍的结构也不够合理，特别是基层主席一直沿用上级推荐或领导指定后，再经过选举程序的产生办法，造成了部分基层工会干部开拓精神不强、组织活力不够等现象。随着社会的发展，职工群众对工会主席提出了更高的要求，这就需要探索一条基层工会主席产生的新机制，直选工会主席满足了这一客观要求。

济南铁路分局工会在《积极推行基层工会主席直选 全面提升工会组织吸引力和凝聚力》一文中指出：“基层工会主席是基层工会的组织者，工会主席素质的高低、能力的强弱、人格的优劣直接关系着基层工会组织的吸引力和凝聚力。因此，搞好基层工会主席直选至关重要，我们探索直选制度，基于四个方面的考虑：一是推行直选是企业改革发展的客观要求。二是推行直选是基层民主政治建设的应有之义。三是推行直选是工会干部制度改革的必然选择。四是推行直选是职工群众的内在呼声。”文章认为，通过直选，突破了传统的工会干部任用模式，体现了工会组织的性质和特点，增强了选拔工会干部的透明度。经过推荐和自荐，为各级组织发现人才提供了广阔的视野和群众基础，从而为工会干部成长、使用、交流注入了新的活力。

(3)共青团组织直选工作

2008年6月，中国共产主义青年团第十六次全国代表大会在北京召开，本次大会对《中国共产主义青少年团团章》进行了部分修改，不仅将近年来中国共产党提出的新的理念诸如“三个代表”重要思想和科学发展观写入《团章》，还根据当前形势对青少年提出了新的要求。在新时期，共青团组织若要及时了解青少年的需求，解决当今社会的青少年问题，必须坚持各级团干部“从青少年中来，到青少年中去”这一政治思想。要做到这一点，就必然涉及共青团组织的干部选拔配备问题。

对率先在浙江台州开展的团的直选试点工作，团中央组织部和团浙江省委组织部专门赴洪家街道开展了专题调研。研究认为：直接选举工作给团的基层组织建设带来的积极影响，具体体现在三个方面：一是基层团组织直接选举有利于增强广大团员的民主意识和团员意识，增强团组织对团员青年的吸引力和凝聚力。二是基层团组织直接选举有利于提高团干部的责任意识和服务意识，有利于提高基层团组织服务青年的针对性和有效性。三是基层团组织直接选举有利于拓宽同级党组织和上级团组织选人用人的渠道，有利于推进基层干部人事制度改革。

共青团广东肇庆市委在开展基层团委书记公推直选试点工作总结时认为：“基层团委书记直选工作，是团员全面参与基层团内事务管理、决策的过程，是团员主体地位的一个集中体现。”一些学者和研究指出，团的基层组织直选这一实践模式无疑是走在时代前列的，也是反映未来的，因而得到广大政治学家和学者的认可，更是得到广大团员和青年的认可。

根据资料检索及目前我们掌握的材料来看，学者研究共青团组织直选的理论性文章较少，深入性研究的文章、专著不多，而一些具体的可操作的体系还没有形成。对共青团组织民主选举的研究目前多停留于基本概念、基本原理、基本操作及相关关系的研究上，一般多是对现状的概括。在研究内容上，初涉直选，缺乏深度与广度，同时团内“直选”本身发展的内在规律性，与团内民主制度发展及具体制度安排、路径选择的关系等，还需要进一步加大研究力度。除需要继续对团内“直选”过程中环节性、制度性、规范性问题作研究外，在理念、操作环节方面，都存在着进一步深入研究的空间。还需要加强其程序延伸、与其他制度对接创新等问题的深入的实证分析。这也是本课题探讨的主要问题。

我们认为应该回归性地探讨基层团组织试行团干部直选的实践意义，只有通过直选才能从广大青少年中选拔出真正代表青少年利益的团干部和领导机关，才能使团的工作更加贴近青少年，维护青少年权利，满足青少年的各类需求。

通过查阅文献，在国有企业基层团组织层面，尚未开展有关的直选探索，所以本研究具有一定的前沿价值和实践意义。

(五)国有企业基层团组织直选模式的研究方法

本次调查研究采取定性与定量相结合的方法，以实证形式研究直选程序的科学性、合理性和可操作性。

1. 样本调查

通过样本调查取得大量数据是本报告的主要数据基础。定量研究方法采用了问卷调查方法，分别就团员、团干部及党政领导不同的群体设计了三份不同的问卷，以从不同的层面来了解此次国有企业团组织班子直选的具体情况。

2. 深度访谈

通过对各相关人员及组织的访谈，了解他们的所思、所想、所求、所盼，从团组织建制、直选情况、直选评价、直选态度、直选意义等方面作了调研。

3. 个案分析

对有明显特色而问卷数据又难以充分反映的事实，进行个案调查和分析。如对已通过直选产生的团组织进行了实时工作调研，形成了对国有企业基层团组织直选工作的基本分析。

4. 适合研究目的的统计分析

主要包括描述统计、差异比较和关系分析，主要通过百分数、平均值、标准差、中位数等统计特征值来说明问题。差异比较用于分析普通团员、团干部及党政领导对国有企业基层团组织直选工作的看法的差异或群体内在个人背景变量上的差异，通过差异分析寻找完善团组织直选工作的路径。

(六)国有企业基层团组织直选模式的研究思路

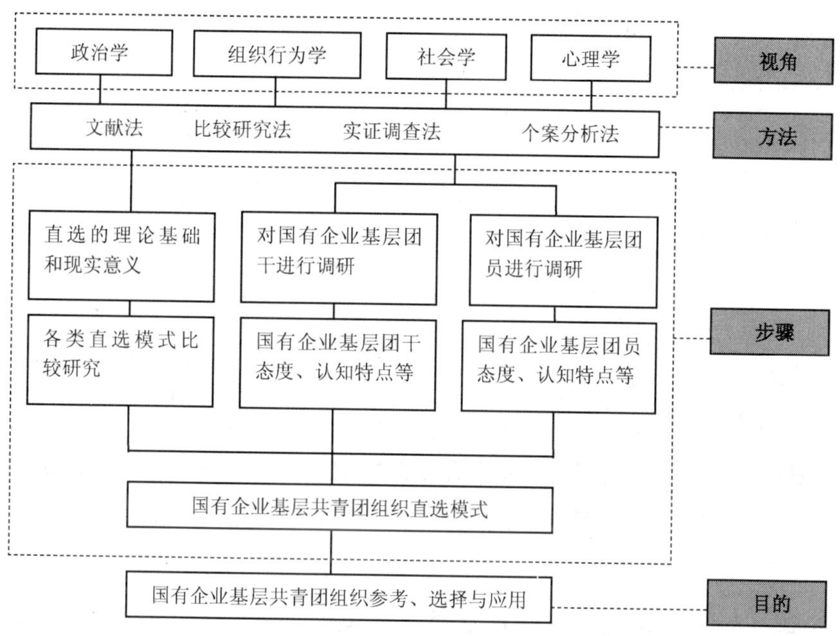

二、浙江省电力公司基层团组织直选工作探索

自 2009 年 9 月起，浙江省电力公司团委将基层团组织直选工作列为重点工作，并作出了整体规划和部署。通过开展实地调研、座谈，召开“团组织直选工作交流会”、“团组织直选工作现场观摩会”等，积极推进基层团组织直选工作。在此基础上，公司团委下属的 3 个分团委结合区

域和工作特点,制订了实施方案和推进计划,进行了直选的试点工作。到了2009年底,浙江省电力公司团委下属3个分团委的团组织班子顺利地完成了直选工作,直选率达100%。

通过直选的试点工作,达成了三个共识:一是国有企业团组织建设,是国有企业党组织建设的重要组成部分,是对各类团员青年实现组织覆盖的基本载体,必须引起高度重视和加大工作力度。二是开展国有企业团组织直选,是当前适应国有企业团建和国有企业建设发展需要,尝试和探索推进国有企业民主建设,能够比较有效地增强和激发组织内在活力的途径和载体。三是加强国有企业团的建设,必须从国有企业单位的具体实际出发,突破不符合时代发展趋势和国有企业特点的做法,并在"规范中创新",在"创新中规范"。

(一)国有企业基层团组织直选工作的基本原则

1. 直接选举的原则

直接选举是国有企业团组织直选工作的核心,其内涵主要包括三个方面:一是对参与选举、享有权利的国有企业团员范围予以界定。国有企业直选试点单位所属的正式职工中的团员均享有平等的选举权、被选举权和表决权。二是对直选概念的界定。国有企业团组织的书记、副书记、委员均以团员大会直接选举的方式民主产生。三是对选举方式的规定。国有企业团组织直选必须采用差额选举的办法。

2. 适时推进的原则

团组织直选工作的开展需要投入大量的人力、物力,在试点和起步阶段,不是每一个分局都具备了开展直选的条件,在推进初期,要根据团组织的原有工作基础和企业团员青年的归属感、凝聚力和民主意识等实际情况,有重点地选择部分党政重视支持、团组织战斗力强、原有工作基础扎实、团员参与热情高、各项管理相对完善的单位先行开展直选工作,以"成熟一个,直选一个"为宗旨,切实做好直选工作。在推进中期,积累了一定经验的基础上,各分局尝试团组织的直选方式,保证开展直选试点的数量。因为只有开展直选的团组织达到一定的数量,才能显示出直选的价值和意义。

3. 全员参与的原则

通过利用组织活动、宣传视频、海报及公告栏等宣传阵地，积极向团员宣传开展直选的目的和意义，在团员青年中开展全方位具体、形象、生动的宣传，调动广大团员参选的积极性，吸引和组织全体团员青年积极参与到公推直选中来。使广大团员青年充分认识到直选工作是推动基层团组织建设的重要措施，能为团员行使权利提供更广阔的舞台，营造浓厚而热烈的团内民主选举工作氛围。

4. 重在建设的原则

开展国企基层团组织直选工作的根本目的在于加强国企基层团的组织建设，而不是直选本身，更重要的是完善团组织的机制建设，进一步调动团员青年参政议政和参与企业各项建设的积极性，增强企业团组织的影响力、渗透力、凝聚力和战斗力，推进国有企业团的基层组织全面活跃，真正做到“直选一个，活跃一个，进步一个”。直选的筹备进程如团员登记、支部“海选”、团代表推荐等等，集中承担和丰富了大量基层团组织本就应该做好的基础性工作，有利于更好地保持共青团组织的生机和活力，不断扩大共青团工作的影响。

5. 党管干部的原则

党管干部是实现党的领导的重要组织保证，是党的干部建设的一条重要原则，更是坚持党的领导的根本原则。党管干部原则必须适应党所处的环境和政治任务的需要，不断地进行调整和变化。党管干部原则的实质，就是要保证党对干部人事工作的领导权和对重要干部的管理权。共青团作为党的助手和后备军，离不开党的正确领导。电力公司团委直选是推进团内民主化进程的新思路和新措施，打破了传统的选人用人机制，从某种意义上说，是对当前干部管理体制的创新。因此，基层团组织直选必须要在党的领导下开展工作，必须赢得党政领导的重视和支持。

6. 公正民主的原则

选举中可能存在的非公正性表现为“候选人内定”和一定程度的“行

政干预”，使选举没有悬念，导致许多团员对选举淡漠。因此，应改革和完善候选人提名制度，建立和健全自上而下和自下而上相结合的候选人提名制度。另外，要制定一些与直选相配套的强制性的规定，确保选举人能够按照自己的真实意志参加选举，对干扰、操纵、破坏选举的行为，作出必要的具体的禁止性规定，并建立起责任追究和惩罚制度。

7. 竞争择优的原则

国有企业的共青团员凡符合条件的均可报名参选，通过组织审查、考试、才艺展示、团员大会直选的形式，将政治素质强、业务能力强、团员青年认可的优秀团干部选出来。

（二）国有企业基层团组织直选工作的运作流程

选举程序是直选的重中之重，是体现民主、激发活力的主要过程。在理解和掌握团的选举规定的同时，通过参阅人大的选举办法，并依据《团章》及团的组织选举工作的有关规定精神，结合实际对具体程序进行精简，形成了便于企业操作的国有企业基层团组织直选运作流程。在前期实地调研的基础上，宁波市鄞州供电局、慈溪供电局和杭州电力局进行了基层团组织直选试点工作，根据试点直选开展情况，主要流程体现为三阶段六步骤。在直选的过程中体现六个环节的创新和突破。

1. 工作流程“三阶段六步骤”

下页图展示直选工作的全过程，主要分为直选的筹备阶段①、直选的开展②和直选后的工作规划③。

2. 突出六个环节的创新

通过调研走访，各分局在规范选举程序的同时，在直选的一些环节上取得一定突破。

一是在筹备工作组织机构建立上，各个分局根据自身的实际情况，在机构规模和人员组成上存在一定的差异。不同人员在这个机构中承担不同角色，发挥各自作用。

二是在宣传发动的形式上，各个分局充分挖掘自身资源，不仅利用有限的阵地资源、物质资源，而且积极开发人力资源，既保持传统，又突

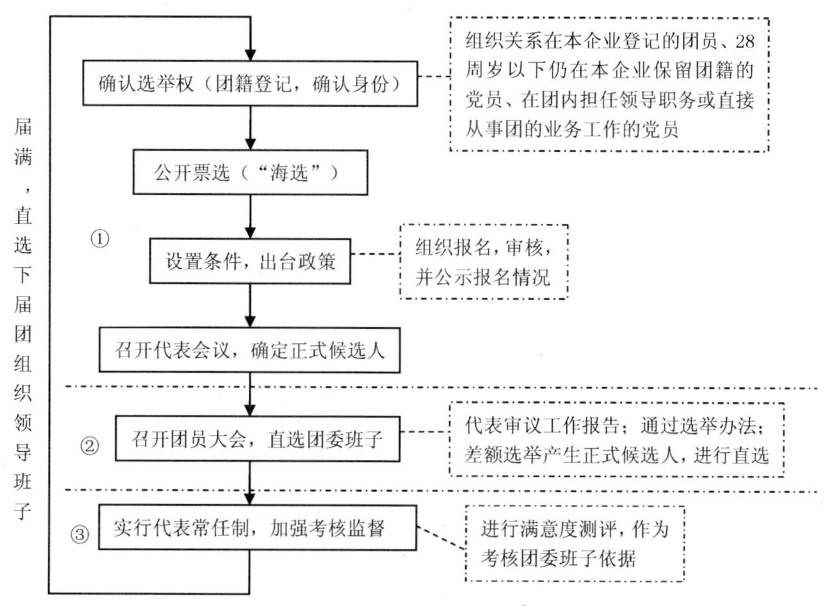

破传统，尝试开展了多种形式的宣传动员工作，为国有企业团组织的直选开展奠定了良好的基础。

三是在候选人的产生上，形式多样，有完全通过自我推荐的方式产生的，也有自荐、组织推荐、联名推荐等相结合的方式产生的，有书记、副书记、委员分别提名的，也有统一提名的，并在筛选候选人环节中，设置了争取提名率、面试、提交工作建议书等方法，努力使候选人的产生既体现团员青年的意愿，又符合组织的要求。

四是在直选现场候选人的宣传展示较为活泼。在利用海报宣传、自我推荐等形式的同时，采用了竞选演说和才艺展示，有的还请来了自己的朋友、同事作为后援团为自己鼓劲加油；有的请来了智囊团包装候选人；有的设计了知识问答，都收到了良好的效果。

五是在直选的方式上，坚持直接选举原则的前提下，探索了全体团员投两次票的方式和书记、委员候选人在一张选票上的方式，通过一次选举产生书记、副书记和委员。

六是在直选后委员班子的运作上，突出了分局团组织的核心和引领作用，全面活跃基层团的组织，增强凝聚力和影响力。

开展国有企业基层团组织直选工作，是推进团内民主制度建设的有效尝试，是维护团员在团内的知情权、参与权、建议权和监督权，充分发扬团内民主，切实保障团员民主权利的民主载体，通过团内民主制度建设的进一步推进，国有企业团内民主建设也将再上台阶。

(三)国有企业基层团组织直选工作的主要特点

1.注重依靠企业党的领导

在探索直选的过程中，由于直选改变了原来的选举方式，产生的团组织被视为新的一届团组织，而原来的委员班子成员本身不具有代表性，不能被广大团员所认同，且能调动的力量相对较少，因此，在筹备过程中，必须充分依靠国有企业党组织的领导，依托国有企业党组织成员、青年干事，再吸纳部分团员青年骨干，建立筹备机构，作为一定的组织机构代行一级组织的职能，负责对选举程序的把关、候选人的审核等，体现公平和公正。

2.注重选举程序的规范

直选是对选举程序的一种创新，程序的民主才能导致结果的民主，才能保证组织、成员之间的相互制约。而程序的民主首先是程序的合理性和公开性，保证大家平等参与的权利；其次，是有方便的程序，不设计过多的门槛来限制。通过先试点后铺开的方式，循序渐进、逐步推开，形成国有企业团组织直选的规范流程，但又给予一定的探索和创新空间，将国有企业团组织的建设纳入规范化建设的轨道。

3.注重组织设置的完善

团的委员会成员是国有企业团组织运作以及做好国有企业青年工作的核心力量。但是长期以来，国有企业团组织的运作往往只是依靠团支部的书记或团组织的负责人，而他们常常因为工作、学习等原因无暇顾及分局团的工作，没有强烈的责任意识。直选工作的开展，促使一批国有企业青年参与到直选工作中，并积极要求成为国有企业团组织的委员班子成员，大大增强了国有企业团的骨干力量。原来仅有团的支部委员会的设置,逐渐扩展到团的支部委员会和团的总支部委员会设置并存的状态,有的总支部委员会下还设团支部和团小组,形成了国有企业团组织的两级或三级网络。

4.注重组织覆盖

国有企业团组织是对国有企业内所有团员进行覆盖,以往在国有企业团组织活动以及各项文化、服务、建设等活动的开展中,常常是一些老面孔,团组织能了解、掌握的有能力、有才华、愿意为国有企业团组织建设奉献热情和力量的优秀青年较少。通过直选的开展,大部分的国有企业青年自觉参与到选举中来。如杭州余杭电业局团委,有 197 名团员,报名参加此次团委直选的团员就有 50 名,实际参加笔试的有 48 名,覆盖面广。有 25 名团员通过笔试加入了才艺表演的行列,从中选取 14 名参加演讲比赛,最后 9 名候选人由差额选举的方式,通过团员代表大会选出 7 名团委领导班子。但因为体制的局限性,也有一部分团员("人事代理"的团员,组织关系不在企业,团的组织活动都是参与的)被排斥于直选之外,希望在今后的直选工作中,可以考虑使这部分团员加入,从而使国有企业团的直选覆盖面更广。

5.注重民主意识的激发

直选是团员行使自身民主权利,表达自身民主意愿的一种方式,是享有选举权利的全体团员通过差额选举的方式直接投票产生团组织的书记、副书记和委员。正因为团员没有受到外在压力的束缚,不受任何人的意志的左右,选出的委员班子成员是他们认可的,愿意在委员班子成员的带领下参与国有企业的各项建设,而委员班子成员经过层层筛选,争取团员的支持,会更强烈地意识到自身的责任感和使命感,更有热情投入团的各项工作中。这种青年意愿表达上的民主,一方面体现在候选人的产生方式上,尤其是自荐形式的出现,更是团员青年个人诉求多样化的表现,是社会经济发展进步的表现。另一方面青年意愿表达上的民主还体现在选举方式上,团员青年表达了不同的意愿,有的想竞选书记,有的想竞选副书记,有的想竞选委员,因此,为了既体现选举的民主性和公平公正性，又保护团员青年的积极性，在实践中，尝试了三种直接选举的方式，满足青年民主意愿的表达。

6.注重宣传发动

在国有企业团内选举中，参与选举对每一位享有选举权和被选举权的团员来说，无须通过层层动员，广泛宣传，就会自觉参与，因为团员都有一定的组织意识和责任意识，而且团内选举一般更注重选举的程序、组织的设置及人员班子的构成。但在国有企业团组织直选工作开展中，由于团员参与选举的权利是被赋予的，是必须经过团籍注册或登记的，更需要，也更强调团员的主动参与，希望依靠国有企业团组织给团员一种组织归属感，所以广泛的宣传发动成为国有企业团组织直选工作中举足轻重、不容忽视的重要环节。另一方面，在候选人的竞选上更突出了对候选人的宣传。不仅在筹备过程中让候选人通过争取提名率的方式宣传自己，了解情况，而且在团员大会当天，候选人还可以通过演讲、文艺表演等方式展示自己。实践证明，宣传到位、发动到位，不仅能保证直选的顺利进行，而且可使广大团员重新认识国有企业团组织，有利于选举以后委员班子的运作。

7.注重体现公正透明

民主的核心就是公平公正。在实践中，从直选的筹备到直选的开展到最后直选结果，公示这一形式始终贯穿在整个过程中。如参与选举的团员条件的公示、参与选举团员名单的公示、筹备工作小组成员的公示、直选程序的公示、候选人竞选条件的公示、候选人情况的公示、候选人名单的公示、选举办法的公示、投票方式的公示、选举产生委员班子成员名单的公示等等，并将上级团组织或国有企业党组织的联系方式一起公布于众，切实体现了选举的透明度，使国有企业团员随时可以了解直选的进程、人员的情况和具体的做法，随时对选举进行监督和检查。

8.注重组织建设后续跟进

要做好直选后续工作，加强对团干部的培养使用工作。国有企业团的基层组织建设是一项长期的基础性工作，也是一项复杂的系统工程。

新形势给团的设置方式、运行机制和活动方式带来了挑战，不用发展的眼光加强团建创新，团的建设就没有出路，就不能取得好的效果。我们认为，由团员直接选举产生基层团组织的班子特别是负责人，既是新形势下团的运行机制创新的重要内容，也是整体推进基层团建的有效载体。要充分发挥共青团组织在培养企业后备干部中的积极作用，做好对新任团干部的业务培训与指导，不断提高他们团工作的理论素养和水平，充分发挥国有企业团组织战斗力，推进团组织全面活跃，这也是对直选工作的进一步深化。

（四）国有企业基层团组织直选工作的现状调查

1. 调研概况

为准确地了解目前国有企业基层团组织直选情况，经反复讨论，设计了《国有企业基层团组织直选模式研究调查》的系列问卷，包括党政领导卷、团干部卷、团员卷等三类。三类问卷考量三个群体各自对直选工作的认识。问卷经过一小样本范围的试测，样本复中率均达到85%以上，已充分说明问卷的可用性。调研过程还采取问卷调查、访谈调研相结合的方式进行实证研究，问卷调研数据采取专业统计软件SPSS17.0进行分析。

问卷调查采用分层抽样方法，于2010年11月至2011年1月向浙江省电力公司下属的多个地方局发放党政领导卷200份、青年团干部卷360份、基层团员卷500份，三类问卷回收后分别为199份、360份和454份。剔除无效问卷后，三类有效问卷分别为189份、360份和450份，有效率分别为94.5%、100%和90%。

本次调查对所获样本进行统计分析后发现，样本统计值有效可用。年龄、文化程度等基本要素的把握都与实际情况相吻合。

在年龄方面，团员的年龄主要集中在20—28岁之间。其中，30.2%的团员年龄在20—25岁之间，51.8%的团员年龄集中在25—28岁，即80后、90后都是本次问卷调查的主要对象，样本能很好地反映出各个年龄段对国有企业直接选举的真实想法，样本信息具有多样性；同样，对于团干部来说，58.6%的团干部年龄在20—28岁之间，40.2%在28—35岁之间，多数团干部的年龄集中在28岁以下，团干部的年龄接近基层团员青年，便于比较两个群体的不同特征及思想；另外，30.7%的党政领导年龄集中在40岁以下，69.3%在40岁以上，样本信息与实际情况类似。可见，样本信息符合实际情况，根据样本所得结论可以推及总体。

在文化程度方面，文化程度普遍较高是当前国有企业基层团组织成员的特点之一。团干部和党政领导的受教育程度均为大专及以上，团员中只有4.6%是中专及高中，其余均为大专及以上文化程度。另外，目前调查范围内的国有企业团干部普遍都具有从事共青团工作的经验。14.2%的团干部从事共青团工作达五年以上，28.3%的团干部从事共青团工作在三到五年之间，57.2%在一到三年之间。其中，67.4%在团内担任委员职务，33.6%为书记或副书记等。60.2%的党政领导曾经担任过团干部。

2.现状描述

(1)对直选的认知

在对基层团组织直选的认知程度上，大多数调查对象对基层团组织直选有基本的认知。如图1所示，53%的团员表示“知道直选”，30%的团员“略有耳闻”，也有17%的团员表示“不知道直选”。另外，近三分之二的团干部表示“自己所在企业进行过基层团组织直选”。

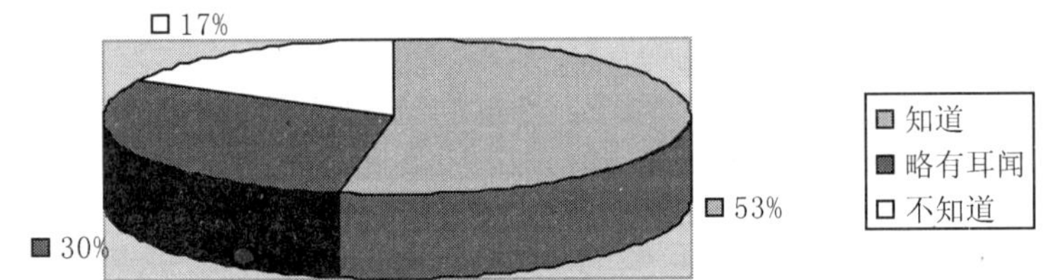

图1 团员对基层团组织直选的认知

(2)直选落实情况

直选的落实情况主要包括团干部选拔制度改革，团员参与直选的热情、机会、投票情况，以及团干部通过直选当上团干部的比例等。

调查显示，在被问及“近年来团干部选拔制度的改革比较成功”的是什么时，48.2%的被访者选择的是“直接选举”，高于“干部聘任”(29.3%)、“任前公示”(37.7%)、“干部交流”(17.8%)等，可见，在党政领导看来，直接选举是近年来团干部选拔制度改革中比较成功的项目之一，直接选举的落实在某种程度上得到了大多数党政领导的认可。

如何参与直选，如何投票是考察直选落实情况的重要角度。在直选的投票参与情况上，调查显示，52.5%的团员表示“自己主动参与积极投票”，21.1%的团员在领导动员或组织工作后参与投票，7.1%的团员表示“大家去我也去”，18.9%的团员“没有参与过直选投票”。所以，在直选的落实上，大多数团员都是按自己的意愿参与。

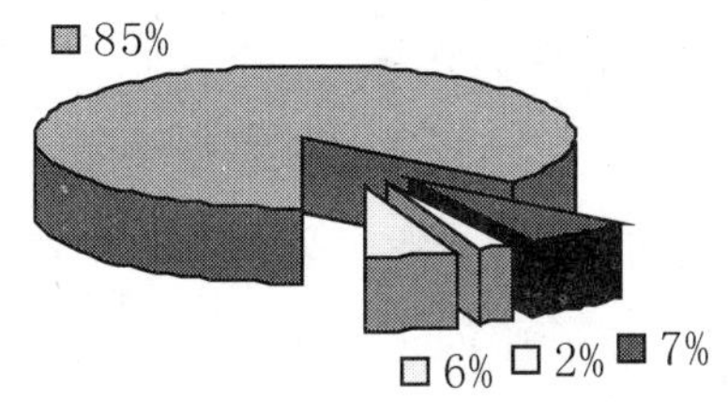

图2　参与直选的态度

而在影响投票的积极性方面，调查显示80.7%的团员认为是“对直选公告有看法”，79.3%的团员认为是“组织动员程度不够”，67.5%的团员认为是“对直选的认识程度不足”，37.2%的团员认为是“个人利益”，32.5%的团员认为是“参与选举中没有自己认可的人”。

如图3所示，30.8%的团员认为“自己所在企业的团员参与直选的热情很高”，也有12.3%的团员认为“自己所在企业的团员参与直选没什么热情”，只是按照团组织要求做。

而在对团干部的调研中发现，该项调查数据缺失较为严重，未缺失的数据中，八成的团干部表示自己“是通过团员直接选举当上团干部的”。这些团干部在团组织直选之前在团内的身份，3.9%曾经担任书

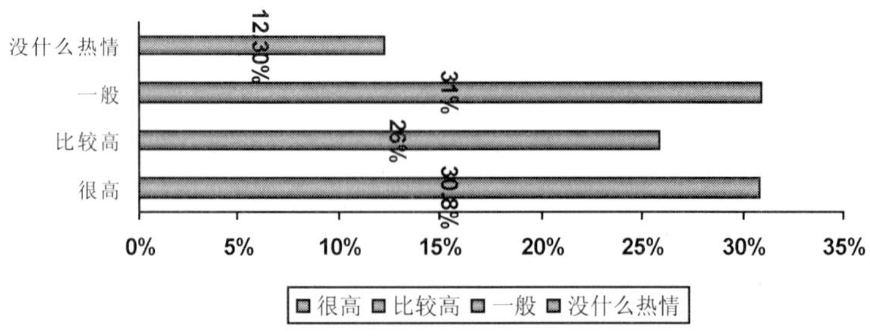

图3 团员参与直选的热情

记,18.4%曾经担任委员。从访谈中也得知,多数直选上来的团干部都有曾经当过团干部的经历。

(3)对直选当选的团干部的认识

对通过直选方式当上团干部的认同度是检验直选成果的重要维度。对团干部的认同主要包括对其工作方式、工作理念、群众基础等方面的满意度情况。

在党政群体中,调查发现,48.2%的党政领导对国有企业的团干部印象很好,47.7%表示印象较好。总体来说,党政领导对当前国有企业的团干部整体印象不错。

调查显示,通过直接选举方式产生的团干部在工作开展上具有较强优势。如图4所示,86.3%的党政领导认为"通过直接选举方式产生的团干部群众基础更扎实",70.6%的党政领导认为"通过直接选举方式产生的团干部工作积极性更高",68.0%的党政领导认为"为青年团员服务的意识更强",58.4%的党政领导认为"工作能力更强",31.0%的党政领导认为"他们工作理念更专业化",还有9.1%的党政领导认为"与其他方式产生的团干部没有区别"。可见,大多数党政领导对于通过直接选举方式产生的团干部有较强的认同感。

调查中,79.6%的党政领导表示对直选形成的团组织班子很了解。另外,66%的党政领导对自己所在企业直接选举团的领导班子的总体评价是很好,效果显著。也有12.6%的党政领导认为虽然直选的方式很好,效果显著,但程序太烦琐,成本太高。总体来说,大多数党政领导非

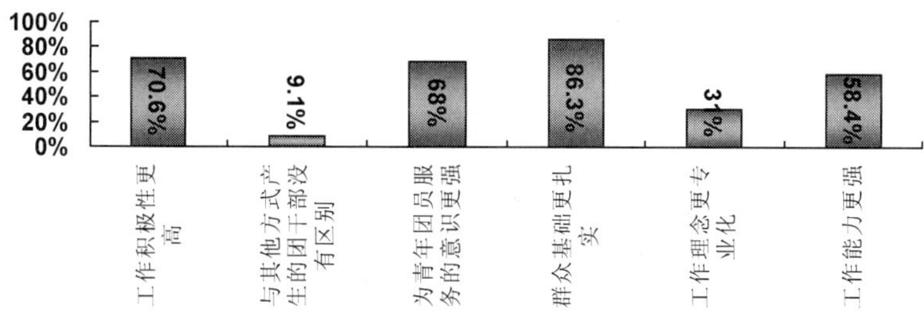

图 4　对团干部的认同

常认可基层团组织的直接选举方式。50.6%的团干部对自己所在企业直接选举团的领导班子的总体评价是很好。也有 16.9%的团干部认为直选的方式很好，效果显著，但程序太烦琐，成本太高。

(4)对直选作用的认识

在保障团员青年的民主权利方面，调查显示，近三分之一的团干部认为"自己所在企业的直接选举在尊重团员意愿、保障团员民主权利方面做得很好"，超过三分之一的团干部认为"自己所在企业的直接选举在尊重团员意愿、保障团员民主权利方面做得较好"，也有 3.4%的团干部认为"自己所在企业的直接选举在尊重团员意愿、保障团员民主权利方面做得很不好"。如图 5 所示。

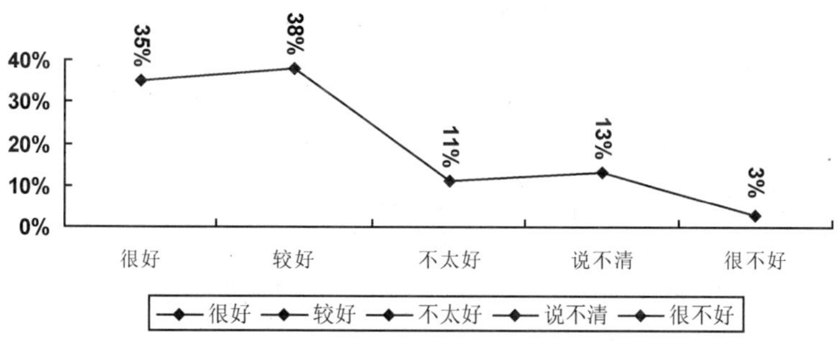

图 5　直接选举在尊重团员意愿、保障团员民主权利方面的落实情况

在直接选举对发展团的基层民主、增强团员参政议政意识的作用方面，调查显示，35.2%的团干部认为"团组织直接选举对发展团的基层民主、增强团员参政议政意识的作用非常明显"，只有 5.7%的团干部认为"团组织直

接选举对发展团的基层民主、增强团员参政议政意识的作用不明显”。

在直接选举对密切团干与团员关系、促进团干部服务意识起到的作用方面,41.6%的团干部认为“团组织直接选举对密切团干与团员关系、促进团干部服务意识起到的作用非常明显”,只有4.5%的团干部认为“团组织直接选举对密切团干与团员关系、促进团干部服务意识起到的作用不明显”。

在团组织直选对团基层组织建设、提高团组织影响力的作用方面,34.8%的团干部认为“团组织直选对团基层组织建设、提高团组织影响力的作用非常明显”,只有1.1%的团干部认为“团组织直选对团基层组织建设、提高团组织影响力的作用不明显”。

我们在调查中还了解到,40.9%的党政领导认为直接选举产生的团领导班子对青年的吸引力和凝聚力大大增强。54%的党政领导认为有所增强,只有1.1%的党政领导认为直接选举产生的团领导班子对青年的吸引力和凝聚力没有任何影响。

可见,开展团组织直选工作在尊重团员意愿、保障团员民主权利,发展团的基层民主、增强团员参政议政的意识,密切团干与团员关系、促进团干部服务意识,加强团基层组织建设、提高团组织影响力,增强团组织凝聚力等方面都取得了较高的成效。

3.深度分析

表1　(青年团员)年龄与反对直选原因的交互分析

	反对您所在的企业团组织直接选举的原因				
年龄	作秀成分过多	在直选宣传过程中,形成各个独立的利益团体,不利于员工群体的和谐团结	会导致“金钱操纵”、“互相攻击”、“权力交易”等	劳民伤财,影响正常的学习、生活秩序	不清楚
80后	63%	65.4%	45.5%	77.7%	36.4%
90后	35.7%	63.7%	55%	22.2%	54.6%
合计	98.7%	128.8%	100.5%	99.9%	100%

如表1交互分析所示,“80后”和“90后”青年团员反对国有企业基

层团组织直接选举的原因在“作秀成分过多”、“会导致‘金钱操纵’、‘互相攻击’、‘权力交易’等”、“劳民伤财，影响正常的学习、生活秩序”等方面存在差异。其中差异最大的方面表现在“作秀成分过多”、“劳民伤财，影响正常的学习、生活秩序”两个方面。说明不同年龄的青年团员，由于性格、价值观等方面的因素会影响其对直选的态度。

表2 （青年团员）对直选了解程度与直选存在问题的交互分析

选项	直选问题				
	投票人难以自由表达自己的意愿	直选程序不规范	直选太浪费时间、精力	很多人没有真正参与直选	组织不力，宣传动员不够
知道	47.2%	39.1%	68.2%	51%	41.2%
略有耳闻	33.9%	40.2%	18.2%	26.8%	35.1%
不知道	18.9%	20.7%	13.6%	22.2%	23.7%
合计	100%	100%	100%	100%	100%

从表2可以看出，青年团员对直选了解的程度不同，其对直选中存在的问题的看法也不相同。对比每一纵列可以看出，知道直选的团员认为当前直选中存在的问题主要是：“直选太浪费时间、精力”、“很多人没有真正参与直选”；对直选略有耳闻的人则认为问题主要在“直选程序不规范”、“组织不力，宣传动员不够”上。

表3 （党政领导）担任过团干部与对直选态度的支持情况

是否赞同直选	是否担任过团干部		总计
	是	否	
赞同	54.1	34.2	88.3
反对	6.1	4.6	10.7
合计(n)	118	76	196

$$(\chi^2=3.78 \quad df=2 \quad p=0 \quad t=0.002)$$

如表3交互分析所示，卡方检验表明，在显著性水平下，如果以是否赞同直选为因变量，以是否担任过团干部为自变量，$\lambda=0.000$，即根据是否担任过团干部来估计党政领导对直选的支持或反对态度不能减少任何误差。说明这两者之间相关关系很弱。

表 4 (党政领导)是否担任过团干部反对直选的原因

	反对您所在的企业团组织直接选举的原因				
	操作上难进行	直选宣传过程中,形成各个独立的利益团体,不利于员工群体的和谐团结	会导致“金钱操纵”、“互相攻击”、“权力交易”等	劳民伤财,影响正常的学习、生活秩序	政策上难落实
是	4.6%	4.6	2%	1%	1.5%
否	1%	4.1%	1%	1%	2%
合计	5.6%	8.7%	3%	2%	3.5%

从表 4 可以看出,担任过团干部的党政领导反对所在的企业团组织直接选举的原因主要是“操作上难进行”和“ 直选宣传过程中,形成各个独立的利益团体,不利于员工群体的和谐团结”两个方面,没有担任过团干部的党政领导反对所在的企业团组织直接选举的原因主要是“直选宣传过程中,形成各个独立的利益团体,不利于员工群体的和谐团结”和“政策上难落实”两个方面。可见,如何在直选推进过程中保持企业和谐稳定的大局是重中之重。

表 5 (团干部)从事共青团工作时间长短与直选态度的交互分析

是否赞同直选	从事共青团工作时间				总计
	1 年以内	1 到 3 年	3 到 5 年	5 年以上	
赞同	3.9	17.6	25.5	39.2	86.2
反对	5.9	3.9	0.1	3.9	13.8
合计	9.8	21.5	25.6	43.1	100

($\chi^2=124.3$ df=3 p=0 t=0.001)

表 5 显示,卡方检验表明,在显著性水平下,团干部从事共青团工作的时间长短与对直选的态度之间有一定关系。从事共青团工作时间越长,赞同直选的概率也越大,越能认识到直选的作用和意义。反之,从事共青团工作的时间越短,反对直选的可能性越大。

4.不同群体对比分析

(1)不同群体对直选模式的态度

本次调查显示,三个调查群体中,八成以上的团员、团干部、党政干部对国有企业基层团组织的直选持赞成态度。其中党政领导赞同基层团组织直选的比例高达89.4%,团干部82.4%,基层团员87.6%。如图6所示。

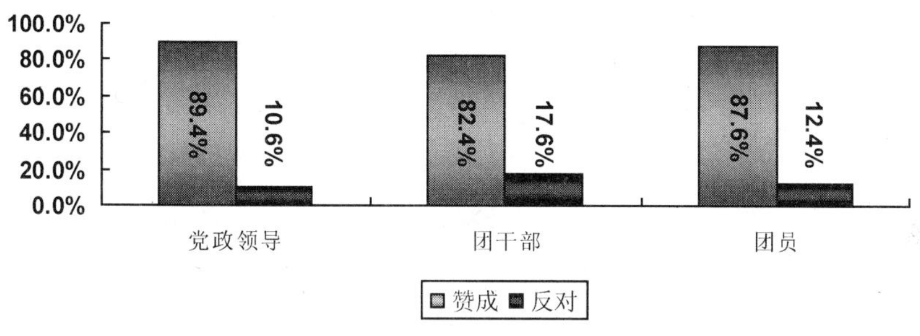

图6 对国有企业基层团组织直选的态度

对于党政领导群体而言,赞成的原因主要是:71.2%的被调查者认为"国有企业团组织领导班子直接选举可以满足基层广大团员的民主诉求,有利于推行基层民主法制建设",74%的人认为"有利于党团组织选人用人的视野",73.4%认为"可以增强国有企业团组织的生机和活力,有利于巩固和扩大党执政的群众基础",另外有67.2%的人认为"直选能更好地鞭策、监督团干部为广大团员青年服务"。根据我们对党政干部的访谈得知,他们认为,通过团干部直选,可以全面调动国有企业中广大团员、青年的工作积极性及上进心,让普通的团员青年都有榜样可以学习,同时也扩大了他们用人的视野,可以让优秀的人才脱颖而出。只要调控组织得好,直选也许是企业选择人才不错的渠道。

对于团干部和团员青年来说,如图7所示,赞成直选的主要原因基本相同,但值得注意的是,在真正实现了团员"当家做主",提高了团员参政议政意识以及保证团员履行民主权利的举措两方面,团员和团干部体现出了一定的差距:有四成以上的团干部认为基层团组织直选"真正实现了团员'当家做主',提高了团员参政议政意识",但只有37.1%的团员认为基层团组织直选“真正实现了团员‘当家做主’，提高了团员参政议政意识”。约50%的团干部认为“基层团组织直选是保证团员履行民主权利的举措”，只有22.6%的团员认同这种提法。

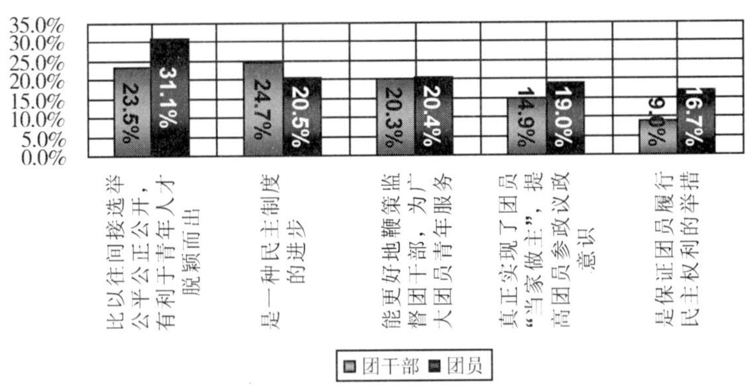

图7　赞成直选原因分析

在三个调查群体中，反对基层团组织直选的原因主要表现为：“作秀成分过多”、“政策上难落实”，以及在直选“宣传过程中，容易形成各个独立的利益团体，不利于员工群体的和谐团结”等，这些是团员和团干部反对开展基层团组织直选的主要因素，且这几个因素均占三成以上。而数据显示，90后团员群体反对基层团组织直选的原因是“作秀成分过多”的比例远远高于80后团员群体。

同样问题对于党政领导来说，所有反对因素中比例最高的一项是，“直选宣传过程中，容易形成各个独立的利益团体，不利于企业员工群体的和谐团结”，占了所调查人数的58.6%。

(2)不同群体对直选意义的看法

在本文的概述中已经明确表示，团组织班子直选工作，无论是在民主发展进程还是人才培养方面无疑都具有极大的积极意义。在关于对直选意义的认识上，三大群体的认识有差异，但都较为赞同直选。

调查显示，有76.5%的团员认为，直选是“开发青年人力资源和发扬团内民主结合的有效途径”。52.1%的团员认为，直选是“贯彻党的十七大精神，巩固和扩大党执政的青年群众基础的具体举措”。61.2%的

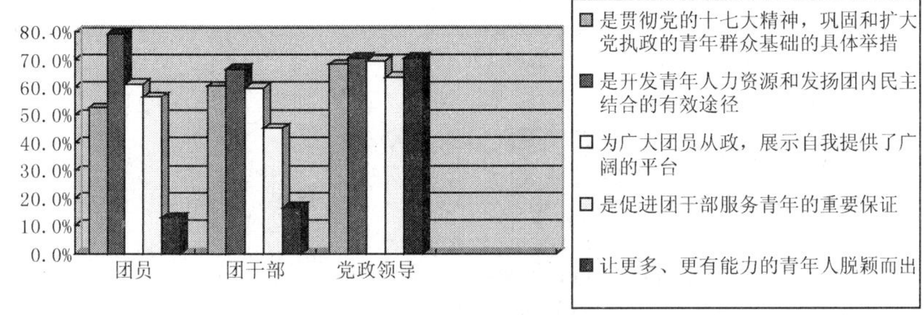

图 8　直选意义

团员认为，直选是“为广大团员从政展示自我提供了广阔的平台”。57.3％的团员认为，直选是“促进团干部服务青年的重要保证”。

有 60％的团干部认为，直选是“开发青年人力资源和发扬团内民主结合的有效途径”。65.8％的团干部认为，直选是“贯彻党的十七大精神，巩固和扩大党执政的青年群众基础的具体举措”。58.5％的团干部认为，直选是“为广大团员从政展示自我提供了广阔的平台”。47.3％的团干部认为直选是“促进团干部服务青年的重要保证”。17.2％的团干部认为直选的意义“在于让更多、更有能力的青年人脱颖而出”。

有 71％的党政领导认为，直选是“开发青年人力资源和发扬团内民主结合的有效途径”。68.5％的党政领导认为，直选是“贯彻党的十七大精神，巩固和扩大党执政的青年群众基础的具体举措”。69.1％的党政领导认为，直选是“为广大团员从政展示自我提供了广阔的平台”。61.7％的党政领导认为，直选是“促进团干部服务青年的重要保证”。70.7％的党政领导认为，直选的意义“在于让更多、更有能力的人青年人脱颖而出”。如图 8 所示。

通过直选方式产生团干部是党政领导普遍认同的方式。调查中我们了解到，86.3％的党政领导希望今后基层团组织能通过直选方式产生，只有 6.1％的党政领导不希望今后基层团组织通过直选方式产生。对于未来的团干部产生方式，45.7％的党政领导赞同直选，40.3％的党政领导赞同竞争上岗，10.2％赞同差额选举，2.7％认为应该由党组织认命。

(3)不同群体对直选中存在问题的看法

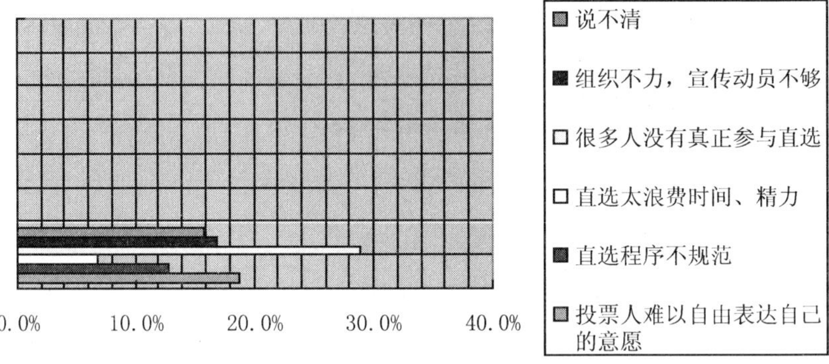

图 9　直选中存在的问题

对于团员青年来说,如图 9 所示,直选中存在的问题按由高到低的比例依次是:28.9%认为“很多人没有真正参与直选”,18.8%认为“投票人难以自由表达自己的意愿”,16.9%认为“组织不力,宣传动员不够”,12.9%认为“直选程序不规范”,6.7%认为“直选太浪费时间、精力”。

在党政领导和团干部看来,当前直选的问题主要在于“上级民主意识不强”、“保障工作不足”等方面。调查显示,党政领导和团干部普遍认为,影响当前团组织班子直选在各国有企业中深入推进的最主要因素有,“团员民主意识不强、参与热情不高”、“上级推进力度不够,缺乏规范性指导文件”、“干部认识不到位,思想有顾虑”三个方面。

具体调查数据表明,51.8%的党政领导认为主要是“团员民主意识不强,参与热情不高”。50.8%的党政领导认为主要是“上级推进力度不够,缺乏规范性指导文件”。33.7%的党政领导认为主要是“干部认识不到位,思想有顾虑”。21.2%的党政领导认为主要是“程序复杂,基层操作成本高”。16.6%的党政领导认为主要是“党政领导不重视”。

而对于团干部来说,有 74.8%的团干部认为直选的问题主要是“团员民主意识不强,参与热情不高”。39.6%的干部认为主要是“上级推进力度不够,缺乏规范性指导文件”。42.2%的干部认为主要是“干部认识不到位，思想有顾虑”。13.5％的干部认为主要是“程序复杂，基层操作成本高”。28.3％的干部认为主要是“党政领导不重视”。

团组织直选还处在探索阶段，难免有各种问题存在，在具体操作程序上，为保证最终当选的团干部是德才兼备的新型合格人才，党政领导对候选者的严格把关显得尤为重要。访谈中我们了解到，为保证通过团组织直接选举方式选举出的团干部具有工作能力出众、政治觉悟高等特点，如何调控、规范直选工作的操作程序，如何正确把握直选工作的推进方向是党政领导者多次谈到的问题，是今后直选工作中需要慎重考虑的重要因素之一。

（五）直选工作存在的主要问题

1. 规范与创新的问题

浙江省电力公司团组织直选工作从杭州电力局、宁波电业局开始试点探索，如何证明直选是一条可以探索基层民主建设的路，关键在于它是否适用于所有的国有企业，而这种适用必须要有统一的模式和流程，必须规范，尤其是涉及直选的程序。但是，每个国有企业、每个分局工作基础不同，客观和主观条件存在一定的差异，又无法“一刀切”，无法对每个过程、每个细节进行统一，还是需要基层在不断实践中进行创新。因此，一方面，直选是选举的一种方式，必须遵循选举的各项规则，选举的基本原则、程序、办法、步骤等都要符合《团章》选举工作的有关规定，按部就班地实施和推进。同时，对于已经突破选举规定，并在意见中加以合法化和规范化的规则和原则，必须严格遵守，这种程序的规范是国有企业团组织产生的合法性依据。另一方面，直选又是对选举程序的一种创新，虽有突破，但在许多细节上还留有创新的空间和余地，各分局可以根据区域以及团员青年的特点进行探索和创新。

2. 组织化发动与社会化运作的问题

广泛动员是直选成功与否的关键。直选大会实际到会的人数、候选人的参与发动情况、委员班子成员代表层面的广泛性、影响程度等都取决于发动的深入性。长期以来，部分团组织始终处于松散的状态，甚至只流于形式，很少有团员青年会主动关心团组织的活动、关注企业事务，在这种情况下，要把企业中的所有团员青年动员出来，参与企业团组织的选举，组建团员青年自己的组织，必须先要自上而下，依靠上级团委、企业的党组织、青年干事团员青年骨干，以组织化的形式，精心做好宣传发动工作，提高国有企业团员青年的知晓率和参与率。同时，团组织是团员青年的自治组织，它的组建和运作都应该由团员青年自己做主，因此，在实践过程中，上级团委、青年干事等就要在总体把握和严格把关的基础上，充分调动团员青年的主动性和积极性，弱化行政化的工作方式，尊重团员青年民主化的意愿，不断激发国有企业团组织的内在活力。

3. 活力激发与活力延续的问题

轰轰烈烈的直选大会，一时激发了不少团员青年主动参与竞争、主动投入国有企业团工作的热情，的确使很多默默无名的青年脱颖而出。然而，如何延续这种活力，如何保持团员青年的积极性和主动性，使国有企业团组织活跃起来，真正发挥核心和生力军作用，带领和引导好国有企业的青少年，这才是直选的价值和意义。活力的激发是前提，活力的延续是保障，而这种活力又是需要支撑的，尤其是对团员青年的激励，对国有企业团员青年和团组织的激励程度的大小也是影响这个团组织活力和凝聚力的关键因素。但是，值得注意的问题是，在直选中，肯定有的人会被选拔上，有的人会被淘汰，在淘汰的人群中，会产生这样那样的心理问题，以至于影响到了今后的工作与生活。所以，在直选过后，新当选的团领导班子首先要解决在直选中遗留及存在的问题，以服务广大团员青年为抓手提升班子形象。

（六）直选工作的难点

根据浙江省电力公司团组织直选试点的情况，当前要开展好这项工作，还面临着以下几方面的难点问题：

1. 部分基层干部在思想认识方面存在误区

在国有企业中，有不少基层干部对开展团委班子“直选”不理解，认为党组织的有关试点都尚且在探索阶段，团组织就如此作为是白费劲，把消极因素看得过重。调查发现，大多数党政领导和团干部认为“干部认识不到位，思想有顾虑”是当前直选工作推进中存在的主要问题之一。因此，如何定位直选，清除领导干部的思想顾虑是推进国有企业基层团组织直选的重要前提。

2. 制度设计方面的欠缺

共青团组织领导班子直选作为新生事物，存在着科学、完备和系统性不够的问题。如与《团章》的有关规定相悖，根据《团章》有关选举程序规定，基层团组织的书记应由委员选举产生。调查中，44.6％的青年团员认为自己“没有真正参与直选”，29.1％的青年团员认为投票人“难以自由表达自己的意愿”，26.2％的青年团员认为“组织不力，宣传动员不够”，19.9％的青年团员认为“直选程序不规范”，10.3％的青年团员认为“直选太浪费时间、精力”。因此，如何规范制度设计，使直选程序更具可操作性，是保证基层团员青年真正参与直选的前提。

3. 政策环境方面的制衡

通过听取只有一次或者几次的竞职演讲，选举人很难对候选人的德才方面有实质性的了解，缺少足够的“知情”，没有准确的比较，致使选民意志表达打了折扣，往往容易从众或随意选择。根据此次对团员青年的访谈得知，有许多团员认为，国有企业“树大枝茂”，部门多，人多，许多青年人相互之间不认识，作为选举人无法对候选人作出明确的判断，只能凭着个人的爱好与候选人的当场表现来判定，有失偏颇。

4. 直选产生的团委班子问题

直选产生的新的团委班子在如何交流使用、如何调整、如何考核等方面都必须有新的举措。如：在调整和交流当选者时，应当广泛听取团员选民的意见，创造环境，促使当选者顺利开展工作。在广大团员选民对当选者不满意时，能启动罢免程序等。从此次对党政干部的访谈中也得知，虽然直选过程中的一切程序都在企业党委的调控之内，但他们也很怕“马失前蹄”出乱子，一旦出现人员拉锯战或者其他意外情况出现，会没法收拾局面，产生企业的不稳定因素。

5. 降低直选成本问题

国有企业直选活动从试点到广泛开展，都必然要占用一定时间和工作量，调查中，10.3%的青年团员认为“直选太浪费时间、精力”，如何使直选花费的成本最小，如何筹集和使用相关人力、财力也是一个值得注意的问题。在今后的实践中，要设置合理必要的程序，降低成本，以利推广。

6. 直选时间选择的问题

从上面的第5点可以看出，国有企业团组织的直选从开始到选出团的领导班子，需要通过好几轮的初试、复试，参与的人员多，时间跨度大，企业各部门投入的精力和工作时间也较多。如果选择放在年初或年终企业工作最忙的时候搞团的基层组织直选，既不现实也不可能。所以，在直选时，要考虑放在企业工作时间相对较为空闲的阶段，不但能够得到党委的支持，也能够使更多的团员参加，更好地发挥广大团员的参与积极性，同时，又不会影响企业的正常工作。

三、国有企业基层团组织直选工作的思考启示

在国有企业基层团组织直接选举的实践中我们深深感到，进行基层团组织直接选举，坚持党的领导是关键，发扬团内民主是基础，依法照章办事是保障。

（一）争取党政领导的重视和支持

团始终离不开党的领导，行政色彩较浓的国有企业更是如此。国有企业团的建设和发展是一个不断成熟的过程，在国有企业团组织直选工作中，无论是工作指导还是资源的支持，都需要党政领导给力。这就要求国有企业团组织要提高认识，结合党建带团建，始终与党组织保持联系，汇报和沟通相关情况，最大限度地争取党政领导的支持，将党的资源引入到团的工作。

（二）以突破创新的理念实现组织新的规范

共青团多年来也一直通过组织化的方式来实现对青年群体的教育、管理与服务工作。在推进直选工作的过程中，我们始终坚持只要有利于

组织目标的实现，只要能与青年的需求、组织的需求相对接，就要勇于对一些不符合实际的方式进行突破。比如，选举投票方式上，在团内选举中是不允许设立委托投票或者设立流动票箱的，但是根据实际情况（如地质大队工作场所分散），为了保证参与选举的团员人数，只要组织严密、程序规范，只要被团员接受，不影响民主的结果，我们觉得还是可以设置的。因此，在新形势下，要实现、形成组织新的规范，就必须倡导突破创新的理念。

（三）循序渐进，务求实效

直选作为一种选举的形式，尤其注重国有企业团员的参与程度和自治程度，必须在基础扎实、党政支持、企业团员青年参与面相对较广的国有企业团组织中开展。因此，各国有企业必须按照“成熟一个，直选一个”的原则，从适合开展直选的国有企业团组织中逐步推开。在实施推进的过程中，要提高思想认识，要有脚踏实地的工作作风，不能使直选走过场，追求形式主义，否则无法体现直选的效果，无法激活国有企业的潜能，直选也就毫无意义。同时，各国有企业在探索和实践过程中，可以针对不同的特点，不断总结，归纳出不同的、适合本企业特点的直选模式或方式。应鼓励基层的首创精神，直选只是推进基层民主、活跃基层组织的一种方式，国有企业可以积极探索新的形式，不断增强基层团组织的活力和凝聚力。

（四）注意上下和地方之间的双向互动

所谓双向互动，就是把充分尊重基层团员青年的首创精神与上级机关积极引导、有计划有步骤地进行直选制度改革有机地结合起来，通过自下而上和自上而下两个方面的有机结合，促进直选工作的深入发展，早日实现直选的制度化、规范化。总公司团委要作为直选的第一推动力，积极向同级党委汇报，做好协调工作，指导好下属各团委直选工作。同时，党委和上级团委也要积极为国有企业团委直选创造条件。开展直选试点只是加强国有企业团组织建设的起步点，国有企业团建之路还很漫长，要保持国有企业团员青年持续参与的热情，要激发国有企业团员青年更深层次的积极性和主动性，要努力引导他们从“社会人”转向“组织人”，就要促进上下和地方之间的相互沟通和联系，增强互动力，可以通过设计团组织联系卡的方式，充分依托网站、E-mail 等信息化的手段，加强工作信息的交流，发现好的项目，搭建好的平台，提供好的指导，扩大直选的成效，促进团组织的运作，加大探索力度。

（五）完善和规范直选操作程序

重点解决程序方面的问题，在设计直选程序上，明确职位范围、周期范围和允许参选的人员范围。职务范围即团委书记、副书记及委员，周期范围方面，建议结合团委换届一并进行。有三个带共性的问题需要注意把握：首先，要搞好公示程序。参与竞争者在原岗位的表现情况应该在直选过程中加以反映，并成为决定竞选人能否当选的重要因素，减少用人上的失误。其次，需经过必要的评估审查程序。作为直选团委班子成员的候选人，在年龄、对青年群众的号召力、实际工作能力上都有一定的特殊要求。最后，要抓好竞职演讲程序。绝对不能走过场，要杜绝个人事先准备。要有现场发表竞选演说、现场随意提问等环节，保证能充分反映竞选者的真实水平。四是要配套改革，优化政策环境 。要进一步加大改革基层团内选举制度力度。扩大和保证基层团员的民主选举权利，对于实现基层团内生活民主化，充分调动基层团员的积极性有着极其重要的意义。

（六）以新型的组织激发青年的归属感和民主意识

一直以来，我们始终有一个很模糊的认识，认为青年的组织归属感在淡化，只注重追求个人的发展。但同时另一种现象却令我们深思。据了解，如今青年的自组织不断增多，并活跃在各个地方，这些情况的出现不得不使我们进行反思，重新来审视对青年组织归属感认识的问题。同样，我们常常会有一些误区，认为青年对政治不感兴趣，民主的意识也不是十分强烈，所以在直选开展过程中，一直有一些担心和顾虑。但是，试点单位的结果表明，通过这种民主参与的方式产生的组织，青年的认同度相当高。因此，青年并不是不需要组织归属感，而是对他们认同的、喜欢的组织产生归属感;青年也并不是没有政治参与的愿望,而是对他们关注的事情和用喜欢的方式去参与。在国有企业团组织直选的工作推进中我们发现,这样的形式的确可以为更多青年提供展示才华的舞台。所以我们认为,直选有效、有序、合理地满足了青年日益增强的民主意识。

(七)加强对直选团干部的队伍管理

国有企业团干部队伍是国有企业团的建设的基本力量,也是团结、覆盖、凝聚国有企业青年的重要力量。一方面,要进一步提高对国有企业、对团组织的责任意识,要加大培养他们主动承担、参与企业的意识,帮助他们处理好单位与家庭之间的矛盾和冲突,要积极引导他们投身国有企业建设。另一方面,要加强对他们的培训,包括直选的相关知识、企业建设和发展的新形势和有关方面的知识等,增强他们建设企业,凝聚他人的能力。同时,适当加强对他们的约束和监督,提高素质,塑造形象,引导他们做好国有企业团员青年的领头人。

(八)加大对国有企业基层团组织建设的投入

基层团组织建设是团建的基础,基础不牢,地动山摇。经费的缺乏、硬件设施的匮乏往往会影响基础。要积极争取党政支持,在帮助青年成长、发展,推动团组织及青年组织活跃等方面加大投入,给予一定的资金扶持。同时,加大对国有企业团员青年的激励,积极搭建成才平台,畅通反馈渠道,鼓励青年为国有企业团的发展、国有企业建设贡献青春力量。上级部门应逐步考虑对直选的企业团组织在今后的工作中给予一定的政策、资金的倾斜,同时加大对国有企业团员青年和团组织的激励程度。

(九)强化对团员青年的心理辅导机制

强化、完善对参与者的心理辅导、心理调适机制是直选工作推进中必须加以重视的重要方面。当代团员青年具有争强好胜的品格特征,很多团员青年愿意把握直选机会,借直选的自我展现平台让自己脱颖而出,实现自己的人生目标。但是,参与团组织直接选举需要花费很大的时间和精力,在激烈的竞争环境下,如何自我解压,正确调适自己的竞争心态，处理好参加直选与做好本职工作之间的关系是非常关键的环节。参与团组织直接选举对团员青年来说是一次很好的锻炼机会，但是把握不好也会出现负面影响。访谈中我们也了解到，有些团员青年因为在直选中失败，最终没有当选团干部，会出现情绪低落、自我认同骤然下降等现象。如何做好直选工作的心理辅导，保证每一位参与直选的团员始终具有积极、健康的心态是团组织直选在未来的发展过程中需要认真考虑的重要因素之一。

（十）以真正的组织覆盖取代简单的机构覆盖

从国有企业团的组织建立的情况来看，一些团组织的运作只是以青年团干的个人运作来取代机构的整体运作，这种状态导致了团建无法成为有效推动国有企业建设的基础性力量。目前，团的一些基层组织在组织设置、人员的管理方式上与组织的需求是脱节的，往往造成以机构的覆盖来代替组织的覆盖。虽然，建立有效的团组织，方法和途径有很多种，但经过实践，我们觉得，直选可能是当前比较有效的途径和载体，是可以探索和尝试的方式之一。只有组织的需求与组织的设置、管理的方式、机制的建立相匹配了，组织才有凝聚力，才有活力。

四、结语

国有企业基层团组织的直选工作，为国有企业团的组织建设工作带来了一个良好的发展机遇。为此，国有企业团组织要从全面建设小康社会的大局出发，以增强企业基层团组织的创造力、凝聚力和战斗力为落脚点，以服务企业广大团员青年成长成才为着眼点，不断完善企业党团共建的工作机制，努力提高团干部素质，完善团员队伍建设，规范组织建设，不断增强团组织的活力。

我们试图通过对国有企业基层团组织的直选模式的研究，抛砖引玉，推出适合国有企业团组织直选的模式。主要有以下三种：

国有企业基层团组织直选流程示意图（模式一）

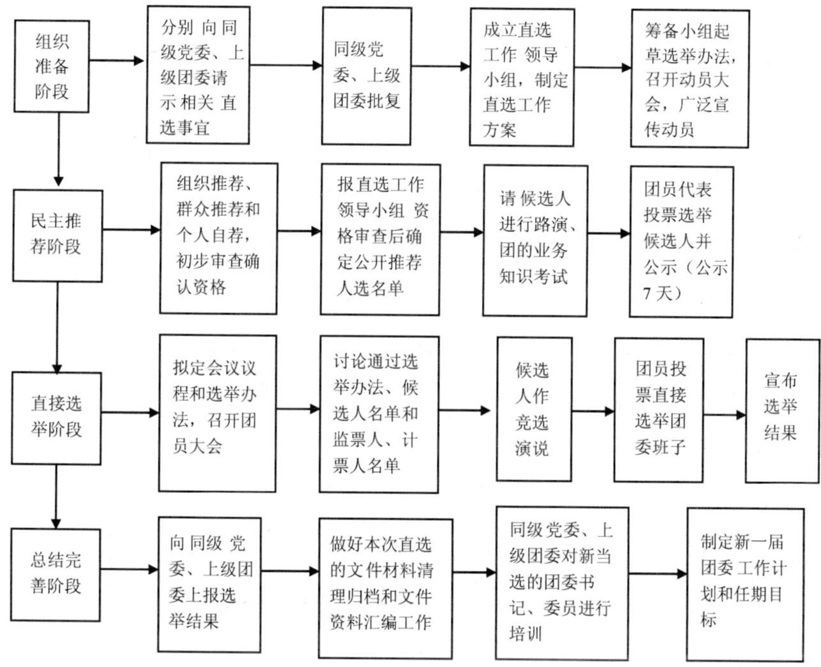

国有企业基层团组织直选领导班子流程图（模式二）

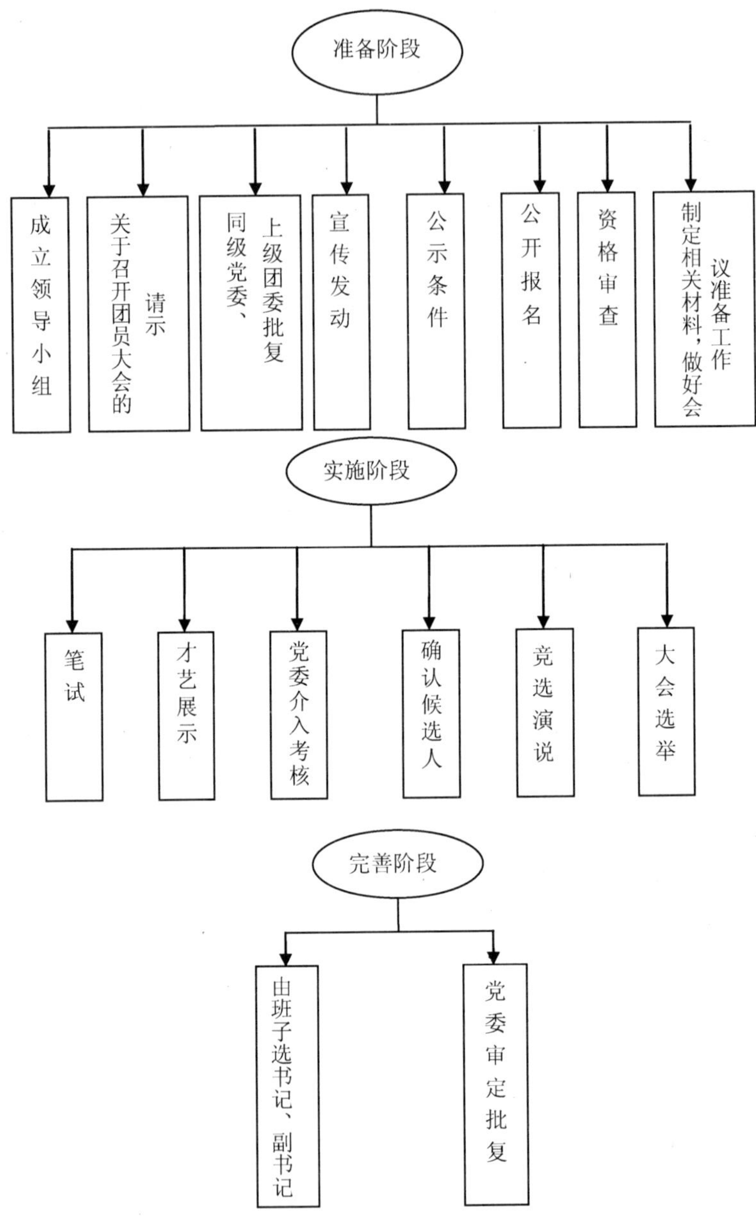

国有企业基层团组织直选工作流程图(模式三)

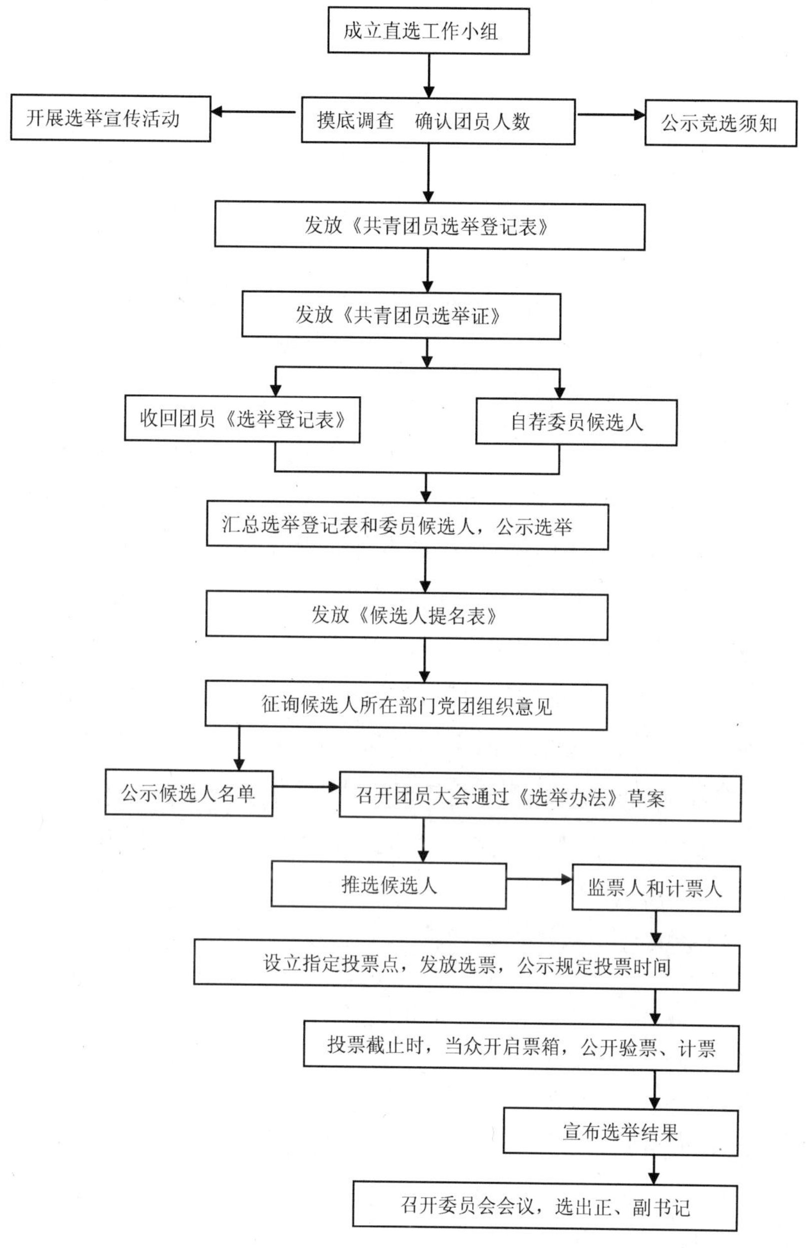

此三类模式的推出旨在规范直选程序，严格直选工作的机制，让团员根据自己的意愿选出理想的领头人。希望通过团干部直选，致力于变原来的“伯乐相马”为“赛场赛马”。总结直选中好的经验，保证企业直选工作的公开、公平、公正，搭建好民主推荐与公开竞职两个不同渠道的平台，通过组织见面会、上台演讲、广播宣传等多种形式，让所有竞职人员“同场竞技”。确保每一位团员的权利得到充分的落实，每一位参选人员得到一个公正公平的机会。

本课题对国有企业基层团组织直选模式的研究在采用定性和定量相结合的研究方法基础上，具有一定的可操作性和科学性。然而，由于时间紧迫，研究水平有限，本研究尚有以下不足之处：

（一）国有企业主要包括中央政府投资或参与控制的企业以及地方政府投资参与控制的企业。由于本次研究是国家电网公司共青团和青年工作课题范围，考虑时间、操作成本等因素，问卷发放主要集中在电力系统等央企，难以覆盖国有企业的各类别、各行业。因此，资料收集范围有限，多样性有限，结论推广范围有待商榷。

（二）定性资料收集方面，目前关于国有企业基层团组织直选的研究较少，因此可参考借鉴的文献资料有限。此外，虽然在课题调研期间进行了一定数量的个案访谈，但由于时间关系，本次研究访谈人数有限，访谈深度相对不够，难以进行完全参与式观察的研究方法。因此，研究不可能做到绝对客观。

参考文献

Cai Dingjian，Introduction：Theory and Practice in China's Current Electoral System Reforms，*Social Sciences in China*，77－85，Spring 2004.

Wang Zhenyao，The Historic Breakthrough and Developing Prospective of Villagers' Election in China，*Social Sciences in China*，126－133，Spring 2004.

Shi Weimin, The Development of Grassroots Democratic Elections in China, *Social Sciences in China*, 113—125, Spring 2004.

Xiao Lihui, Studies of the Reform of the Electoral System for Town and Township Heads, *Social Sciences in China*, 134—146, Spring 2004.

Chen Sixi, The Gradual Reform of the Electoral System in China, *Social Sciences in China*, 95—101, Spring 2004.

Qiang Shigong, Political Ideas and Guidelines of Democratic Elections in China, *Social Sciences in China*, 86—94, Spring 2004.

[美]托马斯·弗里德曼(Thomas L. Friedman):《世界是平的:21世纪简史》,何凡等译,湖南科学技术出版社2006年版。

刘益飞:《改革候选人提名方式的若干思路》,《中国党政干部论坛》2007年第2期。

林洁、甘冰、武欣中:《团中央第一书记陆昊在广东广西调研时强调全团要用最大决心支持推动基层工作》,《中国青少年报》2008年7月28日。

中国选举与治理网,http://www.chinaelections.org/。

文军:《社区青少年社会工作的国际比较研究》,华东理工大学出版社2006年版。

中国政府创新网,http://www.chinainnovations.org/。

王长江:《党内民主制度创新——一个基层党委班子"公推直选"的案例研究》,中央编译出版社2007年版。

王晓敏:《乡镇党委书记公推直选的调查与思考》,《理论学刊》2007年第11期。

李仁彬:《公推直选面临的问题及对策思考》,《成都市委党校学报》2006年第5期。

王勇兵:《乡镇党委书记公推直选需要完善的问题》,《学习时报》2006年4月9日。

袁建伟:《公推直选——基层党内民主建设实践的新探索》,《中州学刊》2006年第4期。

任中平:《四川省党内基层民主建设的实践发展及其制度创新》,《社会科学研究》2007 年第 1 期。

刘广忠：《“公推直选”——乡镇党委领导班子成员的实践与思考》，《领导科学》2005 年第 20 期。

刘玄启：《关于广西村党组织公推直选的探索和思考》，《桂海论丛》2006 年第 6 期。

（作者　汪慧、张波 浙江青年专修学院 教授
卫甜甜 浙江青年专修学院 教师）

城乡二元结构下的青年农民工社会保障

张　波　卫甜甜

一、城乡二元结构下的社会保障制度

改革开放后，农民工浪潮促动着中国社会经济、政治、文化的结构变化与整合。然而，只有很小部分青年农民工有一至两项非均衡的、水平极低的社会保障，并且也不是完全意义上的社会保障。何谓社会保障？社会保障是指国家以立法和行政措施确立对遇到疾病、伤残、生育、年老、死亡、失业、灾害或其他风险的社会成员给予相应的经济、物质和服务的帮助，以保障其基本生活需要的一种社会经济福利制度。

在我国，社会保障体系由社会保险、社会福利、社会救济、优抚安置和社会救助、个人储蓄积累保障等部分组成。根据人们生存、生活与发展的不同等级梯次，我们将社会保障相应分为三个层次：第一层，维持最低生活水平的社会救济，主要包括社会救助、社会救灾、医疗保障等；第二层，保持一定生活水平的社会保险，包括养老保险、失业保险、医疗保险、工伤保险等；第三层，提高生活水平的社会福利，包括儿童福利、妇女福利、劳动者福利、教育福利、社会补贴、社区服务等。

完善的社会保障体系是社会主义市场经济体制的重要支柱。它通过资源支配权的再分配，引导社会变迁，改革经济体制，缔造社会公平，保证全体公民生活的安全，增进生活质量，促进经济有序及社会和谐。

何谓城乡二元分化格局？

美国经济学家刘易斯于1954年首先提出了二元经济结构理论，他在1954年发表的《劳动无限供给条件下的经济发展》一文中阐述了“两个部门结构发展模型”的概念，认为发展中国家并存着传统的自给自足的农业经济体系和城市现代工业体系两种不同的经济体系，这两种体系构成了二元经济结构。他指出：发展中国家一般都存在性质不同的两个经济部门，一个是“资本主义”部门，又称现代部门；一个是“维持生计”部门，又称传统部门。这两个部门在生产规模、生产方式、生产效率、资本运用、收入水平等方面存在着明显的差异，并表现出不同的经济特征和经济发展形式。现代部门是经济发展的主导部门，而传统部门的发展则需依存现代部门的发展。这一理论在研究发达国家的历史经验和发展中国家的发展路径时得到过证实，对研究处于初级阶段的我国的经济、社会发展亦有深刻的指导意义。我国城乡二元结构的特殊性表现在以现代工业为代表的现代部门与以农业为代表的传统部门的并立，同时也表现为我国城市社会与农村社会长期分割的二元社会结构，以及由此带来的经济收入、产业结构、地区差异及社会地位等诸方面的不平等。这一特殊性也导致了我国社会、经济发展的独特性，就是传统农业与现代工业的对立、落后的农村与先进的城市分离的“双二元结构”。

为了消除二元结构壁垒，真正实现和谐发展，当今学者对于农民工社会保障的关注开始逐日加强。

刘畅在对制度排斥与农民工的社会保障问题的分析中认为：制度设计与制度背景的偏离是农民工处于这种不公正、不平等状态的根源。不仅传统的计划经济时期的政治福利制度远离农民，当今配合经济体制改革设计与实施的社会保障体制也无法让农民工体验到来自国家、政府的关怀和现实保障。

韩嘉玲在北京流动儿童义务教育状况调查报告中谈道：进城农民工的最大忧患是子女的受教育问题，很多人又交不起赞助费，因此政府部门必须加强对流动儿童学校的管理，不能任由流动人口中贫困人群子女的义务教育成为教育市场上一块无人管理的“自留地”。

王成斌认为农民工就业打破了城乡二元结构的坚冰，但城乡居民收入差距扩大，行政主导的城乡二元结构正在转化为市场主导的城乡二元结构，农民收入增长缓慢。农业的比较收益下降，更多地依赖外出就业收入。

景天魁认为建立城乡统筹社会保障的思路在于建立城乡统一的最低生活保障制度，可以城乡统筹的最低生活保障制度、公共卫生和大病统筹制度为基础，努力推动以下几项工作：第一，建立城乡统一的劳动力市场和促进就业制度，并以此为基础，整合多种资源；第二，建立城乡统一的义务教育和职业教育体系，并以此为基础，培育和增强我国的人力资源优势；第三，建立城乡统筹的财政制度，并以此为基础，明确政府、企业和个人的责任，形成公平合理的责任体系。

吴宏洛认为建立多层面的社会保障体系将有助于社会保障制度的构建，要站在维护社会稳定的高度制定和实施促进就业政策，要积极推进社区保障功能，要站在维护农村稳定的高度制定和实施农村土地政策。

郑功成认为就业与社会保障是中国面临的最重要的民生问题之一，两者是不可分割的有机整体，中国未来发展既需要长期坚持积极的就业政策，又需要一个健全的社会保障体系，只有两者协同发展，才能实现社会的健康与持续发展。

综上，目前的研究视角都是立足于中国城乡二元分化的特殊国情，目的在于反思社会保障制度在城乡二元分化背景下的断裂现象。研究结论对于提升青年农民工社会保障，构建和谐社会有宏观指导意义。

二、青年农民工社会保障的现状分析

青年农民工是城市文明的建筑者，在他们卓著奉献的背后，书写的却是惨淡的人生。作为其生存与发展的必要条件——社会保障体系，其严重的滞后性，需要我们给予更多的关注，是需要我们解决的宏大的问题域。

在城乡二元结构的辉映下,青年农民工的社会保障体系在政策制定起点、运作过程等层面对于青年农民工本身所带来的影响是多层面的,与之相应地,主要体现在青年农民工社会保障的制度世界、社会世界与生活世界。

(一)制度世界:青年农民工是现行制度的局外人

1.现有制度严重滞后。二元结构长期存在的背景下,“城乡分治,一国两策”的管理模式一贯奉行,其弊端明显体现于户籍制度造成的壁垒,这种制度本质上是一种不平等的“特权”制度,与之配套的粮食供给、副食补贴、社会保障、住房、教育、医疗、就业等在城乡间存在差异,社会环境在城乡间存在不公。流入城市的青年农民工被排斥于社会制度之外,无法公平享受社会公共资源,处于社会的边缘。

2.立法体系不健全。针对青年农民工而言,现有的立法体系尚缺乏相应的制度安排。我国尽管在1998年就已经制定了城镇职工养老、医疗保险的相关法律,但对流入城市的青年农民工来说,此类社会保障并没有相应的立法作支撑,这也是造成青年农民工社会保障权益经常遭到侵害的根本原因。在这种情况下,青年农民工一旦在社会保障的某个方面出现问题,由于福利制度缺乏相应措施,其利益诉求很难得到满足,极易引发各类相关问题,从而加剧社会环境的不公,迫使他们更快地沦为边缘群体。

3.农村制度建设缺失。我国目前的社会保障体系基本上只能覆盖城镇,广大农村的社会保障制度远未形成,与城市的社会保障制度建设严重脱节。青年农民工在社会保障层面没有家园,看不到方向。农村社会保障制度建设缺失的原因在于资金障碍、国家对农村社会保障事业本来就缺乏足够的投入,部分地方政府的财政拨付更是难以到位。虽然我国的社会保障基金运行模式正处在由传统的现收现付制向统账结合方向转变的时期,但基金来源不充足,历史旧账需要偿付,如果再要求对数量庞大的青年农民工的社会保障事业投入资金,可能会使一些本来就捉襟见肘的地方财政更加雪上加霜,因此社保资金障碍是政策制定起点上不容忽视的重要环节。

(二)社会世界:社会生存环境对青年农民工的不公

“正义是社会制度的首要价值。”社会正义应该体现利益分配的公正与公平,并最终实现人与人之间的平等。然而在城乡二元结构的背景下,我们看到的往往是社会公平的缺失。青年农民工在他们赖以生存与生活的社会世界里所要面对的残酷现实是:制度安排不公带来的社会保障体系的残缺以及身份的歧视。

在城乡二元结构的时代印记中,由于存在户籍制度的壁垒,很多地方政府在政策制定上往往厚此薄彼,单纯地站在城市社会经济发展的角度看问题,忽视了青年农民工自身的基本权益,如教育、就业等。他们不愿给予青年农民工更多的机会,来参与城市福利的“蛋糕分享”。也有地方政府制定的关于青年农民工的社会保障,仅仅是流于形式,没有真正结合青农年农民工的利益诉求。此外,很多城市市民由于不了解农民工,对青年农民工在文化与心理上还存在有拒斥现象。青年农民工在城市中得不到最基本的身份认同。社会保障权益之缺失在此可窥见一斑。青年农民工进入了城市,却并没有被城市所接纳,而是被甩到城市的边缘,成为这个城市最熟悉的“陌生人”。

(三)生活世界:青年农民工的生活被边缘化

城乡二元结构制约下的青年农民工在政策制定起点的制度世界遭遇着排斥,在政策运作过程的社会世界承受着不公,也因此导致了青年农民工游离于社会保障体系之外,在生活世界中长期处于一种边缘化的状态。边缘化主要在于工作状况、政治地位、社会心理与最终的生活形态上。

1. 工作状况边缘化:由于文化层次的关系,青年农民工从事的工作多集中在建筑、服务等行业,他们大多数是没有签订正式劳动合同的临时工,工作和收入很不稳定,基本的生活保障、医疗保险很难达到,一定程度上阻碍了他们进入现有的社会保障体系。加之青年农民工自身的文化程度不高,本身也缺乏参保意识。在正规的劳动力市场,由于工作流动性较大，雇佣方也往往不愿意为青年农民工提供相应的社会保障，稳定的工作尚且不保，何谈享受社会保障？频繁遭遇失业或者工作变动，也使得相关部门面对烦琐的手续时厌倦提供周到的服务，使得大量的外来青年农民工更换新工作后常常中断参保。

2. 政治地位边缘化：通常情况下，青年农民工很难享有应有的民主权利，临时工的身份决定了他们很多时候无法参加工会活动，无法表达自身的政治愿望，享受不到和正式工人一样的工会会员的权利；同时，青年农民工维权能力弱，虽然人数众多却由于其弱势地位和较低的组织程度，争取社会保障等合法权益的能力不足，话语权的失落使他们的诉求和意愿难以引起决策层应有的重视。

3. 社会心理边缘化：当代青年农民工阶层中主要存在四种较为负面的社会心理现象："边缘人"社会心理、"排斥性"社会心理、自卑心理和反社会心理。这四种心理产生的原因是多样的，但是体制的安排，经济地位的低下，政治权利的缺乏，身份与职业的断裂以及社会中广泛存在的歧视，是这些心理现象存在的根本的也是共同的原因，使得青年农民工在城市生活中的体验更多的是孤独感与被排斥感，青年农民工很难融入主流城市生活当中，分享城市文明与文化。而这种被排斥在主流社会以外的心理体验反过来又使他们更加的孤立与隔离，从而制约了青年农民工参与社会保障的积极性与主动性。

4. 生活形态边缘化：在生存与生活层面，大多数青年农民工只能维持基本的生活，有些甚至还难以维持。同时，住房条件的制约常常成为众多青年农民工拥有幸福家庭的障碍。而青年农民工子女的教育，也往往是被人抛掷的荒原。有幸者，虽进入城市，却很难与普通市民的子女同享国家教育资源；更多的是留在家乡，成为留守儿童，很少有机会获得良好的教育。大多数的结局也是复制着父辈祖辈的生活方式，成为"打工二代"，继承着无奈的边缘化生活方式。在城乡二元结构间，在理想与现实间，也在社会保障体制之外徘徊、再徘徊。人际交往方面也有很多不适应，在传统的农村社区中，人际交往通常遵循的是差序格局的原则，带有很强的初级人际关系的感情色彩,将熟悉与信任作为交往的基础。而在城市居民中,人们交往的基础是理性和利益。人际关系边缘化也是青年农民工生活形态的一个缩影。

三、建立青年农民工社会保障体系的思考

社会保障制度的真正目的是什么?简单地说,就是以最大的努力去寻求全体社会成员幸福的达成。而在这个经济转型的时代,充满活力的市场经济往往是无情的,竞争常常使人感到“冷酷”,但社会应该是温暖的,和谐的社会就是要为当今社会边缘者或弱者提供一个“安全的绿岛”。

(一)建立灵活可行的保障机制

有学者提出,可以根据青年农民工作的不同类型给他们设立独立的个人账户。当他们失业或是需要支付各项保障费用时,无论是在他们工作的城市还是在其家乡,都可以通用。如果能在全国建立起这样一个针对青年农民工群体的社会保障网络,便能给青年农民工提供一定的保障,例如失业的青年农民工可以选择在他们的工作所在地或者是他们的原籍所在地申领相应的失业保险金,享受与城市居民一样的失业保险待遇。医疗保险方面,也应在设立个人账户的基础上给予青年农民工适当的优惠。目前,最迫切的任务是要尽快地建立起这些青年农民工的大病住院保障机制。因为青年农民工一旦生病尤其是得了重大疾病,不仅会导致他们失去工作,而且会使他们陷入贫困境地。一些在城市工作的青年农民工,一般都是“小病顶,大病扛”,有些青年农民工甚至根本就无钱治病,因此医疗保障是青年农民工最迫切的保障要求。养老保险方面的制度也可以更加灵活,如青年农民工在参加本市养老保险社会统筹后,与用工单位终止、解除劳动关系时,经本人和用工单位同意,可一次性领取养老保险金,并终止其养老保险关系;或是同样建立个人账户,边缘群体流动到哪里,养老保险就服务到哪里。边缘群体也可以有偿转让土地,以作为养老保险金使用。对符合条件的城市青年农民工所承包的土

地，实行有偿转让，所得的转让金作为城市青年农民工的养老保险金存入其个人账户。这样就可以保证其年老时无论是留在城市里还是回到家乡，都可以有养老保险金作保障。此外，还要尽快建立青年农民工的工伤保险制度。工伤也是青年农民工的一大后顾之忧。工伤保险制度的确立主要涉及雇主的义务。因此，要在青年农民工的工伤保险制度中做好制度设计，依法强制推行保障机制，以保障青年农民工的合法权益。这种保障项目不存在账户积累和保险关系接转等复杂问题，成本也不高，对青年农民工而言是一种职业风险的分散机制，对雇主来说则是符合国际惯例和建立在《劳动法》基础之上的工伤赔偿机制，政府部门负责组织赔偿也比较容易，且无须政府付出特别的成本。

（二）建立切实可行的服务网络

解决青年农民工社会保障问题，在技术方面我们应该建立起社会保障的服务网络。如建立青年农民工住处管理系统及通信网络，为每一位青年农民工配备专用 IC 卡，保证计生、劳动社会保障、教育、人事等部门实现住处资源共享，及时为投保者和被保险人提供方便的查询和周到的咨询，包括在企业招用职工和劳动者就业及转移时，为他们及时办理养老、失业等各项社会保险手续，为青年农民工减少麻烦，享受政府服务所带来的生活便利，也可以使一些政府机构理顺各管各事、各收各费的多头管理模式。此外，推动农民工加入工会组织，提高青年农民工的组织意识，将工会纳入青年农民工维权平台，扩大工会覆盖面，切实保障青年农民工的合法利益。

（三）建立层次丰富的社会帮扶机制

青年农民工在城市适应过程中，有泪水，有失落，有茫然，有空虚，也有不满。青年农民工只有从这些负面情绪中解脱出来，才能迈出创造生活的脚步。青年农民工被称作无竞争力群体，是需要社会关注的弱势群体。我们要建立完善的社会工作机制，强调精神鼓励的重要性，这方面共青团组织可以发挥自身优势，有效地对青年农民工进行心理调适，加强社会服务，促进社会保障工作，从而促进社会经济发展。此外，要不断寻求设立基金会之路，吸纳社会资金设立专项创业基金，鼓励发展慈善事业并为其提供服务和保护。青年农民工由于经济收入、文化水平等多种原因，当他们的权益受到侵害时，也往往因没有能力来支付各种费用而放弃了权利，我们主张建立法律援助与社会监督体系以保证他们的合法权益能够得到维护。

其实，无论是城市还是乡村，我们都还处在改革变化的过程中，中国几千年的传统文化依然有其内在韧性十足的精神延续性。传统伦理在这个物化的年代仍有其生命力，但我们知道如果不采取措施，民族精神内核总有消耗的一天。工具理性对价值理性的扩张是历史的必然，而社会保障无论怎样都应保有人性的光芒。

参考文献

王成斌：《农民外出就业：社会结构与行动主体的交互作用》，《江海学刊》2005 年第 6 期。

刘怀谦：《中国农民工问题》，人民出版社 2005 年版。

陈佳贵、王延中：《中国社会保障发展报告（2001—2004）》，社会科学文献出版社 2004 年版。

陈丹立、周雷雨：《基于二元经济结构理论的城乡收入差距影响因素实证研究》，《东南大学研究生学报》2008 年第 1 期。

韩嘉铃：《北京市流动儿童义务教育状况调查报告》，《青年研究》2001 年第 8 期。

王家宝、韩琳：《进城农民工过渡性社会保障制度的构建》，《人口学刊》2007 年第 1 期。

苗祖燕：《农民工社会保障制度研究》，山东大学出版社 2007 年版。

张清泉：《二元经济结构条件下的中国农民工研究》，经济科学出版社 2008 年版。

金沙：《农民工回流与我国二元经济结构的转换》，《经济纵横》2009 年第 1 期。

李薇:《从"农民工荒"看我国经济结构调整》,《合作经济与科技》2010年第18期。

(作者　张波 浙江青年专修学院 教授
卫甜甜 浙江青年专修学院 教师)

和谐视阈下的青年利益诉求表达机制研究

——以浙江省为例

蔡宜旦

一、研究缘起:选题的背景及意义

(一)构建完善的利益表达机制是构建和谐社会的必然要求

改革开放30余年来,我国经济发展和社会进步都有了突破性的飞跃。但是,市场经济制度下的中国社会也逐步从同质的单一性社会向异质的多样性社会转型,社会各阶层的利益需求日渐多样化。在这一转型过程中,社会利益不断分化、重组,利益多元化将成为市场经济下现代社会的常态。

由于不同利益主体发育的程度不同,他们争取和表达自己利益的能力存在着显著的差别。社会学理论指出,利益被相对剥离的群体可能对受益的权势群体怀有敌视甚至仇视心理,当弱势群体将自己的权益的缺失归结于获益群体的剥夺时,社会中就潜伏冲突的危险,社会风险最容易在承受力最低的社会群体身上爆发,从而构成危及社会稳定、影响社会发展的巨大社会隐患。因此,社会主义和谐社会的核心是利益和谐,而达到利益和谐这一目标的基础和前提是利益表达渠道的畅通程度,即构建和谐社会,必然要求社会不同阶层、各个群体的利益诉求都能有充分表达的渠道和充分有效的反映。对于一个现代国家和社会来讲,充分尊重公民的民主权利和利益诉求表达,畅通利益诉求表达的渠道,是促进社会稳定的“安全阀”和削减社会不满情绪的“泄洪装置”。

也正基于此，中国共产党第十六届中央委员会第四次全体会议通过的《中共中央关于加强党的执政能力建设的决定》第一次提出要加强构建社会主义和谐社会的能力，强调要建立健全社会利益协调机制，引导弱势群体以合法的形式表达利益要求，解决利益矛盾，自觉维护社会安定团结。党的十六届六中全会通过的《关于构建社会主义和谐社会若干重大问题的决定》（以下称《决定》）明确指出，要适应我国社会结构和利益格局的发展变化，拓宽社情民意表达渠道，把群众利益诉求纳入制度化、规范化、法制化的轨道。党的十七届四中全会通过的《中共中央关于加强和改进新形势下党的建设若干重大问题的决定》也明确指出，要“完善矛盾纠纷排查化解机制，引导群众依法表达合理诉求，切实维护群众权益”。

（二）构建完善的利益表达机制是推进中国政治民主的必由之路

公民参与已经成为当今国家政治治理和政治发展的必然要求，促进有序的公民参与更是中国政治与社会现代化进程中的重大课题。十七大报告就指出，坚持国家一切权力属于人民，从各个层次、各个领域扩大公民有序政治参与，最广泛地动员和组织人民依法管理国家事务和社会事务、管理经济和文化事业。这表明在“民主政治”的推进进程中，中国社会赋予了公民在关系切身利益的公共事务中有更多的话语权，从而促进政府组织从以自身为中心的决策安排转向寻求公民支持或授权公民管理的决策安排。这种不断拓展的公民参与——利益表达，作为联系公民与国家的纽带在当代社会中扮演着越来越重要的角色。

而现代社会多元化的利益格局以及众多利益群体的利益差异，也必然驱动公民向政治系统以及社会表达自己的利益要求，进而推动整个政治体制的民主化。同时，健全的利益表达机制，有助于推动政治参与水平和质量的提高，促进公民民主参与意识的增强。此外，利益表达的充分发展还有助于发展民众的自治、自主能力，培养和锻炼民众独立的政治人格，形成合格的民主政治行为主体。

(三)构建完善的青年利益表达机制是青年民意汹涌的客观要求

现在是个“民意汹涌”的时代。随着网络的发展、媒体环境的开放以及对民众知情权、参与权、监督权的尊重和保障,各个阶层的民众都在发出自己的声音,表达自己的利益诉求,关注政府各项工作和政策的出台与实施,表达对重要事项的看法。而青年是表达民意最踊跃的群体。近年来,许多重大社会事件都体现了青年民意的力量。孙志刚事件、华南虎照事件、杭州飙车案以及最近的徐宝宝事件、陕西丹凤县高中生猝死案件等等,都有民意特别是青年民意的介入。可见,作为社会肌体组成部分的青年群体的利益诉求逐渐从以往的隐形层面浮现到显形层面上来,并开始逐步选择多种不同的方式来进行维护和表达。因此,把青年纳入利益诉求表达问题关注的视野当中,已成为一个不容回避的社会课题。

与此同时,在当前社会矛盾错综复杂的社会背景下,青年民意力量又具有指向的不确定性。这就要求共青团组织要充分认识青年的特点和成长环境发生的显著变化,通过研究掌握真实的青年民意,从而为青年民意的传达、疏导和引导提出有价值和可操作的建议,切实增强服务青年的针对性和实效性,不断提高服务青年的水平。

二、概念界定

(一)和谐视阈

社会学的冲突理论告诉我们,一个具有长远稳定性的社会并不在于它没有差异和冲突,而是它能否有合理的制度化渠道让不同的利益群体表达冲突,有恰当的机制容许不同的利益人群沟通、协调,最终实现社会的和谐。

因此,构建社会主义和谐社会,无疑为青年利益表达机制研究提供了一个新视阈和新指向。理解和把握这一新视阈和新指向,就是要全面客观地描述当代青年民意、表达方式等实际状况,寻找合理的利益诉求表达机制,为构建和谐社会提供借鉴。

(二)利益诉求

利益诉求是指人们对待利益问题的一系列态度和行为的总和。它侧重于解释人们关于自身利益的需求和期望。

(三)利益诉求表达

利益诉求表达是指在多元社会中不断分化的各种不同类型的利益群体代表及个人,为实现既定的利益目标,通过一定的渠道和方式直接或间接地向社会、政府或各级组织及其组成人员反映,提出自己的愿望和利益需求,并要求得以满足的政治参与过程。它侧重于利益主体对自身利益需求的反馈方式。但在追逐利益的过程中,由于受利益双方或多方的互相争夺与博弈,抑或现行制度的缺失与扭曲,利益诉求有时会被阻塞或限制。

(四)利益诉求表达机制

利益诉求表达机制是指引导和制约利益主体有序、理性和合法地进行利益诉求表达的内在机能及制度性规范,是决定利益主体利益诉求表达的内外因素及相互关系的总称。它侧重于利益表达意识、利益表达渠道、利益表达方式、利益表达制度等要素。

三、研究对象和研究方法

课题组综合采用文献研究、个案访谈、问卷调查等研究方法,对当代浙江青年群体的利益诉求意识、利益诉求的渠道与方式、网络民意现象、利益表达机制路径构建等进行了探讨和分析。

(一)问卷抽样调查法

课题组围绕当前与青年息息相关的利益诉求及表达机制,针对性地设计了《浙江省青年利益诉求问卷》,并采取现场调查、网上调查相结合的方式进行问卷实证研究,调查对象涵盖青年大学生、企业务工青年、青年公务员、农村青年等多个青年群体,分布于全省 11 个地市。课题组共发放问卷 850 份,回收有效问卷 800 份,有效回收率达 94%。在数据处理上,全部通过 spss12.0 软件实现,主要采取了单变量分析、交叉分析、频数描述的统计方法。

本次问卷调查，调查对象男女比例大致相当(男性占 48.5%，女性占 51.5%)，年龄跨度较大(参与调查的青年年龄从 70 后到 90 后，其中 80 后和 90 后是主体)，户口性质也大体相同(近 41%的青年是农业户口，另 59%为非农业户口)，青年文化程度总体较高(大专和本科学历的青年合计约 74.2%，研究生学历的达到 8%，文化程度普遍较高)，职业类别涉及在校大学生、公务员、事业单位人员(有编制)、企业管理/技术人员、大学生村官、普通打工者、务农、个体经营者、自由职业者、待业青年等 10 类。

(二)个案访谈法

按职业类别，选取 9 位不同职业的青年进行了个案访谈，为本次研究的深入和细化提供有益的补充。

(三)其他研究方法

大量采用文献研究、小组访谈、比较研究等方法，按分类和分层相结合、横向和纵向相结合的原则进行了包括社会学、政治学、经济学、青年学、传播学等学科在内的跨文化、跨学科和跨年代的分析研究，力图提高研究的科学性、整体性、综合性和规范性。

四、当前青年利益诉求表达机制现状描述

(一)青年的利益诉求表达意识高涨，但利益诉求的关注点出现分化

利益诉求意识是利益诉求主体向利益诉求客体表达、维护自身利益需求的一种内在自觉，它支配着利益诉求行为，为其发生供给能量，是利益诉求行为表达的重要条件。因此，利益诉求表达主体的意识理所当然应该纳入利益诉求表达机制的研究范畴。

1. 青年对自身合法权益有较清晰的认知，利益表达愿望迫切

被调查的 800 多位青年中，不论是在校大学生、青年公务员还是待业青年，都认为自己或多或少有“被侵权”的经历。其中，在设计的 10 项侵权行为中，“消费中遭遇侵权”选择比例最高，被选比例占 54.8%，其次是“无

偿延长劳动时间”、“未签订劳动合同”、遭遇“就业歧视”、“工资未按时足额发放”，被选比例依次是33.8%、22.9%、17.7%、15.8(见图1)。

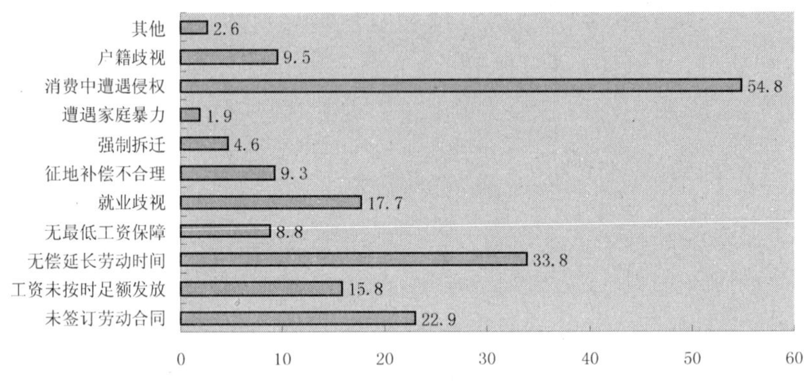

图1　您是否有过以下经历的选择比例(%)

为进一步了解职业青年对自身权益的认知水平，本次调研特别针对职业青年设计了对劳动时间、劳动保障等劳动权益的认知问题。调查发现，多数青年认为自己的工作时间突破了国家法定劳动时间标准，单位存在强制加班加点的现象。工作时间在8小时以内的仅占39.2%，工作时间在10—12小时的占7.9%，还有3.5%的人的工作时间甚至超过了12小时(见图2)。职业青年“工伤保险”、“失业保险”、“养老保险”和“医疗保险”的投保率均超过50%，其中“养老保险”和“医疗保险”的投保率最高，分别占74.9%和73.1%，仅有约7%和7.7%的青年表示“不清楚单位是否为自己购买了保险”或“不清楚购买了哪几种保险”(见图3)。说明绝大多数青年能够本着对自身权益负责任的态度，非常重视和保护个人的劳动权益，并对自身劳动权益认知清晰。

当问及“当自身权益受到侵害时，你会优先选择哪些方式”时，绝大多数的青年明确表示要通过一定的渠道进行投诉或者求助，仅有19.3%的青年表示“只有自认倒霉，忍一忍算了”(见表1)。表明随着信息的日益公开和对等化、获取信息的便捷化和多元化、青年群体知识结构的高层化，中国传统观念中倡导的“忍字当头”、“以和为贵”的思想在当代青年中已逐渐淡化，他们的维权意识已经觉醒，捍卫自身权益并希

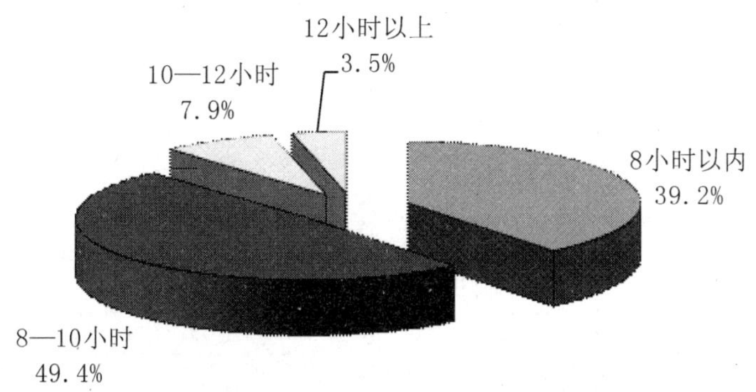

图2　您在最近一个月平均每天的工作时间选择比例(%)

望能够进行利益表达的愿望强烈，他们在利益的主张和要求方面处于主动地位。

表1　当自身权益受到侵害时，您会优先选择哪些方式

选项	百分比(%)
向政府相关部门投诉	46.3
向工会、共青团、妇联等群团组织求助	9.1
向消费者协会、法律援助中心等机构或维权网站咨询求助	34
向所在单位、学校、乡镇/村(街道/社区)寻求帮助	25.6
打官司，通过法律途径解决	22
向电视台、电台、报纸、杂志媒体投诉进行曝光	28.8
通过网络论坛、博客、微博进行曝光、发表观点	29.8
12355 维权热线	16.2
采取静坐、游行等集体行动施加压力	1.8
自认倒霉，忍一忍算了	19.3
以偷懒、怠工等方式抵抗	4.6
使用暴力，私下解决问题	2.7
其他	1.4

2.利益诉求的关注点与青年利益息息相关，但按群体特质出现分化

随着跨地区、跨行业、跨领域的不断流动，青年群体正经历着分化与重组，青年内部出现了大量新兴的群体，他们具备不同的特质，如具有高学历、高收入和高消费特点的“三高”青年群体、大学生村官、被雇佣的青年群体、自由职业的青年群体、待业(失业)青年群体、新生代进城务工青

年群体等，他们的价值观念、行为方式、利益需求都不尽相同。本次调查也证实：不同特质青年群体所关注的利益诉求重点不同。

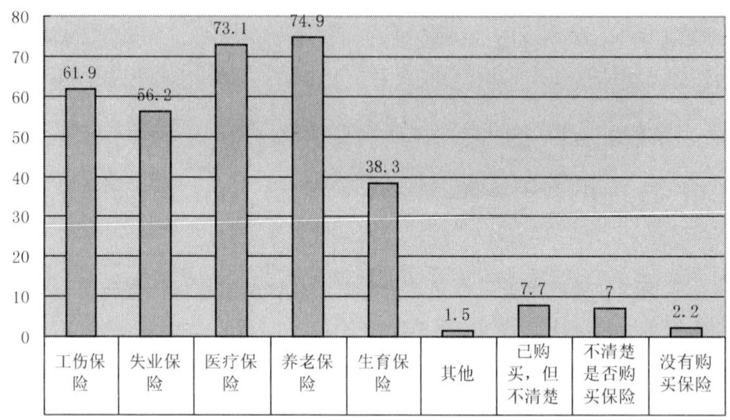

图 3　您单位或老板为您购买了下列哪些保险(%)

当问及“您目前最关注什么”时，从整体的选择结果来看，“职业发展和前途”与“收入问题”的被选比例高达 50%以上，位居所有选项的前两位(见图 4)。但是，按不同特质细分青年群体，则发现异质性青年群体对利益诉求的关注点存在显著差异，表现出明显的独立性、选择性和差异性。

(1)不同教育背景的青年群体所关注的利益诉求不同。初中及以下学历的青年主要关注个人的“收入问题”和“物价问题”；高中学历的青年重点关注的两大问题是“收入问题”和“住房问题”；拥有大专以上学历的青年，包括本科生和研究生将“职业发展和前途”列为第一关心的问题。

(2)不同职业类别的青年群体所关注的利益诉求不同。比如在校大学生所关注的问题主要集中在“职业发展和前途”、“人际关系”和“婚恋问题”；在职人员，包括公务员、事业单位人员、企业管理/技术人员、大学生村官、务工人员等关注的是“职业发展和前途”、“收入问题”、“住房问题”；务农青年最关注的问题位列前三的依次是“收入问题”、“物价问题”以及“子女教育问题”。

进一步分析这些诉求的性质，会发现这些关注度不同的问题，职业发展和前途也好，收入、住房、物价问题也好，都有一个共同点，就是它们

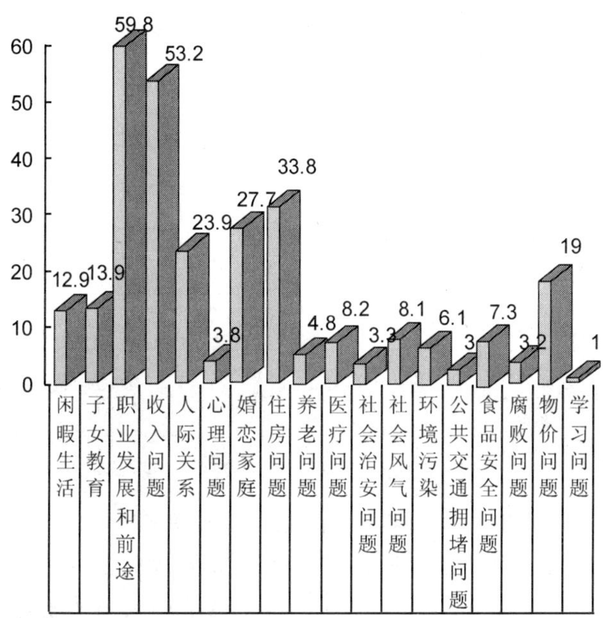

图4 “您目前最关注什么”的被选比例(%)

主要聚焦在与青年生存、发展利益密切相关的方面。而从另一方面看，这些问题也是当前社会改革的重点和难点，受到体制改革影响的青年群体从中敏锐地感受到更多的变数和不确定性，投入对这类问题的关注，也是青年对自身未来生活的关注，同时也发出了一种关乎自我利益的忧虑的信号。

3.青年参与社会公共事务的意识与行为积极性日益提升

调研表明，青年人公共事务的参与感很强，在问及“您是否越来越关心与自己息息相关的公共政策(如教育、医疗、住房等)，并以一定方式(民意调查、投票、建言献策等)参与其中”时，表示关心，希望自己参与的有一半以上，而对此表示无动于衷，意识消极的只有8.1%(见图5)，因此，青年价值观自我意识的强化和务实性实际也在促使其在政治生活、公共事务领域对一些社会问题进行独立的思考和自主的分析，形成强烈的社会责任感和公民意识。

其次，青年人参与公共事务的实际行为突出，在接受调查的800多

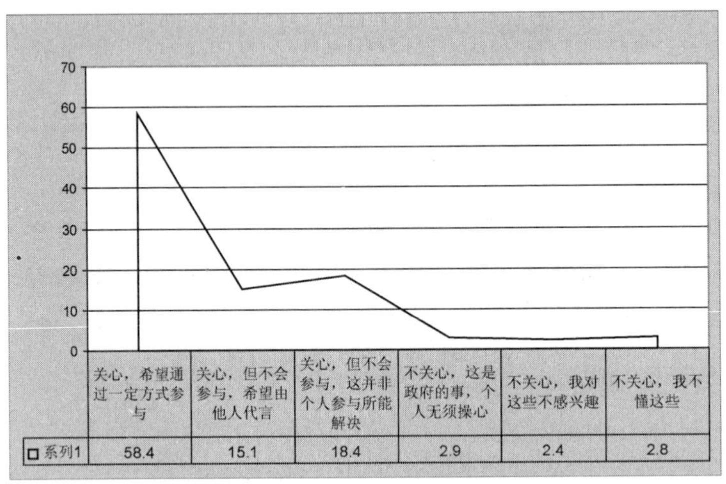

图 5　对公共政策的关心度以及是否参与

人中,半数以上的青年在近三年中均有过参与政府公共性事务的经历,参加了三次以上的有 18.9%,有一至两次经历的占总人数的 31.7%,没有参与的有 49.4%(如图 6)。这说明,随着我国政治和社会环境的宽容程度、民主程度、公正程度和平等程度的不断提高,扩展了青年参与社会活动的自由空间,他们有了实现话语权、参与公共决策的机会和平台。

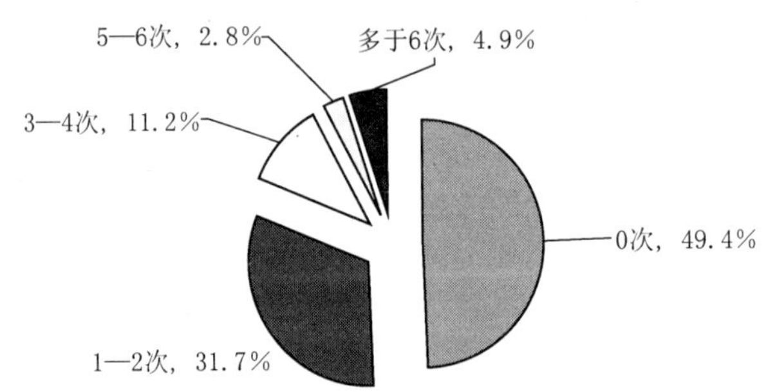

图 6　近三年内您参与政府公共性事务的次数(%)

(二)青年利益诉求表达渠道多元,但首选行政组织渠道,对公共舆论表达渠道,尤其是网络的认同度与参与度日益提升

利益诉求表达渠道是利益表达主体向政府、执政党或者其他社会组织表达自身利益诉求的途径和中介物。在我国,合理化利益诉求表达渠道主要有四种途径：行政组织渠道、法律诉求渠道、公共舆论表达渠道、利益代言团体渠道。行政组织渠道主要是指利益主体通过人民代表大会、政治协商会议、信访机构、单位等，以行政仲裁和行政上访为主体的利益表达渠道；法律诉求渠道是指利益主体在遭受侵权时向工商、公安和法院三个部门申请法律保护；公共舆论表达渠道主要是指利益主体通过电视、网络、报纸、电台等各种传播媒介表达利益诉求；利益代言团体渠道是指利益主体通过工青妇等组织、社会维权机构表达利益诉求。

1.青年对行政组织渠道的认同度显著高于其他表达渠道

调查显示，有46.3%的被调查青年在当自身权益受到侵害时，会把向政府相关部门投诉作为自己的优先选择途径，位居所有选项的第一位，另有25.6%的被调查青年表示会向所在单位、学校、乡镇/村（街道/社区）寻求帮助。这从一个侧面说明，青年群体对于透过行政体系来反映自己利益诉求的认同度较高（见表1）。

其次，随着政府职能分工的加深，不同的政府职能对应着不同的政府部门。同样地，青年的很多利益诉求也对应着不同的政府部门。那么，在青年进行利益诉求表达时首先遇到的一个问题就是向谁（或哪个政府部门）诉求。对此，在调查问卷中，我们设计了“针对不同的社会问题您知道该向哪些政府部门提请意愿吗”的问题。结果显示，有10.1%的青年明确表示知道针对不同的社会问题该向哪些政府部门提请意愿，71%的青年选择“知道一些”。由此可见，大部分青年对行政体系内的利益表达渠道的认识比较清晰，知道就自身所涉及的利益诉求向相应的政府部门提请意愿。（见图7）

2.大众媒体在青年利益诉求表达中发挥着愈来愈重要的作用

如表1所示，28.8%的被调查青年表示当自己被侵权时，会选择向电视台、电台、报纸、杂志等传统媒体进行曝光，29.8%的青年会选择通过网络论坛、博客、微博等网络媒体进行曝光、发表观点。调查表明，随着信息技术日新月异的发展，广播、电视、报纸、杂志、互联网等大众媒体，凭借其信息传播快、传播直接、影响广泛等无可比拟的优越性，在青

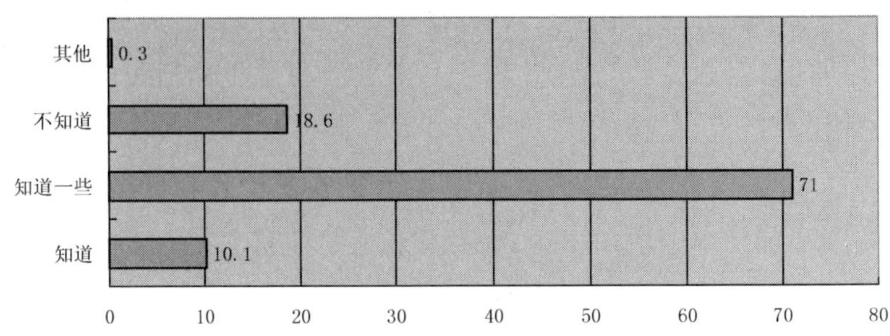

图 7　针对不同的社会问题您知道该向哪些政府部门提请意愿吗？（%）

年利益诉求表达中发挥着愈来愈重要的作用，成为青年履行社会监督、表达利益诉求的重要渠道。

在调查中，对于优先会选择哪种媒体进行求助，超过一半以上的受访青年选择“电视台（如小强热线）”，比例高达 60.5%（见图 8）。这个结果符合目前的现状，电视仍然是最主要的媒体，其影响力的领先地位不可动摇，同时反映出一些电视节目在维护青年合法权益过程中所作的努力得到了广大青年群体的认同。其次，互联网已经超越了报纸、杂志、广播等传统媒体，成为青年表达利益诉求的新的选择。而且，可以断定，随着网络渗透率的持续高速增长，以及相关部门日益重视对网上曝光问题的处理，会有更多的维权青年选择向网络求助。

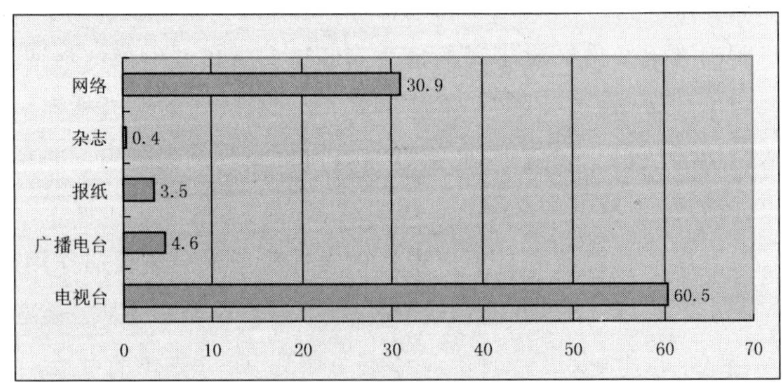

图 8　如向媒体求助，你首先会选择哪种方式

3. 网络成为青年利益诉求表达的新渠道，过半青年能够客观看待网络民意

日前，上海发展战略研究所谢耘耕工作室发布的《2010年中国公民的网络表达与公共管理分析研究报告》显示，目前国内一些公共事件解决过程中，已经形成了一种新的模式：网络(BBS、微博、博客或手机等)提出议题——传统媒体关注——全社会参与——政府行为。在互联网、手机等新媒体的放大下，一个小小的案例很容易演变成一场口诛笔伐的线上全民运动。以微博为例，仅2010年，微博就促成了25例公民重要网络维权事件。2010年9月17日11时19分，出生于江西宜黄农村的女孩钟如九开通微博，几个小时内，她的微博被广泛转发，"宜黄拆迁案"迅速得到关注；2010年11月，父亲被拆迁队打死的复旦大学在读博士生孟建伟也通过微博，让网友看到了他的"三天奔丧日记"。此外，雷人言行也频遭曝光，如"我爸是李刚"在网络一经公布，即遭一致讨伐。因此，随着网络的迅速发展，网络已成为广大青年的思想集散地和舆论放大器，是他们情绪合理宣泄的一个好的互通渠道。

其次，在被问及下列哪类网站在舆论监督方面影响力最大时，选择官方媒体、中文门户网站、"草根网站"(如天涯、猫扑、19楼等)这三者的比例比较接近，分别占27.4%、34.5%和33%，可以说是网络舆论监督的三分天下。这既反映了官方媒体和中文门户网站等严肃媒体在舆论监督上的权威性，又说明了虚拟社区、娱乐互动网站为青年利益诉求提供了更大的自主权。在无法向严肃媒体提供证据请求维权的情况下，青年仍然可以进入虚拟社区进行倾诉或申诉。

在表达观点的工具选择上，受访者有较强的选择偏好性，论坛和QQ群分别占到了37%和30.9%(见图9)，成为青年表达利益的主要工具。目前来看，论坛具有较完善的文字和图片编辑功能，而且分门别类，有价值的网帖在短时间就容易引起关注。而QQ群具有即时通讯的特点，方便快捷，内容无须被审核，第一时间便可以转发到任何QQ群。前一段时间，很多QQ群内出现一张"月租77元廉租房"的热门图片，网民

青年在第一时间对房价上涨的关注诉诸网络。另外,值得注意的是,不少青年开始选择博客或微博作为表达工具(合计有19.7%),博客这种全新互动的自由媒体,在表达青年言论、观点上,日益占据一席之地。可见,QQ、论坛、微博等网络工具被广大青年所接受,成为表达观点、诉求利益的重要工具,也为共青团组织关注青年群体利益,倾听青年心声提供了重要的场所。

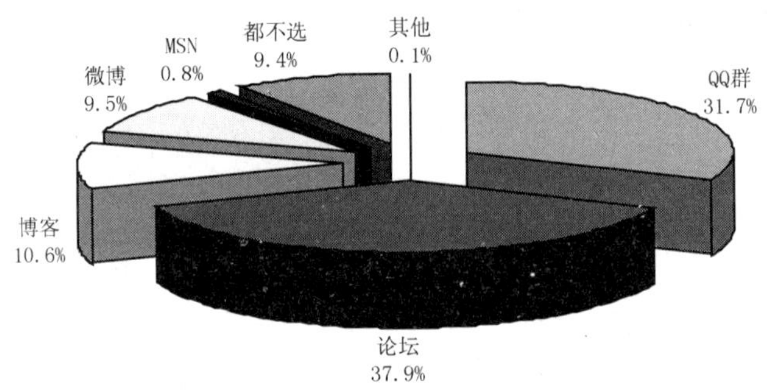

图9 如让你选择,在下列方式中你会选择哪种方式求助或发表自己观点?

当然,网络表达是一把双刃剑,它有推动民意表达,促进社会文明进步的一面,也常夹杂着不实言论和非理性情绪的宣泄。但令人欣慰的是,在表示赞同通过网上舆论推动维权的80%的受访者中,有过半的被调查青年能够正确看待网络民意,认为网络民意"不一定能够完全代表某个群体,但一部分人的意见也应该重视"(见图10);56%的被调查青年认为还是应当"首先通过常规渠道反映"(见图11),充分体现了青年对网络民意和网络表达这把双刃剑的清醒认识。

(三)青年的利益诉求表达方式趋于理性,主张合理表达合法权益

利益表达方式是指利益表达主体通过某种方式把自己的利益诉求向利益表达客体表明的一种行为。从理性化程度划分,可以把利益表达方式分为理性化表达和情绪型表达两种。理智型的利益表达方式,是指利益表达主体能够自觉地在制度范围内按照程序进行表达,因其为国家和政府所认可,故也称之为制度内表达。情绪型的利益表达方式,是指利益表达主体脱离制度规定的范围来进行利益表达,往往具有非法性、

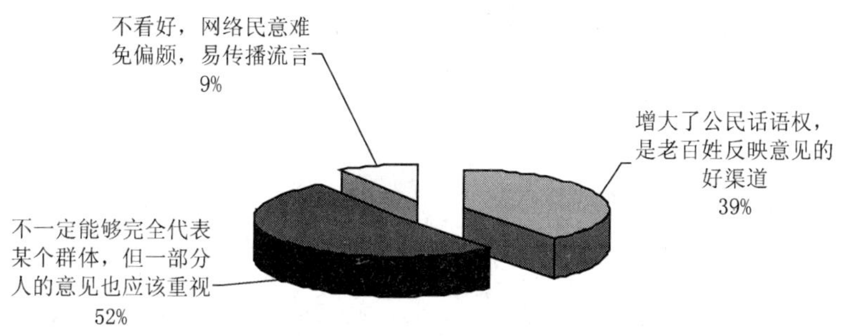

图 10 对网络民意的看法

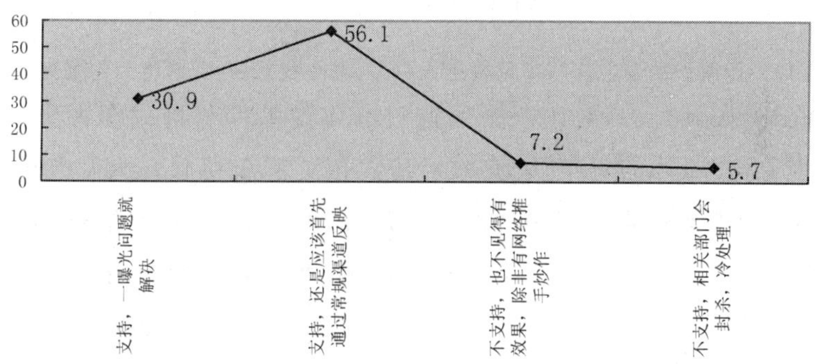

图 11 对通过网络舆论推动维权的做法是否赞同？

分散性，也称之为制度外表达。

当问及“自身权益受侵害，会优先选择什么方式”时，仅有1.8%的被调查青年优先选择“采取静坐、游行等集体行动施加压力”，4.6%的青年会优先选择“以偷懒、怠工等方式抵抗”，另有2.7%的青年表示选择“使用暴力，私下解决问题”（见表1）。当问及“如果您的老乡在打工地被别人打了，老乡找您帮忙，您将如何处理”时，“通过法律解决”的被选率超过70%，仅有3%的青年“劝老乡忍让”（见图12）。当问及“如果老乡通过手机短信通知您参加静坐、游行、罢工，您是否会去”时，高达90.4%的青年对这种方式表示排斥和拒绝，态度坚定地表示自己“不会”。可以看到，被调查者关于这三题的回答结果高度一致，大多数青年人的利益表达方式表现得较为冷静和理性，他们懂得如何不让自己的无知和情绪影响理性的判断，不论是自身还是他人在遭遇侵权事件后，都希望通过正式的法制化渠道,采取合理合法的手段来处理问题,这也反映出现代青年人思想认识、心智走向成熟。

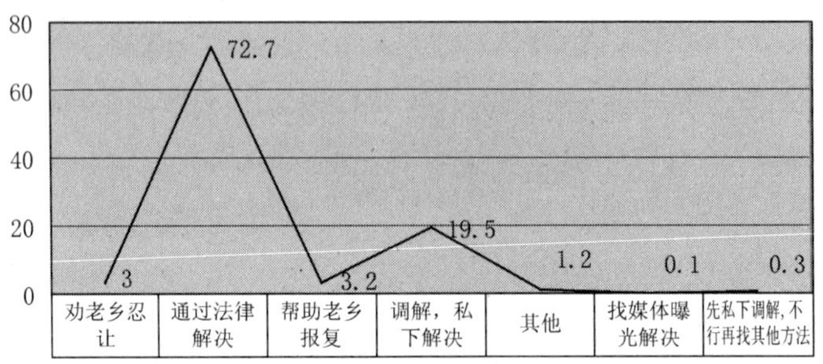

图 12　如果您的老乡在打工地被别人打了,老乡找您帮忙,您将如何处理(%)

此外,在调查中,对于一些人通过群体性事件和自我伤害事件来维权的现象,49.1%的青年认为"政府应该拓宽群众利益表达渠道,合理疏导",而认为"弱势群体应保持理性,将自己的合法权益合理表达"的比例为 23.2%。从这两个数据可欣喜地看到,浙江青年群体在利益诉求过程中,更多强调合理表达利益诉求,在维权意识上更为理性(见图 13)。

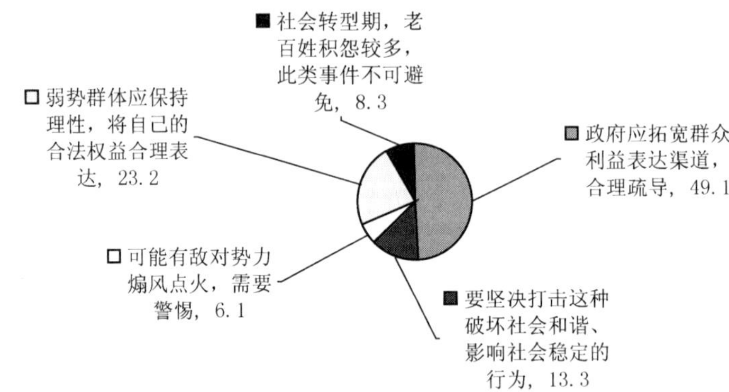

图 13　一些人通过群体性事件和自我伤害事件来维权,你最同意哪种说法?(%)

五、当前青年社会利益表达机制的现实困境分析

从本次对 800 名青年的调查情况我们看到,当代青年普遍追求自我利益的实现,自我权利的维护意识强烈。然而,令人遗憾的是,囿于青年

自身心理条件和社会化的影响，以及相关利益诉求渠道、制度等方面的限制，现阶段，我国还未建立起一个比较完善的利益表达机制，利益表达的诸多方面存在不足，利益表达机制建设的任务还有很长的路要走。

（一）在青年利益诉求表达践履上，知行脱节或知行不对称现象是其主要特征，具体表现为意识强行为弱

如前所述，青年利益诉求表达意识较强烈，明确表示在自身权益受到侵害时要勇敢捍卫，而不会“能忍则忍，自认倒霉”，但利益诉求表达重在表达的实际行动，在现实中，部分青年则表现为实际行为投入不足，缺乏相应的行动力，意识与行为不符。比如，当问及“针对自身所关心的问题有没有向政府或相关部分反映自己的看法或建议”时，高达 80％以上的青年表示没有采取相应的行为；当问及他们是否关心与自己息息相关的公共政策，并希望以一定的方式参与其中时，有 33.5％的青年表示“关心，但自己不会参与”（见图 5），显示出部分青年的利益诉求表达意识与利益诉求表达行为严重脱节。

“经济人假设”理论可以解释这一现象，即在社会活动中每个社会个体总是以利己心为动力，企图以最小的代价换取最大的利益。当代青年既有着激情澎湃、热情感性的一面，也有着务实、理性的工具性倾向，成本与收益的“经济理性”在他们的思想中萌芽生长，表现在利益诉求的行为层面，他们会权衡既得利益受损的代价与争取利益花费的成本以及最后预期结果之间的收益关系，来决定是否采取行为。所以当问及不选择法律诉求的原因时，有 36.8％的青年表示“费时费力”（见图 14），这一数据或许可以作为验证青年利益诉求行动力缺乏的一个证据。

青年法律法规知识匮乏、对诉求表达渠道不清楚等，以及个人能力不足也会制约其利益诉求的表达。在本次调查中，当问及“您认为目前政府公共性事务中，公民参与存在哪些不足”时，认为“根本不知道通过何种渠道参与”的被选比例达 30.2％；“公民参与能力弱”的被选频次达 33.6％（如图 15）。

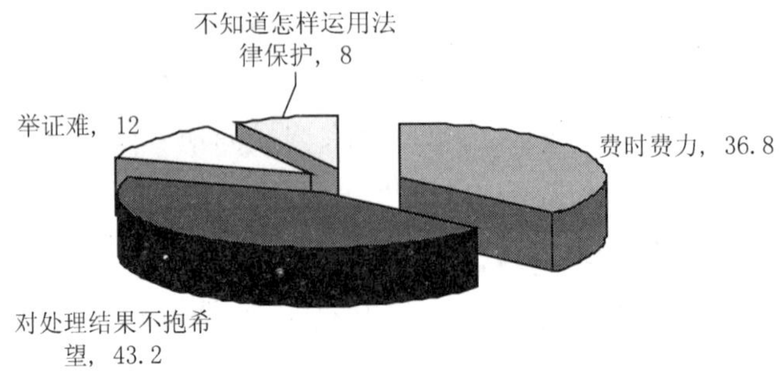

图 14　如果选择不会采取法律手段解决,是因为(%)

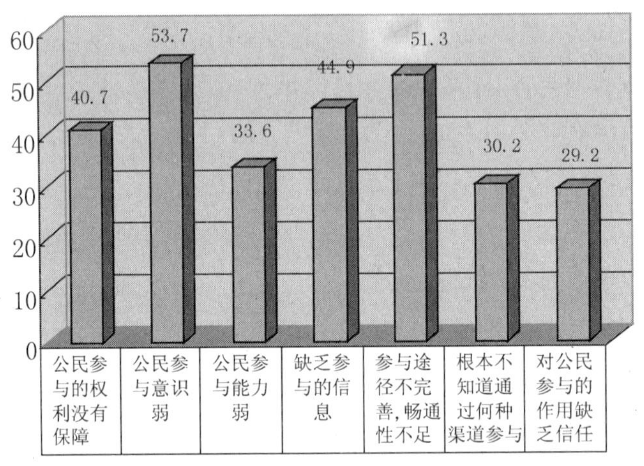

图 15　您认为目前政府公共性事务中,公民参与存在哪些不足(%)

(二)利益表达制度设计不够完善,青年法定表达机会不足

为了保证利益表达能够有序地进行,需要建立完善的利益表达制度。建国以来,我们已经建立起一整套利益诉求表达制度,它以人民代表大会制度为核心,包括政治协商制度、信访制度、司法救济机制、社会协商对话制度、利益诉求代言制度、行政领导接待制度等,这些制度为青年的利益诉求表达提供了基本的制度环境。但在客观上,利益诉求表达制度在实际运行中尚存在诸多不足和缺陷。

1. 青年对利益诉求表达制度了解与参与度较低

表2　你对利益诉求表达制度的了解与参与程度

	没听说过(%)	听说过,但未参与过(%)	参与过(%)
民意调查制度	18.5	57.9	23.6
信息公开制度	15.1	67.3	17.6
听证会制度	16.8	77.2	6.0
工资集体协商制度	38.1	57.9	4.0
公民投票制度	8.7	53.1	38.0
人民代表大会制度	5.0	84.6	10.4
政治协商制度	8.2	88.8	3.0
司法救济制度	26.1	70.2	3.7
行政领导接待制度	34.1	60.1	5.9
利益诉求代言制度	42.9	55.1	2.1
民主恳谈会制度	42.4	47.8	9.8

从表2可以看出,大部分的受访青年对这些制度的了解与参与程度较低。以工资集体协商制度为例。在"富士康事件"后,全国总工会就着力在全国范围内推行工资集体协商制度,以更好地发挥工会在维护职工权益方面的作用,保障职工合法权益。但是,在本次调查的青年群体中,仅有4%的青年参与过这项制度,而其余96%的则没听说过或是虽然听说过但未参与过。这同政府相关部门在宣传力度上不够强有很大的关系。

2. 利益诉求表达制度所规定的青年法定表达机会不足

我国现有的利益表达制度的公共性与民主性不足。众所周知,人民代表大会制度是我国的一项根本政治制度,是我国人民履行人民当家作主权利的一个重要途径。但在现行的人大代表选举程序上,不能确保代表与选民之间的利益代表关系。据全国人大代表徐某反映:从五届到十届人大,全国人大代表工农代表的比例从54%一直下降到19%,下降了35%。在各级人大代表选举中,挤占基层工人、农民代表名额的问题还比较突出。浙江省人大常委会陈振濂委员也指出:"目前企业家代表比例过高,富人话语权过大等问题依然存在。"因此,选举作为公民进行利益表达根本渠道的功能,实际上比较微弱。另一方面,我国人大代表采用的是兼职制而非专任制,这就使得代表的参政议政受到时间、空间、精力等诸多因素的制约,在闭会期间很难担负起专门的利益表达与信息传输功能。综上所述,在现阶段,基层人代会并未实现各阶层真正的、充分的利益表达,青年群体利益表达经常被制度内或制度外的某些因素所忽略与拒绝。而对普通青年来说,他们直接参与政治的机会太少,关乎自己切身利益的一些诉求并不能被及时准确地表达出来。

3. 利益表达制度可操作性不强

利益表达制度大多是一种原则性的规定,对利益表达的主客体缺乏明确、具体的指导和规范,对利益表达程序缺乏细致的规定,使之在实际的政治生活、利益表达中无法做到"有法可依,有法必依"。如 2009 年,中华全国总工会正式公布《关于积极开展行业性工资集体协商工作的指导意见》,规定:非公有制中小企业今后在制定员工工资标准时,企业代表要与行业工会或地方工会代表谈判商定,而不能由企业单方制定。建立工资集体协商制度非常重要,但工资集体协商的实际效果或者协商的质量并不令人乐观。主要源于四个方面即"四不":企业不愿谈,担心协商工资损害了企业方的利益;职工不敢谈,担心提出协商要求被企业解雇;职工对相关工资法规政策不熟悉,不会谈;工会组织不健全,不能谈。在当下的环境下,由于企业工会缺少独立性,甚至连工会主席、副主席都无自保之力,工资协商制度在推行过程中的难度之大是不难想象的。

(三)青年利益诉求表达渠道不通畅,非理性利益表达行为不断衍生

通过政府组织、法律组织、代言团体等制度化渠道进行利益诉求表达是大多数青年普遍认可的渠道。制度化渠道尚存在表达功能的局限性,使之难以充分或完全地发挥广大基层民众利益表达代表的功能。而青年作为社会神经最敏感、易受影响的群体,在利益无法制度化表达的情况下,容易产生非理性化倾向,一旦对事件和环境的复杂性估计不足,有可能酿成一些非理性化、极端的群体性事件。

1. 行政诉求优先于法律诉求,但效能有限

调查显示,尽管存在法律诉求渠道,但行政诉求似乎仍然是当前青

年利益诉求的主要机制(见表 1)。在许多利益纠纷的现实诉求程序上，青年往往会优先考虑行政诉求，将它作为法律诉求的前提。比如面对拖欠工资、乱占耕地，受侵害的一方往往很少直接上诉法庭，而首先要求进行协商和行政仲裁。

但同时，绝大多数青年对行政诉求渠道的效果评价不高。如当问及对各地设立的领导接待日、领导热线、领导信箱的评价时，只有 5.6%的受访者认为"效果明显，成效显著"。而 25.5%的受访青年认为"形同虚设，走过场"，另外有 57.2%的受访青年认为这些制度和措施"作用一般，能解决小部分问题"。(见图 16)

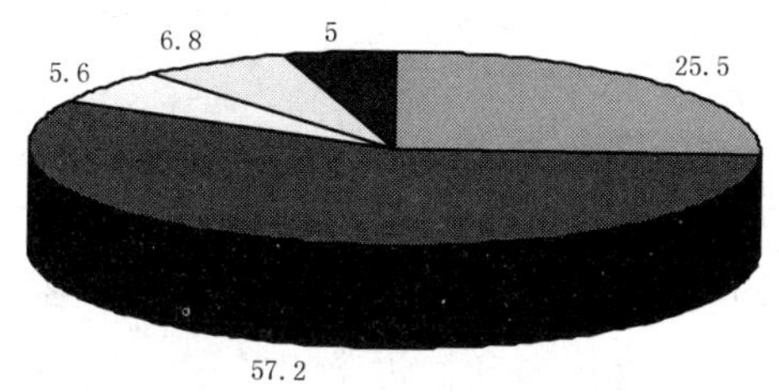

图 16 如何评价各地设立的领导接待日、领导热线、领导信箱？(%)

对行政诉求渠道评价不高，很大程度上与青年群体在尝试向政府部门表达利益诉求的过程中，发现这种表达的结果不尽如人意有很大的关系。在"您曾有为以上关心的问题向政府或有关部门反映过自己的看法与建议，结果如何"的选择项中，只有 10.2%的受访青年选择"自己(他人)的问题得到解决"，而"只是给予了答复"、"没有音讯，现在还没有一个说法"、"完全没作用"的选择比例则分别为 38.7%、28.5%和 19%(见图 17)。中国尚存的"官本位"思想和"强统治，弱治理"管理模式，导致部分政府部门工作人员对民众的利益诉求草率处理，甚至不予理睬，使许多正当的利益表达无法得到有效的反馈。正如访谈中有位青年谈及的，"知道情况的人没有解决问题的能力，能解决问题的领导干部不了解情况，信访部门转给有关部门的信访事项石沉大海"。一些地方政府甚至视上访者为“刁民”，常采用高压手段对待上访者，阻止其利益的表达。试想，在这样的回应度下，即使建立再完善的利益表达渠道，又有何意义？

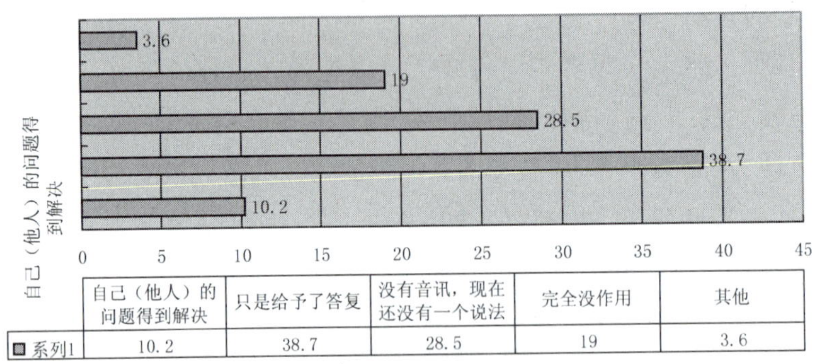

图 17　如“有”反映过，结果如何？（%）

2. 青年利益代言组织培育与表达不充分

从行为层面进行划分，利益表达方式分为直接参与和间接参与两种。直接参与即由个人直接向利益诉求对象表达利益，间接参与是由利益代表或相应的利益团体进行利益表达。

目前，当青年的利益受到损害时，他们更愿意以个人直接参与的方式解决问题，表现为：个体给有关领导写信，向有关部门举报，到信访办公室申诉，向报社、电台、电视台投诉等等。但是从某种意义上说，无组织的利益表达在没有经过集中“过滤”之后，他们向政治体系输入的要求一般是意见分歧、缺乏普遍性的，无法或者只能在很小程度上对政治体系施压，因此，这种利益表达成功的可能性极小，很难影响政府决策。

当然，青年群体利益表达行动有自发出现的可能，即当具有相同利益诉求的人利益受到损害时，他们自然而然地会联合起来进行“联合维权”，青年自组织就成了青年表达话语的有效途径，也就是“有组织——有直接利益诉求”的行为。但这并不具有组织的正式形式，组织化程度低，又带有很大的自发性和依附性，话语表达空间狭小，属于弱组织化现象。

高度组织化的利益代言团体在一定程度上帮助利益主体降低诉求

成本，并增强实现利益表达的成效。群团组织特别是共青团组织，担负着为党做好青年工作的重要职责和使命。应该说，作为青年的"娘家"，群团组织理应成为青年利益诉求表达的代言主体。但是，从上文表 1 中可以看出，青年群体对群团组织这一利益表达渠道的认同度不高。仅有 9.1%的受访青年会在自身权益受到侵害时会优先选择向工会、共青团、妇联等群团组织求助。另外问及维权知识的获取渠道时，仅有 16.7%的受访青年表示从共青团、妇联、工会的普法宣传上获取维权知识。或许正是由于群团组织在维权知识方面给予青年的帮助很少，导致青年在选择利益表达渠道时相应地会较少考虑到群团组织这个渠道。

3. 热情有余、理性审视不足构成制约青年群体进行网上诉求的最大障碍

在网络时代，网民移动鼠标的手指就是无声的目光，点击率的不断上升，引起了"好事"网民的深度开掘，舆论凝聚压力，最终事态获得了异乎常情的改善，这是网络围观的优势。本次调查也发现，有过半的青年表示在网络事件中一般只是"潜水看看"，并不一定会发帖参与讨论（见图 18）。这种或"猎奇"或"从众"的围观心态在网民群体中从未消失。因此，简单地认为网络民意就代表了全国青年的主流意见显然是不恰当的，一味夸大网络民意的作用也是不可取的。

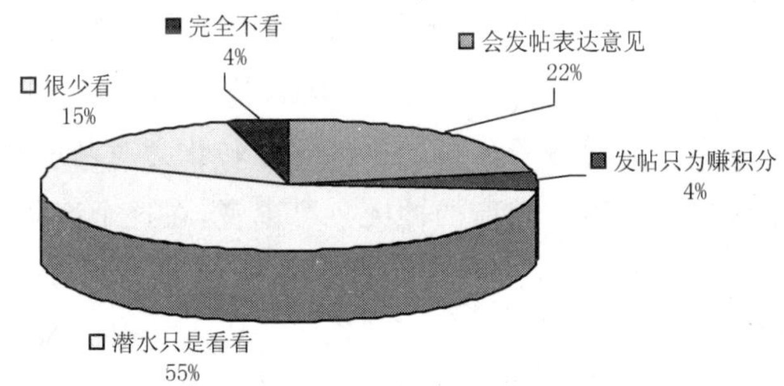

图 18　你是否会积极发帖，参与网络事件的讨论？

青年尽管是我国网民的主力军，但由于青年群体知识结构的不完善、心理发育的不成熟、世界观的不全面、社会行为能力的不确定和社会

经验的缺乏，热情有余、理性审视不足构成了制约青年群体进行网上诉求的最大障碍。如“石首事件”刚出来时，很多网民连死者的性别都没弄清楚就起哄。更为严重的是，在网上围观时，部分网民有可能失去普通的判断力。“杨佳杀警”成为英雄，“邓玉娇事件”邓贵大成为网民公敌，在网上和现实中被骂得狗血喷头，甚至最后影响了司法判决。这样的现状容易使网络事件衍生出“群体极化”现象，即群体中原已存在的倾向性通过相互作用得到加强，使得观点朝着更极端的方向转移，保守的更保守，激进的更激进。

此外，在网络维权事件中，维权者往往打出悲情牌、戏谑牌来引发舆论关注。上海“钓鱼”执法案中，孙中界以断指来表达不满；职业病维权的张海超则使用“开胸验肺”来唤起关注；诸多反拆迁案件中，维权者不惜通过自焚等极端方式来获得媒体和公众对弱势群体的同情。

4. 不充分的利益表达渠道导致非理性表达方式不断衍生

表达方式主要是个体的选择，采取规范的表达方式如果达到了利益表达的目的，自然更多的人会选择这样的表达方式。反之，采取规范的表达方式不能达到利益表达的目的，后来的人将采取与之相反的非理性的表达方式，也就是说利益表达渠道、表达方式的采取和表达结果紧密相关。如孟连事件中，当胶农的利益受到损害时，他们也曾用合法的途径与橡胶公司进行了交涉并到地方政府诉求此事的解决，但迟迟没有得到政府的明确答复与实质性解决。这种增收致富的利益诉求长期得不到解决，最终导致胶农对橡胶公司的积怨逐步转化为对基层政府和干部的积怨，集中爆发为群众与政府的冲突。可以说，在这个高风险的时代，群众的合法利益在受到侵害时却无法通过正常的途径得到解决，积弊太久必然导致基层公共危机。

近年来，非法的、过激的诉求行为方式有增多的势头。“躲猫猫”等词语的迅猛走红，正是一种既温和又极端的“抗议方式”。通过互联网关注公众事件，追求社会公平的青年网民，在现实社会中不具备足够的话语权，正常利益表达机制受到阻碍，于真相苦苦求索却不得，最后只能用

“躲猫猫”等“雷词”来调侃、讽刺。在信访渠道上的反映就是信“上”不信“下”、信“访”不信“法”、信“闹”不信“理”的上访行为。由这些极端化甚至有暴力倾向的表达方式所导致的群体性事件的发生，已经成为影响社会稳定的突出问题。在本次调查中，我们也发现了这样一些非制度化、非理性的诉求倾向。在问及被调查青年权益受害时的维权方式时，有极少部分青年表示会选择“静坐、游行等集体行为施加压力”、“使用暴力、私下解决”等激进方式(见表1)。此外，对于“如果老乡通过手机短信通知您参加静坐、游行、集会、罢工，您是否会去”这一问题的回答，尽管绝大多数青年能保持清醒的立场，但还是有9.3%的青年表示会参与。应当承认，非理性利益表达是一种曲线表达利益的方式，如何将其纳入合理化制度化途径，避免大规模利益表达内容合理但利益表达方式不合法的现象出现，是需要考虑的重点问题。

六、对当代青年利益诉求表达机制建构路径的思考

在当前社会政治、经济、文化资源重新调整和分配带来的利益分化和重组及公民主体意识不断增强的社会转型大背景下，建立完善的利益表达机制显得尤为重要。通过这一机制的建立，使各利益群体能够在制度化的渠道下充分表达自身的利益诉求，在民主程序的协调、整合下最大限度地满足各阶层的利益要求，从而实现社会的和谐发展，已成为构建社会主义和谐社会的关键之举。具体到对现有青年利益诉求表达机制相应的完善措施上，主要包括以下几个方面：

(一)强化青年群体的权力与民主意识，提升青年利益诉求的表达能力

英格尔斯认为：“完善的现代制度以及伴随而来的指导大纲、管理守则，本身只是一些空的躯壳。如果一个国家的人民缺乏一种能赋予这些制度真实生命力的广泛的现代心理基础，如果执行和运用着这些现代制度的人，自身还没有从心理、思想、态度和行为方式上都经历一个向现代化的转变，失败和畸形发展的悲剧结局是不可避免的。”因此，完善利益

表达机制，首先要从公民内在的文化和能力建设入手。

1. 进一步强化青年群体的权利意识、民主观念

倡导公民权利为本、民主开放是现代社会的发展趋势。公民社会的建构、和谐社会的发展必定需要政府与公民一起构成社会治理体系，而公民主体意识、参与意识、权利意识、民主意识、社会责任意识等公民意识的养成是其前提，有了主体化的权利意识、民主观念，青年对自己的利益诉求才会有清醒的认识，才会更加自觉地、主动地影响公共政策，追求合理的利益诉求，并且采取正当的手段维护合理的利益要求。

2. 提高青年利益诉求表达能力，让利益诉求表达取得最佳的能效

访谈中有位青年如此透露放弃法律维权的原因："说实话以前工作经历也不少，但在这个方面没有太多地在意，也从来没有想到过自己和单位发生劳动纠纷时该怎么办，直到有一天我完全和单位闹翻了，不得不用法律手段解决问题的时候才想到去找《劳动法》、《合同法》的书来看看。后来也看了不少资料，也询问了律师和劳动仲裁机构，才发现因为平时缺乏法律意识，不懂得收集证据材料，维权变得很艰难。"因此，通过多渠道、多层次的民主法治教育，提高青年的政治文化素质、权利意识和法律意识，增强青年的自主能力和合法、有效表达的能力。在现代社会主义民主政治中，只有合理、合法的理性表达方式才是有效的表达。

(二)构建通畅的青年利益诉求表达渠道，提升渠道利益表达功能

调查中，49.1%的被调查青年希望政府拓宽群众利益表达渠道，合理疏导。而且，民意能够及时、有效地传递给政府，一个先决条件就是构建一条畅通、有序的利益表达渠道，同时拓展新的更加有效的表达和诉求渠道。

1. 提高政府对利益表达的决策回应度，提升行政诉求渠道的利益表达功能

要使利益表达机制得以完善，其中一个不可或缺的条件便是提高政府的决策回应度。政府公共政策的输出并不仅仅代表政治过程的终结，如果先前民众的利益诉求在决策中未能得到及时的回应，那么就很可能

导致更多的要求和更少的支持；反之，在决策对民众利益诉求给予有效回应，并满足其现有或预期要求的情况下，必将带来更多支持性的输入。由此可见，政府公共决策的回应度在利益表达机制中的重要性。

当前，要想提高政府对民众利益表达的决策回应度，就必须强化职能部门的责任意识，优化和完善现有政府行政人员的工作作风和工作方式。第一，改进工作作风，坚持群众路线，注重体察群众的疾苦、倾听群众的利益诉求，并充分肯定利益表达的正当性，做到事事有着落，件件有回音。第二，优化工作方式，尽可能缩短回应诉求的期限，限时有效反馈，提高投诉效率。第三，严惩渎职行为，加强信访部门与纪检监察部门的沟通联动，对压制、报复弱势群体表达利益诉求的现象依法依纪严肃处理。

2. 加快青年利益的法律诉求渠道建设，普及法律申诉常识

国家的司法救济应是公民权利救济中最为重要的形式，但实际情况却是，包括信访在内的行政诉求成了青年使用得最多的诉求渠道，而相当多的青年在遇到“被侵权”时，并不愿意用法律武器来保护自己。青年放弃法律诉求渠道，一方面是由于他们缺乏足够的法律意识和知识，对于申诉的渠道和程序不够了解；另一方面则是由于权衡成本收益以及风险的问题，认为个体的弱势地位无法保证解决纠纷时获得公平对等的资源和条件。

然而，这种用行政救济替代司法救济的制度功能错位，不仅强化了人治基础，弱化了法治权威，而且，过度的行政诉求与有限的行政调节、行政制约能力的困境正在侵蚀政府公正性的“合法性”基础。因此，加快青年利益诉求的法律诉求渠道建设是当务之急。一要设立举报电话、监督信箱、法律咨询室等，畅通青年群体法律诉求渠道；二要加大法律宣传、普及力度，开展青少年维权系列讲座和提供法律咨询，增强青年群体的法律意识和维权意识，普及申诉渠道和申诉程序知识；三要针对大量出现的诸如拖欠工资等侵害青年群体利益的情况，简化法律诉求的过程和程序；四要积极推进民间和政府的法律援助体系。

3.借助现代信息技术，充分发挥公共舆论表达渠道的利益表达功能

在当代，大众媒体在青年利益诉求表达上有其他表达渠道不可比拟的优越性。通过媒体作出的利益诉求表达，可直接抵达决策层，避免了信息失真，使青年利益要求能接近决策核心，实现自主利益的有效表达，而且很容易为党和政府所注意和重视。因此，在规范现有各种利益表达方式和渠道的同时，更要借助现代信息技术，构建广播、电视、网络、报刊等多层次、多渠道的青年利益诉求表达平台，充分发挥媒体收集信息、引导舆论和社会监督的职能。

在这个高度信息化与网络化的时代，尤其要重视被称为“第四权力”的网络媒体在青年利益诉求表达中所发挥的作用。网络媒体在群体利益诉求上的优越性主要体现在：一是利益表达的速度快，二是利益表达的成本小，三是利益表达的影响力大。因此，应充分合理地利用这现代而高效的利益诉求表达渠道。全国政协委员何水法就曾在“两会”召开前夕，在微博上征求提案。短短的几十个字却收到了一千多条网民建议，涵盖了生活的各个方面，包括住房、医疗、教育、村干部选举制度，甚至失踪人口问题，议题广度远远超过委员各自的专长和关注领域。最终何水法5个提案中，有3个是来自微博。当然，如果政府能够给力网络问政，使得网民“问事于政府”时有问必答，有求必应，或许将大大降低群体性事件的发生概率。

此外，网络是把双刃剑。因此，政府或共青团组织有必要在比较活跃的青年网民中，挑选一批关心时政、思想新锐、见地独到的青年网民，有意识地进行引导和培养，让他们成长为网络民意领袖，引导“围观”青年理性上网，而不是在围观事件中推波助澜，火上浇油。

4.着力培育利益代言团体，引导其有组织地合理表达组织成员的利益诉求

个体利益诉求有其分散性、局部性和不可控性。比松散型参与更具力度的是组织化参与，利益代言团体把分散、零碎的个体性利益诉求集中、归纳和提炼为整体的、全面的利益诉求传递给政府，这种经过过滤，

己初步集中的意见更容易被政府所关注并接受，使其影响公共决策的能力大大增强。因此，以高度组织化代替分散的个体表达利益诉求，是构建通畅利益诉求表达渠道的新路径。

组织青年、引导青年、服务青年、维护青少年合法权益是胡锦涛总书记和党中央赋予共青团的基本职能。因此，要引导共青团组织有组织地通过理性的方式合理表达青年的利益诉求，重点就是推进和深化“共青团与人大代表、政协委员面对面”活动。共青团尽管没有法律授予的行政权力和资源，但可以充分利用法定的参政路径。比如，政协中的共青团、青联界就是共青团在国家政权体系中的制度依托和优质资产。“面对面”活动为共青团用好、用足法定的参政路径提供了载体，在这一过程中，共青团组织也成了青少年普遍性利益诉求的“代表者”。当然，青年利益诉求的“代表者”的资格并非共青团天然所具备。青年让不让代表，能不能代表，都是需要共青团认真面对和回答的重大现实问题。

第一，对青少年合理利益诉求的表达不能停留在“名义代表”和“抽象代表”的层面上，要通过各级团组织、青联、学联以及12355青少年服务台等青少年组织或工作机构，广泛听取青少年在自身权益方面的愿望和需求；密切关注、跟踪了解大众媒体、社会舆论及社会机构所反映的青少年权益热点问题，最终结合群体特征提炼出一些有代表性的重大利益诉求，使共青团所发出的呼吁、所反映的意见能够符合多数青少年的愿望。

第二，积极与本级人大代表、政协委员沟通交流，通过他们向“两会”提出议案、提案的方式把共青团代表青少年普遍性利益的声音带上“两会”，并在大会发言、分组讨论等环节表达青少年普遍性利益诉求。总之，只要共青团把青年的群体效应、共青团的组织效应和人大代表、政协委员的政治表达和专业效应叠加起来，共青团所发出的组织呼吁就会富有权威性和影响力。

第三，陆昊同志在2009年共青团权益工作会议上指出：“我们这么大的组织，难道就只知道提问题和批评吗？这远远不够。”因此，对“面对面”活动中青少年反映比较集中的普遍性利益诉求,可通过邀请人大代表、政协委员进社区、进学校、进农村、进媒体,通过组织座谈、个案访谈、发放问卷、在线对话、信访表达、网络博客、公布青少年接待日等多种方式,推动“面对面”活动的经常性开展和常态化机制的形成。

(三)建构法治化的青年利益诉求表达制度体系,提供利益诉求的制度性平台

完善青年利益表达机制,必须走一条制度化、法治化的道路。只有从制度上保障落实青年群体的话语权、参与权、知情权和监督权,才能保证青年群体的利益诉求的充分表达。

1.完善现有的利益诉求表达制度,提供充分的可资利用的利益表达机会

人民代表大会制度和政治协商制度是人民行使国家权力和参政议政的根本途径和形式,人大代表和政协是广大民众的利益表达载体,因此,必须完善人大代表、政协委员的选举制度,对人大代表、政协委员的选举应兼顾到各个职业、各个阶层、各个地区,按一定比例合理配置,增加农民、下岗工人、残疾人等群体在代表中的席位,这是实现青年群体利益表达的最佳途径。其次,密切代表与群众的联系,增强其在履行利益表达职能时代表群众的观念。同时,在未能实现人大代表专职制的情况下,应推行闭会期间代表围绕当地重大问题或涉及群众切身利益的热点、难点问题议政的制度,为其在闭会期间行使职权、参与管理、反映群众利益表达开辟新的途径。

此外,要完善信访制度、司法救济机制、社会协商对话制度、利益诉求代言制度、行政领导接待制度等,不能仅将其作为一种政府形象工程。提供充分的可资利用的利益表达机会,同时提高渠道的容量及沟通速度与受理能力,这样就可以尽可能地避免渠道被空置或被堵塞的情况,使民众的意见能及时地传递给政府。在这样的利益表达渠道下,信息的传递速度将大大得以提高,由于渠道数量与容量的增加,也避免了信息在传递过程中的失真与扭曲,使政府决策层能在短时间内充分、全面地获

取民意，尽可能地避免决策过程中某些认识上的偏差。

2. 以法律的形式强化利益表达的各项制度尤为重要

在社会转型时期，以法律的形式强化利益表达的各项制度，使利益表达有法可依，显得尤为重要。实现利益表达制度的法治化，不仅要把青年利益表达纳入制度化的轨道，而且要在尊重宪法和有关法律的前提下，用法律规章的形式调整、规范公民利益表达的内容、范围、方式，使青年的利益表达有法可依，有章可循，最终实现青年依法进行利益表达和国家机构依法回应公民的利益表达。

参考文献

郗杰英：《青年研究必须以青年为本——在第五届中国青少年发展论坛上的主旨演讲》，http://www.cycs.org/FMInfo.asp? FMID＝3&ID＝13364.

陈竹、周凯：《研究显示网络成维权首选渠道》，《中国青年报》2011年1月13日。

董成：《论利益表达机制》，《湖南社会科学》2007年第5期。

戴辉：《利益群体的利益表达研究综述》，《资料通讯》2007年第7期。

王倩：《我国农民工利益表达机制研究》，西南交通大学出版社2008年版。

薛维娜：《社会转型期各群体利益表达机制研究》，山东大学出版社2007年版。

白维军：《风险社会与公共危机视阈中的农民利益诉求机制解读》，《长白学刊》2009年第2期。

李佳丽：《微博是推进政治民主化的新渠道——以2010年两会报道为样本》，http://media.people.com.cn/GB/22114/44110/189065/13382307.html.

覃道明：《多元利益格局需要创新诉求表达机制》，http://theory.people.com.cn/BIG5/49150/49152/5047920.html.

时寒冰：《通钢血案反思：弱者利益诉求渠道缺乏》，http://blog.ifeng.

com/article/3010864－11. html.

蔡禾：《利益诉求与社会秩序：从计划到市场》，http://www. sociology. cass. cn/shxw/xstl/nhztba2007/P020070806352206567981. pdf.

英格尔斯等：《人的现代化》，殷陆均编译，四川人民出版社 1985 年版。

房宁：《公民该如何理性表达自身诉求》，《解放日报》2008 年 1 月 21 日。

李立强：《北京人大代表名额将重新“洗牌”》，《新京报》2010 年 3 月 9 日。

（作者　浙江青年专修学院 副教授）

从国都到世界城市：北京青年的发展视野和价值追求

陈 亮

北京是故都，更是国都。3000多年的建城史，858年的建都史，都使它以一种自豪、自信，不失骄傲与辉煌的姿态屹立于世界的东方。自秦汉以来，无论它先后被称为蓟城、燕都、燕京、涿郡、幽州、南京，还是自1153年金朝建都以来，被称为中都、大都、京师、顺天府、北平、北京，在世世代代的发展建设中北京荟萃了优秀的中华文化，成就了世界上拥有世界文化遗产最多的城市。作为国都，北京有一般国都固有的秉性：开明，大气，繁荣；北京同时又具有中华民族封建集权所遗留下来的痼疾：高高在上，等级森严。紫禁城的门，午门的前墙，都显示着它昔日的威严。但人类毕竟已进入了21世纪，21世纪的头10年也走完了，人类的每一次进步总是意味着新的思想观念的产生，新的行为力量的彰显。城市作为现代化的加速器，如何通过内生性发展来实现现代化，通过城市内部的推动来发展城市是摆在我们面前的问题。

人类文明的发展与人类城市的建立密不可分，从词源上亦可见它们的关系。英文的“文明”civilization恰恰来自拉丁文的“市民”civis，一部现代世界史涂抹着以城市发展为主导的底色，所谓现代化就是由都市化支撑起来的。找到自己城市的发展方式和类型，大致也就找到了现代化的发展方向和路径。1961年法国地理学家戈特曼发表的《都市群：美国城市化的东北部海岸》,首次提出了“都市群”的概念。有都市群才有可能城市化、都市化,都市化是城市化的升级,世界城市是大都市的更高形式。然而,我们对发展大都市的心态是矛盾的,多年来一直都比较主张先发展“小城镇”,只是到了2005年《中共中央关于制定“十一五”规划的建议》才第一次提及在“有条件区域,以特大城市和大城市为龙头,通过统筹规划,形成若干用地少、就业多、要素集聚能力强、人口合理分布的新城市群”。要求“珠江三角洲、长江三角洲、环渤海地区,要继续发挥对内地经济发展的带动和辐射作用,加强区内城市的分工协作和优势互补,增强城市群的整体竞争力”。2010年,北京市委提出了建设世界城市的发展战略目标。在全球化背景下,世界各国的经济、文化交流日益广泛,相互间的影响、合作、相互渗透进一步加强。世界城市乃国际资本和国内外移民集聚中心。在世界城市中,纽约有纽约的包容,东京有东京的中心,伦敦的理性,巴黎的创意无不表明:世界城市其宝贵的品质就在于对固有意识的反动,就在于不断进取、不断创新的精神。今天的北京与世界城市是怎样的关系?

北京市社科院“北京与世界城市发展阶段性特征比较”课题得出的研究结果是:“跻身世界城市,北京还有30年的差距。”据白志刚先生介绍,建设世界城市纽约用了100年,伦敦用了127年,东京用了117年,从改革开放至今算起,北京才用了30多年,再用40年,到2050年,北京就完全可能建成世界城市(王殊,2011)。“罗马不是一日建成的”,一蹴而就的世界城市是没有的,我们才走过起步阶段,腾飞即将开始,我们完全应该有信心。信心之余不禁又要问:北京的缺陷以及与世界城市的鸿沟在哪里?在经济指标、基础设施、城市功能、人口素质、生活质量方面的差距,那些统计数据在网上都不难看到,此不赘述。中国缺什么也不缺人,所以如果单以人口计算,北京无疑是当今世界第一大都市,北京的常住人口加上外来和流动人口已超过一亿,超出日本东京都市圈3400万的人口总和。但是在英国社会学家弗里德曼(Friedman)的世界城市主要的四个圈层构成中,第一等级的核心城市为纽约、芝加哥、洛杉矶、伦敦、巴黎、东京等，其外围主要城市为新加坡、里约热内卢和圣保罗等；第二等级的核心城市有波士顿、迈阿密、悉尼、约翰内斯堡、米兰、维也纳等，其外围城市是墨西哥城、布宜诺斯艾利斯、汉城和中国的台北、香港(科恩、肯尼迪，2010:409)。北京在什么位置？不言自明。

世界城市除了那些可量化的经济指标，是不是还有更为重要的难以量化的文化指标？文化才是城市的本质。作为世界城市无疑应该具备以下“六个性”：

一是包容性。包容性使文化源远流长，包容的程度越高，文化的结晶化程度就越高，市民的依附感与归属感就越强，外来者对它的期望值也会增加，同时对新移民的吸引力也就越大，这是一种兼收并蓄的气度和魅力。二是开放性。作为自由的人际环境，它是相对于封闭性来说的，开放意味着允许人们介入，是有向外辐射的凝聚力和影响力的，它不怕多元化，相反它要求这座城市是有内容的，是可以让每一个在这里居住的人与逗留的人都找到丰富的可能性的。三是异质性。通过相互杂糅与妥协，以达成求同存异、和谐共生的良好生态。四是公共性。公共性是人类生存的社会本质的表现方式，如果没有大市民就不会有大都市，而市民化的一个标志便是其公共意识，对农民工进行知识化和再市民化是必要的，公民意识、全球意识归根结底都依赖于公民社会的建立，公共性的构成。五是民族性。民族乃文化的主体，在全球同质化的大众文化消费中保持自身民族文化的独特性，是城市建设要正视和重视的问题，不搞伪民俗，只求真发展。六是历史性。保护好京剧、长城、故宫、胡同等北京的文化符号与城市记忆是对历史负责也是对后代和世界负责，“如果说，在过去的许多世纪中，某些著名的首都城市，如巴比伦、罗马、雅典、巴格达、北京、巴黎和伦敦成功地支配了各自国家的历史的话，那只是因为这些城市始终能够代表他们民族的传统文化，并把其大部分流传给后代”。冯骥才这段被人引了又引的话希望是有用的。

唯有当北京真正拥有了这些特性，它才能携着“在不断完成中的现代性”(哈贝马斯语)走向新的辉煌，走出中国世界城市的新模式、新个性。

随着工业化、市场化的潜力与效度的提高,建设世界城市是北京的应然选择,也是必然选择。今后的40年,主要建设者是90后和00后,他们将是社会更为关注的一代青年,在北京作为世界城市的建设过程中,北京青年的发展亦将构成北京世界城市的一道景观。站在世界史的高度,北京青年应该有国际化的发展视野。它涵盖了两个层面:首先是将北京置于人类历史的大背景中考察。大一统的政治、小农经济、文化专制主义在中国历史上一直是三位一体固若金汤的,背负着这样沉重的历史枷锁进行现代化进程,"阵痛"和"遗迹"自然是有的,后现代思潮企图以自我否定、自我突破、自我超越的批判姿态来重构人类文化,实现精神的绝对自由。当历史将青年带到一个新的历史转折点,话语、知识、日常生活都已随之改变,目光所及便是一代人的使命的高度和难度。其次是对当下的清醒认识。以世界一流的标准看到自身的落后,坚持先进的发展理念,在"五个国际中心"——国际政治中心、国际文化中心、国际科技中心、国际金融中心、国际航运中心的建设中,留下青年的智慧和脚印,而这份智慧和脚印非常重要的一条就是北京青年的发展视野须着力于文化观念的开放、丰沛和博大,中国特色、北京特点的世界城市既是将东方文化世界化,也是将世界文化中国化,没有足够的视野是办不到的。

芒福德在他的《城市发展史》中写道:"假定说,在一代人的时间内每一万人中可能出现一个杰出人才,那么一千人的群体则要等许多世代才能获得一个杰出人才,而这个人才由于自身的孤立状态会缺乏其他人的激发而无法展现自己的才能。而在苏美尔、巴比伦、耶路撒冷,或者巴格达、贝那里斯这样的城市中,一代人的时间里至少可以出现五十个杰出人才,而且这些人才由于城市交流密切,其所面临的机遇则会比小型社区多许多。"当优秀的人力资源、强大的经济资本、重要的文化权力都集中在北京,如果青年的发展缺少国际化的发展视野,世界城市仍然是不可想象的。数字时代的新型城市——伊托邦(E-topia)正改变着青年的思维方式、行为方式和文化传承,其非物质化、非机动化、顾客化的规量生产、操作的智能化、生活的软性化、空间的虚拟化、非元叙化、非中心化、生态化(米切尔,2005)这九个导向提醒着世界城市的文化安全性、进步性,文化系统的协调性,一个启蒙时代的文化合法性工程还在继续,科学与道德、文学与艺术的全面的理性化建设还在继续,现代生活对个体人格的完善也带来了影响,用世界眼光打量社会身份和社会差异,评价不再单一。

或许我们可以和沙朗·佐京一起来思考一个问题:“谁的文化?谁的城市?”看一座城市,能看到这座城市中的人的文化品位和价值追求。在北京作为世界城市的建设过程中,北京青年应站在人类文明的立场,有普世的价值追求。普世价值是人类对自身价值的最基本的评判标准。哲学上,普世价值指把一些有限的,所有人类都认同的观念集合在一起。比如:博爱,民主,自由,法制,人权,诚信,公平,正义,和平,和谐等。普世价值不分畛域,超越宗教、国家、种族,它的本质、意义和重要性是超越意识形态的偏见的,尽管大部分时候意识形态构成了国家利益的重要组成部分,但还是应当看到普世价值的存在。北京青年的价值追求,于青年本身是生命的基点,于一座城市是公民的责任要求,对普世价值的承认和追求,其思想意义和现实意义就在于共建无界的世界。理想城市比世界城市重要,人民的幸福感比国家的 GDP 重要,是谓民本精神,人本精神。只有在理想城市基础上的世界城市才是可持续的发展,只有在人民幸福前提下的经济增长才是健康完整的发展。

对普世价值的追求并不意味着国家、民族利益的丧失,一个有文化自信心的民族不会在城市的发展中迷失自己的主体性意识,在价值取向和呈现方式上也不会是混乱的。理性的光辉,普世的情怀,是世界城市的大气度,大趋势,是能够和世界城市对接的精神诉求,里边蕴涵着对个体价值、民族身份,以及城市生命和国家利益的尊重。只有认识到这一点,青年才有可能通过世界城市的建设去实现“自我表达价值”。自我表达价值包括公民文化、政治容忍度、生活满意度,其要素为:对个人自由和政治自由的向往;对挑战权威行为的支持;对他人和异端的容忍;对同胞的信任；对生活有较高的满意度。真正做到“我完全不赞成你的观点，但誓死捍卫你说话的权利”（伏尔泰语）。

公民社会是民主制度的条件之一。公元前431年，雅典首席执政官伯利克里《在阵亡将士葬礼上的演说》让我们看到了雅典城邦比较完备的民主制度，这份民主的“宣言书”实在自豪得令人向往之：

> 我们的制度之所以被称为民主制，是因为城邦是由大多数人而不是由少数人加以管理的。我们看到，法律在解决私人争端的时候，为所有的人都提供了平等的公正；在公共生活中，优先承担公职所考虑的是一个人的才能，而不是他的社会地位，他属于哪个阶级；任何人，只要他对城邦有所贡献，绝对不会因为贫困而湮没无闻的。我们在政治生活中享有自由，我们的日常生活也是如此。
>
> ……
>
> 我们的城市对全世界是开放的，我们从未通过排外条例，以防止外人有机会探访或观察，尽管敌人的耳目时而从我们的自由开放中捞取好处。我们所依赖的主要不是制度和政策，而是我们公民的民主精神。
>
> ……
>
> 真正的耻辱不是贫穷这一事实本身，而是不与贫穷作斗争。我们的公职人员，在关注政治事务的同时，还关注自己的私人事务；我们的普通公民，虽长年累月地忙于劳作，但是仍可以对国家大事作出公平的裁断。因为我们雅典人和任何其他民族不一样，我们认为一个不关心公共事务的人不是一个没有野心的人，而是一个无用之人。我们雅典人即使不是倡议者，也可以对所有问题作出裁判；我们不是把讨论当做绊脚石，而是把它看成做任何聪明行动所必不可少的首要前提。

谁说这不是城市文明的典范呢?民主政治培育了优良的公民。

对是非、善恶、正义的判断,各国有各国的文化传统,但人类的基本底线是客观的存在。价值追求以主体的价值认识为基础,主体与客体的价值关系本质上是需要与满足需要的效用关系。人的需要是人的价值追求的根源。人基于一定的需要,产生价值追求的动机,要求客体满足自己的需要,而正是价值追求的动机,激发了人的实践行为。“人们为了生活,聚居于城市;人们为了生活得更好,居留于城市。”(亚里士多德语)然而“一天等于二十年”的发展速度,过于重城市形态而轻城市文化精神的功利,使迅速的城市化带来了大量的“城市问题”,诸如贫富差距、交通拥堵、环境污染、社会治安等,城市甚至成了社会问题的代名词,与此同时城市贫民窟的出现将就业问题、住房问题、社会保障问题推到了前台。新移民的大量涌入,经济、政治、文化、教育、就业、发展的权利等都面临严峻的挑战和严重的压力。青年的生存压力主要来自经济状况、个人发展的空间环境以及人际关系和健康状态。关注青年移民,给他们创造生存与发展的良好环境和必要条件,改善并健全民生的社会支持系统,以期人人能够安居乐业,真正融入北京,实现向上的流动,摆脱土地的束缚、传统的束缚、关系的束缚、精神的束缚,建立新型的城乡关系,安全、良序、健康,提高适应城市现代化发展所必需的公民素质。城市文明的进步,依赖于更高的科学技术,更雄厚的资本经济,更健全的法制,更规范更理性的社会,更人性、更个性的服务,依赖于人类普世价值的真正实现。

“城市——诚如人们从历史上所观察到的那样——就是人类社会权力和历史文化所形成的一种最大限度的汇聚体。在城市这种地方,人类社会生活散射出来的一条条不相同的光束,以及它所焕发出的光彩,都会在这里汇集聚焦,最终凝聚成人类社会的效能和实际意义。”(芒福德,2008:1)“城市的主要功能是化力为形,化能量为文化,化死的东西为活的艺术形象,化生物的繁衍为社会创造力。”(芒福德,2004)北京,不是狭隘地与世界其他城市比较和竞争,而是有抱负有胸襟地向世界城市学习与看齐,并将自己的文化功能修复与重建。青年如日之初升,花之萌动,关心公共事务,具有公民意识和较高文明素养的新一代北京青年任重道远,他们将是国家的力量之所在。

参考文献

《中共中央关于制定“十一五”规划的建议》,http://politics. people. com. cn/GB/1026/3780778. html.

王殊:《社科院报告:北京与纽约等世界城市相差 30 年》,《新京报》2011 年 5 月 3 日,http://news. hexun. com/2011—05—03/129216900. html。

罗宾·科恩、保罗·肯尼迪:《全球社会学》,文军等译,社会科学文献出版社 2010 年版。

冯骥才:《手下留情:现代都市文化的忧患》,学林出版社 2000 年版。

刘易斯·芒福德:《城市发展史》宋俊岭、倪文彦译,中国建筑工业出版社 2004 年版。

——,《城市文化》,宋俊岭、李翔宁、周鸣浩译,中国建筑工业出版社 2008 年版。

威廉·J. 米切尔:《伊托邦:数字时代的城市生活》,吴启迪译,上海科技教育出版社 2005 年版。

修昔底德:《伯罗奔尼撒战争史》,徐松岩、黄贤全译,广西师范大学出版社 2004 年版。

(作者　浙江青年专修学院 副研究员)

后　记

2011年5月6日—8日，北京青少年研究所组织、筹划并在北京举办了“青少年研究队伍的代际更替与青少年研究的发展”暨全国青少年研究所所长学术研讨会。筹办这一研讨会的初衷，是伴随着我国改革开放30年的历史进程，中国青少年研究事业及研究队伍也发生了深刻的变化，取得了长足的进步。北京青少年研究所愿意搭建此学术交流平台，邀请各地青少年研究专家、学者共同回眸我国青少年研究的发展历程，探讨青少年研究队伍的发展走势。

受邀研讨会的专家、学者均拨冗参会，群贤毕至，少长咸集，令我们这次研讨会蓬荜生辉。我们深知，并不是北京青少年研究所有什么特别的号召力，并不是北京青少年研究所研究人员有什么特别的个人魅力，而是与会的青少年研究专家、学者对青少年研究事业有一份执著的情感！有一份真挚的情结！正由于此，这次研讨会才能获得大家的认可和赞许，并获得良好的社会反响。在此，向与会的专家、学者道一声谢谢！

青少年研究事业是代际更替、薪火相传的事业。如果我们以年龄层次来划分，那么，参加本次会议的专家、学者大体上可以分为三代人。第一代是黄志坚先生、谢昌逵先生，他们是我国青少年研究队伍的老前辈，是引路人和奠基者；第二代是江洪、张华、宋国力、钱永祥、汪茵、田杰、孙抱弘、余逸群等，他们是承上启下的一代；第三代是沈杰、杨长征、汪慧、张波、刘宏森、纪秋发、涂敏霞、邓希泉、萧婉玲等，他们是青少年研究的新生力量。每代学者的学术修养、治学方法、思维方式、价值取向等均不一样，各有千秋，代际之间可以互相学习，互相提高，共同促进我国青少年研究事业的发展。

本论文集是在这次研讨会“三代”专家、学者所提交的学术研究论文基础上精编而成的，是目前活跃在青少年研究领域的专家、学者的集体智慧的结晶。论文集由北京青少年研究所余逸群、纪秋发主编，内容可分为“青少年研究的历程与学术视野”、“青少年基础理论”、“青少年研究方法”、“青年发展的热点问题”四个专题，涵盖了青少年研究发展历程、青年研究代际更替、青年社会人格变迁、青年研究与青年工作、青少年实证研究与问题意识、青少年健康指标体系等理论领域，也包括青年农民工、青年利益诉求表达、北京世界城市建设与青年发展等现实热点问题。

论文集学术视野广阔、内容丰富、可读性强，为当今我国青少年研究事业的发展提供了理论指导和实践借鉴。

感谢人民出版社贺畅编辑为本书的出版所付出的努力与辛劳。

北京青少年研究所

余逸群　纪秋发

2012 年 3 月